T3-BUW-649

Así Fue

La Historia Rescatada

Directora

María Borràs

Oíd, oíd lo que los hombres han hecho.

EUGENIO D'ORS

(Historia del mundo en quinientas palabras)

La colección «Así Fue» se propone ofrecer al público lector, de la mano de los mejores estudiosos de cada tema, una serie de obras que nos permitan el rescate de diversas parcelas de la historia, tanto española como universal —y con preferencia referidas a nuestro tiempo—, poco o mal conocidas, cuando no, en ocasiones, ignoradas por razones diversas. Esta tarea, que cuenta con precedentes ilustres, parece aquí y ahora de necesidad evidente, y de mayor urgencia tal vez que en otros momentos de nuestro quehacer colectivo, dada la tergiversación creciente de determinados acontecimientos históricos, sobre todo recientes, impuesta por los intereses dominantes. Bajo el sello editorial de PLAZA & JANÉS la colección «Así Fue» aspira a crear un ágora de libre debate sin otra cortapisa que el respeto a los hechos históricos probados, sea cual sea la interpretación que a los mismos quiera dársele. A esta hermosa y arriesgada empresa —el rescate de la historia— invitamos a colaborar a cuantos, con honestidad y rigor, vienen esforzándose en diferentes campos de la investigación para ofrecernos un mejor conocimiento de los hombres, los hechos y las ideas que han forjado el mundo en que vivimos. Sólo un espejo paseado testimonialmente a lo largo del camino —a su derecha y a su izquierda— será capaz de ofrecernos una versión histórica contrastada, pero fiel a los planteamientos de cada autor. Y todo ello, por supuesto, sin dogmatismo ninguno, con total libertad de espíritu, sin otro condicionamiento que ajustarse a la verdad sin mixtificaciones de ningún tipo y dispuestos siempre, desde la liberalidad, a admitir que *el otro* puede tener razón.

Así Fue

La Historia Rescatada

Juan Balansó

Las alhajas exportadas

PLAZA JANÉS

Ilustraciones interiores: archivo del autor, archivos particulares, Antonio Padilla, Agencia EFE, Agencia Queen, Europa Press e *Historia y Vida*

Primera edición: noviembre, 1999

Printed in Spain – Impreso en España

ISBN: 84-01-53039-3
Depósito legal: B. 42.845 - 1999

Fotocomposición: Lozano Faisano, S. L.

Impreso en Printer Industria Gráfica, s. a.
San Vicenç dels Horts (Barcelona)

L 5 3 0 3 9 3

Para Cuello de Cisne

ÍNDICE

Desde que soy reina, no he vivido más que un solo día de felicidad.

María Teresa de España
Reina de Francia
(en su lecho de muerte)

PRÓLOGO

Piedras preciosas y baratijas

La trilogía iniciada con *Las perlas de la Corona*, donde relaté las peripecias de las infantas de España, y continuada con *Los diamantes de la Corona*, en la que me ocupé de los infantes y de algún que otro infiltrado, concluye ahora con el libro que el lector tiene en sus manos y que recoge los avatares de once mujeres españolas, de sangre real o no, que se han sentado en los tronos de Europa, dando inmejorable lustre, o vulgar betún, a su secular Historia.

El destino de mis protagonistas estuvo escrito en las estrellas. Zaida, princesa mora de Sevilla, ofrecida como prenda de buena voluntad al rey Alfonso VI de León y Castilla, nunca llegó a sospechar que sería la madre del último príncipe autóctono de aquella dinastía cristiana. Berenguela de Navarra, elevada al trono de Inglaterra, tampoco pudo ni remotamente imaginar que se transformaría en la víctima de Ricardo Corazón de León, fiero en el campo de batalla, pero menguado en la intimidad conyugal. Inés de Castro, garganta segada de cuajo por la única culpa de hacer feliz a su amado, Pedro I de Portugal, fue heroína de tragedia, lo mismo que Catalina de Aragón, la hija menor de los Reyes Católicos, que inició la larga serie de esposas de aquel prototipo de Barba Azul llamado Enrique VIII, y originaría un cisma. En cambio, Isabel Clara Eugenia y Catalina Micaela, hijas de Felipe II, supieron de antemano que estaban llamadas a ser las novias de la Europa de su tiempo, como codiciadas herederas del dueño del mundo. Las infantas doña Ana y doña María Teresa llegaron muy ilusionadas, las pobres, a París para compartir el trono y el tálamo de Luis XIII y Luis XIV, respectivamente, dos monarcas distintos como la noche y el día. Las duquesas de Parma, infantas de lejos, avanzadillas de España en tierras italianas, ¿pudieron soñar siquiera que en su descendencia se perpetuaría la escisión carlista? Otras princesas españolas que reinaron en Hungría, Portugal y Alemania, por ejemplo, han tenido que ser forzosamente descartadas de mi selección por razones de espacio, pues había que dar paso a Eugenia de Montijo, emperatriz de copla granadina, que por ambición materna o propia tocó la gloria con la punta de los dedos para despeñarse luego en los infiernos; a Fabiola Mora —sin el «de» habitual—, un nombre siempre unido al de Balduino I de los belgas; a Margarita Gómez-Acebo, otra madrileña de postín, consorte de un búlgaro, Simeón II, que vive con los pies en el suelo y el alma desazonada.

Aunque esta obra se titula *Las alhajas exportadas*, he creído oportuno incluir en ella a cuatro fascinantes personajes de *import-export*, como en jerga comercial se denomina. Cristina de Noruega, perfil vikingo de una de las más arraigadas leyendas de amor de nuestra Edad Media, y que, como se verá, aún exporta felicidad a las crédulas que acuden a visitar su enterramiento. María de Padilla, reina después de morir, ni importada ni exportada, pero cuya patética semblanza la une indisolublemente, en el campo de la tradición, a su coetánea Inés de Castro, la bella descabezada. Finalmente Victoria Eugenia de Battenberg y Sofía de Grecia, las dos últimas reinas de España, iguales y diferentes al mismo tiempo, exportada la primera al exilio, de donde acaso nunca debió volver; la segunda al mito, donde conviene que permanezca.

CAPÍTULO PRIMERO

LA REINA MORA

Zaida
Princesa de Sevilla
(1071?-1093?)

Una viuda en apuros

Cierto atardecer de abril de 1091, una hermosa mora, de senos opulentos, abandonó con reducido cortejo el castillo de Almodóvar. Días después, tras cruzar sierra Morena, la comitiva sarracena arribó a territorio cristiano.

—Paso a Zaida, princesa de Sevilla —anunció arrogantemente un heraldo cuando llegaron ante las puertas de Toledo, una de las capitales de Alfonso VI, rey de Castilla y León, el más poderoso monarca de la península Ibérica.

Los centinelas, entre sorprendidos y curiosos, franquearon la entrada al séquito y la distinguida musulmana fue conducida a presencia del soberano.

Alfonso VI se atusó la barba y se ciñó la corona antes de presentarse a su inopinada visitante.

La mora le lanzó una mirada de fuego y entró inmediatamente en materia:

—Los invasores almorávides han saqueado Córdoba; han decapitado a su defensor, mi marido el príncipe Al-Mamún, y han paseado en triunfo su cabeza sobre una pica.

—Lo siento mucho —farfulló el monarca cincuentón, mientras contemplaba a la joven viuda con expresión golosa.

Zaida, que era muy observadora, se inclinó reverentemente, permitiendo que su escote se entreabriera un poco:

—Busco tu amparo, ¡oh, gran señor!, por disposición de mi suegro, Motámid, rey de Sevilla, el cual me envía a decirte que, si me aceptas por mujer, como prenda de alianza entre nuestros pueblos, te ofrecerá las fortalezas de Cuenca, Uclés, Ocaña, Alarcos, Huete y Caracuey.

Los ojos de Alfonso brillaron, uno de lujuria y otro de codicia.

—Hay sólo un problema —manifestó—. Ya estoy casado.

La hurí se inclinó un poco más para dejar entrever una bien torneada pantorrilla.

—¿Es ésta, entre vosotros, una razón de peso? —preguntó con retintín, como si ignorara que la institución del harén no existía en la cristiandad.

El rey carraspeó. Sus mejillas enrojecieron y el mentón le temblaba.

—Vamos a cenar —sugirió—, y luego pasaremos la noche en una ocupación que selle nuestra nueva amistad.

Así vino a ser como la resuelta infiel ocupó, ya que no el trono, sí el tálamo de Alfonso VI. En una época en que la expresión «España» no pasaba de mero referente geográfico, pues la Península se hallaba dividida entre diversos países cristianos e islámicos, Zaida presentaba la particularidad de ser la primera princesa sevillana exportada al reino castellano.

El cantar y la lógica

Naturalmente, el poema que cantó los legendarios amores de don Alfonso y la princesa mora adornó el asunto a su guisa, como de rigor:

La hermosa mora Zaida,
hija del rey de Sevilla,
sabiendo que el sexto Alfonso
sobre su padre venía
con gran número de gente
de la mejor de Castilla,
en ejército copioso
talando la Andalucía,
de sus partes informada,
gracia, esfuerzo y gallardía,
término honesto y loable
fue de su amor convencida.

Es decir, se celaba la condición de viuda de Zaida, la cual no era presentada como nuera, sino como hija del rey sevillano. Y éste no ofrecía a la princesa a causa de un ataque de los almorávides, sino ante el avance de las tropas cristianas.

El cantar continuaba describiendo a la protagonista como «fermosa, crecida y proporcionada» y aseguraba que se había enamorado «de oídas», vehementemente, del rey Alfonso, atraída por su fama.

La insistencia de la tradición en hacer resaltar el amor a ciegas de Zaida por su campeón cristiano no puede menos que tener un fondo de verdad, opinó el eximio historiador Menéndez Pidal. Pero lo cierto es que, hija probablemente de Alhayib, rey moro de Lérida y Denia, Zaida había estado casada con Al-Mamún, gobernador de Córdoba —segundogénito de Motámid, rey de Sevilla—, a quien había dado por lo menos dos hijos. No era ciertamente Zaida una virgen inocente a la espera de ser libada, como el poema pareció dar a entender.

Seis años antes de la llegada de la princesa a la corte de Alfonso VI, éste había consumado la reconquista de Toledo, mientras consolidaba el sistema de parias o tributos que le prestaban los reinos islámicos vecinos: Sevilla, Badajoz, Málaga, Granada y Almería, entre otros, con los que mantenía un equilibrio temporal roto por los almorávides, unas tribus nómadas del Sahara, agrupadas bajo un solo mando, que llegaban desde África con empuje irresistible, y cruzaron el estrecho de Gibraltar atronando con el tambor los campos de batalla peninsulares.

El rey Motámid de Sevilla, que había coqueteado con los almorávides para intentar contrarrestar la presión tributaria castellana, comprendió, cuando ya era tarde, que había cambiado un peligro por otro mucho más grave: sus codiciosos hermanos en la fe de Alá iban a zamparse su reino andaluz. Envió entonces a su hija política a Toledo en un intento desesperado de socorro. No sólo debía de conocer la cálida admiración de su nuera hacia el mitificado rey cristiano, sino que contaba con el resentimiento de Zaida hacia los asesinos de su marido. Motámid sabía que tenía en la viuda un precioso abogado.

Así se explicaría, conciliando lógica y poesía, que Zaida no dudase en acudir a Toledo en relación con la oferta de tierras que su suegro realizaba a Alfonso VI al solicitarle auxilio, en unos tiempos en que resultaba poco verosímil que una mujer musulmana tomase por sí una decisión política, ni apenas que dispusiera de su propia persona.

Alfonso, movido al fin del ruego de Motámid, transmitido con eficacia a través de Zaida, envió un importante contingente —los historiadores árabes calculan 20.000 caballeros— mandado por Alvar Háñez, el más valioso capitán castellano después del Cid. Pero tal auxilio fue detenido cerca de Córdoba, donde quedaron deshechos los cristianos. Las canciones de gesta explican la derrota, asegurando que los cronistas enemigos mienten y que Háñez se defendió con sólo 2.500 jinetes frente a 15.000 almorávides... Todo es según el color del cristal con que se mira, como tiene admitido la sabiduría popular.

Alfonso VI: del incesto al concubinato

El cantar pinta a Zaida como lo que hoy llamaríamos una novelera. Su debilidad por el rey castellano, al que no conoció personalmente hasta la entrevista en Toledo que hemos reconstituido, se basaría en descripciones verbales, chismosas y fantaseadas. Lo cierto era que, apostura aparte, un viento sombrío de ambición revoloteaba en torno a la coronada testa de Alfonso VI. Se sospechó que había mandado asesinar a su hermano mayor, Sancho II (y de ahí la exculpatoria «jura de Santa Gadea», antes de ser reconocido como rey de Castilla, demandada por el Cid, según inmortalizó un relato tardío). Su política se desarrolló siempre en medio de la sospecha y la violencia. Las habladurías sobre él circulaban entre navarros, aragoneses y catalanes, y no eran piadosas precisamente. No sólo se le acusaba de fratricida, sino también de haber mantenido relaciones incestuosas con sus dos hermanas: la infanta Urraca, señora de Zamora, y la infanta Elvira, dueña de Toro.[1] Otras muchas mujeres habían sucumbido a su lascivia. La palma se la llevaba doña Jimena Núñez, dama de alto copete, su favorita durante largo tiempo.

Temperamento desbocado, Alfonso VI quizá llegó a temer un castigo divino sobre su descendencia masculina, siempre malograda. En busca de prole, se había casado en primeras nupcias con Inés de Aquitania y cuando ésta falleció, sin haberle dado hijos, repitió con Constanza de Borgoña, que le proporcionó cuatro, muertos en la infancia. Una hija de Constanza, Urraca, parecía destinada a

1. El eximio profesor Lévi-Provençal exhumó unos textos tan demoledores que, ante la evidencia del pecado carnal entre hermanos, su docto oponente don Ramón Menéndez Pidal se vio en la necesidad de certificar: «Podemos sentar como históricamente cierto que hubo relaciones incestuosas entre Alfonso VI y su hermana Urraca.» (Revista *Al Andalus,* 1948.) Sobre la pasión del rey por su hermana Elvira, insuficientemente documentada, tramó Lope de Vega su obra *Las almenas de Toro* en 1621.

A don Alfonso VI de Castilla y León se le imputaba haber mantenido relaciones incestuosas con su hermana, la infanta Urraca.

La princesa mora Zaida, enamorada a ciegas del rey, acudió a su corte de Toledo y decidió hacerse cristiana.

Sancho, heredero de la corona, hijo del monarca castellano y la musulmana, pereció en la batalla de Uclés a los quince años de edad.

continuar la sucesión, a falta de varón, lo que el monarca reputaba una desgracia.

En 1091, cuando Zaida se ofreció a Alfonso VI en Toledo, doña Constanza estaba delicada de salud y vivía en tierras leonesas. Por fuente árabe fidedigna, sabemos que Zaida decidió hacerse cristiana y bautizarse junto a sus pequeños hijos, que la habían acompañado en su andadura. Pelayo de Oviedo, un cronista que merece todo crédito, pues fue contemporáneo de Alfonso VI, nos dice que la concubina real adoptó el nombre de Isabel. Otro, Lucas de Tuy, escribe que el monarca recibió a la neófita *quasi pro uxore* («como por mujer»), acomodaticia fórmula que venía a significar que en realidad cohabitaba con ella no como reina legítima, sino con apariencia de serlo en lo externo. Muy posiblemente la política mundana de entonces se escandalizase menos de ver al rey amancebado con una cristiana que con una mora... Obligados por el fundamental verismo de la poesía épico-heroica castellana, alcanzamos a sospechar asimismo que en Toledo, donde la corte vivía en medio de una numerosa población musulmana —hasta el punto de que Alfonso se jactaba de ser «emperador» de los hombres de ambas religiones—, la unión del monarca con la casi reina mora podía afianzar la popularidad real. Alfonso encendía un cirio a Dios y otro al diablo. La Crónica General es explícita: «E tomóla el rey por haber a Toledo mejor parada.» A la reina Constanza, sin embargo, la peregrina situación debió de darle la puntilla, pues falleció menos de dos años después de la llegada de su rival sarracena.

El más reciente biógrafo de Alfonso VI, don Antonio Linage, no desdeña, desde su autoridad universitaria, el sentimentalismo: «Tratemos de imaginarnos —escribe— el encantamiento de nuestro rey, con su mujer enferma y sin un hijo sucesor, y la tierra de su imperio amenazada por una oleada de hierro —los almorávides—, ante aquella princesa viuda y desvalida.» (*Alfonso VI*, 1994.)

Empeñado en lograr que el concubinato del rey no resultase adulterio, otro autor enamorado de su personaje, el padre Enrique Flórez, ya consignó en su época: «Se hace cosa muy dura reconocer a Zaida únicamente por amiga, pues una hija de rey sólo pudiera colocarse en tal clase cuando hubiera sido despojo de alguna guerra en que la hiciesen prisionera.» (*Memorias de las Reinas Católicas*, 1761.) El buen agustino ignoraba, cuando escribió su obra monumental, que Zaida llegó a la corte castellana apenas cinco meses antes de que su suegro, Motámid, fuera derrocado de su trono sevillano por los almorávides en septiembre de 1091. Así pues, de la noche a la mañana, la princesa mora se había convertido en una desheredada de la fortuna.

Lirismos aparte, la verdad es que en septiembre de 1093, meses después de la muerte de doña Constanza, el rey Alfonso ya se había casado con otra extranjera, llamada Berta, al parecer toscana. Sin duda uno de los móviles que debieron de impulsar al monarca a buscar esposa con tantas prisas sería el deseo de conseguir un heredero varón. Pero la reina Berta no tuvo descendencia. Y el heredero estaba llamado a ser, fatalmente para Alfonso, el hijo que iba a darle la concubina mora.

La tragedia del infante mestizo

Según todas las trazas, en 1093, el mismo año que contempló la muerte de la reina Constanza y su sustitución en el solio por la reina Berta, parió Zaida un varón, al que llamaron Sancho.

«La ilegitimidad de la unión de Alfonso VI con la princesa mora no parece que diera lugar a obstáculo alguno en el reconocimiento posterior del niño como heredero de la Corona», se ve precisada a puntualizar hoy la *Historia General de España*, dirigida por Luis Suárez en 1990.[2]

El hijo de la concubina, que fue conocido como infante, tuvo un destino trágico. Alfonso VI incluso había acabado por asociarlo al trono. Por todos los medios se trataba de borrar, o al menos disimular, su origen ilegítimo. En 1108, cuando Sancho contaría apenas quince años, don Alfonso, casi septuagenario, impedido por sus achaques y su trabajada salud, colocó al infante al frente del ejército que iba a auxiliar la fortaleza de Uclés del asedio almorávide. Aquella batalla resultó desastrosa para los castellanos. Al verse rodeado por la morisma, don Sancho, el precoz caudillo, saltó del caballo que montaba confiando en defenderse mejor a pie, mientras uno de sus ayos intentaba protegerle con el cuerpo. Fue inútil y el

2. En efecto, tras la desaparición de Berta, el rey casó, sucesivamente, con sendas princesas de filiación incierta: Isabel, francesa, y Beatriz, italiana, sin conseguir tampoco descendencia de ellas.

heredero de la Corona pereció alanceado. Alfonso VI murió de dolor apenas un año más tarde.

El trono vacante recayó en Urraca, la hija de la reina Constanza, que se había casado con el conde Raimundo de Borgoña, por lo que se instaló en Castilla esta dinastía extranjera. El «reinado privado» de la mora Zaida había dado, a la postre, el último vástago masculino de la Casa Real reinante en León y Castilla.

Cuando el infante Sancho pereció en Uclés, su madre ya criaba malvas. El epitafio de la princesa mora que había en el monasterio de Sahagún, donde fue inhumada, expresaba que había muerto al dar a luz un 15 de septiembre, lunes, sin especificar el año. La tradición señala, sin embargo, que el parto que le costó la vida fue justamente el de don Sancho.

En 1910 la Academia de la Historia se interesó por los enterramientos reales de Sahagún, y emitió un informe sobre la ubicación de los sepulcros de Alfonso VI y sus mujeres, que allí yacieran. Convinieron los expertos en que el monarca fue sepultado en medio de la capilla del altar mayor, teniendo a su derecha a la reina Constanza y a su izquierda a las reinas Inés y Berta (las dos últimas mujeres de Alfonso se encontraban, una, en León, y la otra, al enviudar, había regresado a su patria).

En cambio, Zaida había sido enterrada en el crucero, junto a su hijo Sancho. Los comisionados pudieron examinar los restos de la princesa mora. Dictaminaron que al morir tendría poco más de veinte años, quizá veinticinco. Un médico señaló que de Zaida restaban «frontal y parietales del cráneo; la mitad del maxilar inferior, habiendo perdido una muela; sacro y restos casi pulverizados de los demás huesos del esqueleto».

En la losa funeraria, de fabricación tardía, se daba a la concubina el título de reina —«Zayda Regina»—, que la dignificaba y con el que ha pasado a la leyenda.

CAPÍTULO II

LA VÍCTIMA DEL LEÓN

Berenguela de Navarra
Reina de Inglaterra
(1165?-1230)

El penitente desnudo

En vísperas de la Navidad de 1190 los habitantes de la ciudad siciliana de Mesina presenciaron un espectáculo gratis que los dejó atónitos.

Ricardo Corazón de León, rey de Inglaterra, el caudillo más famoso de la cristiandad, llegado poco antes con sus tropas a fin de embarcarse hacia la cruzada en Tierra Santa, se paseaba por las calles con el torso desnudo, mesándose los cabellos y azotándose las espaldas sin contemplaciones.

Al llegar ante una iglesia atendida por el capellán Renaud de Mayac, en cuyo atrio le esperaban varios obispos y sacerdotes, Ricardo se hincó de rodillas, hizo confesión pública de sus pecados de sodomía y juró que en adelante procuraría contenerse.

Antes de absolverlo, los prelados le exhortaron a portarse mejor en el futuro y el rey determinó enmendarse y pasar una feliz Navidad.

La mayoría de los presentes quedaron muy conmovidos pero varios juglares, y algún que otro membrudo marinero, sonrieron perversamente.

«Una prudente y bellísima virgen»

Esta curiosa página de la Historia, perfectamente documentada, ayudará al lector a comprender por qué la madre del penitente, Leonor de Aquitania, bien que septuagenaria, no había dudado en acudir a Pamplona, sorteando las fatigas del viaje, para pedir, con pasmosa celeridad, la mano de la infanta Berenguela de Navarra, reputada como la princesa más bella de su época, y buena hasta el punto de que sus pasatiempos más atrevidos consistían en hilar lana o en rezar para que los moros fueran expulsados de España.

Tres años antes Berenguela no había podido resistirse a la frivolidad de asistir a un torneo ofrecido por su padre, Sancho VI el Sabio, en su capital navarra. Entre los caballeros que participaban en la justa se encontraba Ricardo de Inglaterra, guaperas, fornido y arrojado. De creer al bardo Bertrand de Born, la joven infanta, tan inexperta que no conocía entre los sexos más diferencias que las de la indumentaria, quedó del galán prendada, mientras que aquella misma noche, Ricardo, en estrecha unión con su trovador Blondel de Nesle, dirigió versos inflamados a Berenguela *famosam pulchritudine et prudentia virginem*, mas no pudo pedir de inmediato su mano por hallarse a la sazón comprometido con Alicia de Francia, hermana del rey Felipe Augusto, a la que sin embargo despreciaba, ya que nadie ignoraba que esta joven disoluta se había convertido en la amante de su previsto suegro, Enrique II, padre de Ricardo. Un terrible lío de familia.

El 6 de julio de 1189, meses después del torneo de Pamplona, el monarca inglés falleció y Ricardo Corazón de León —le llamaban así por su valentía y su cabellera leonada— ciñó la corona a los treinta y dos años. El camino quedaba expedito para tramitar los esponsales con Berenguela, y la reina madre Leonor acudió personalmente en busca de la perla rara que había llamado la atención de su retoño.

En la infanta navarra confluían variados intereses:

I) Puesto que la afición de Ricardo por rodearse de gallardos trovadores nada tenía de melómana, la princesa que le había alegrado las pajarillas se barruntaba como eficaz antídoto para contrarrestar las inclinaciones de «un hombre animado por las pasiones más violentas, que no retrocedía ante ningún deseo», según eufemismo de la época.

II) La reina madre Leonor, que deseaba ardientemente el matrimonio de su hijo, rechazaba la idea de que se casase con Alicia, la lasciva francesa que le estaba destinada desde tiempo atrás, pero a la que odiaba con todas sus fuerzas por haber usurpado su puesto en el lecho de su marido, Enrique II.

III) A mayor abundamiento, el enlace con Berenguela, novia alternativa, aseguraba la paz en la frontera sur de Aquitania, que lindaba con el reino navarro, y prometía una estratégica alianza contra las pretensiones codiciosas de franceses y castellanos.[3]

3. Los dominios de la Corona inglesa en el continente comprendían buena parte de la Francia actual: Normandía, Maine, Anjou y Turena, a los que se sumaban los territorios aquitanos de la madre de Ricardo, que abarcaban el Poitou, Périgord, Auvernia y Gascuña, entre otros menos extensos. El reino de Francia, infinitamente más reducido, se extendía, a modo de franja, desde el norte de París hasta Orleáns y Bourges.

Los anteriores motivos compensaban de sobra la exigua dote de la infanta navarra, a quien su padre, Sancho VI, algo tacaño, sólo asignó los castillos de Roquebrune y Saint-Jean de Pie-de-Port, aparte de algunas fruslerías.

Leonor no insistió pidiendo la luna. La belleza de la infanta —a la que Ricardo no se había mostrado insensible— y la fertilidad proverbial de la dinastía navarra, garantizaban el porvenir sucesorio inglés por la línea directa. La vieja reina no sentía predilección por su hijo menor, el llamado Juan Sin Tierra, eventual heredero de Ricardo. Sin pérdida de tiempo, Leonor, acompañada de su futura nuera y un parco séquito, partió para reunirse con Ricardo en Sicilia, adonde llegaron el 31 de marzo de 1191. Berenguela había marchado, ilusionada, en pos de su destino de reina. No podía imaginar que, como mujer, le aguardaba un afrentoso camino.

Boda en las cruzadas

Apenas concluidos los festejos de su exaltación al trono, Ricardo I había aceptado participar en la Tercera Cruzada a los Santos Lugares, obligándose, mediante pacto con Federico de Alemania, Leopoldo de Austria y Felipe Augusto de Francia, entre otros príncipes cristianos, a arrojar de Tierra Santa a las huestes mahometanas del sultán Saladino. Corazón de León esquilmó a sus súbditos ingleses y sus vasallos de Aquitania y Normandía, que entregaron enormes sumas a regañadientes, y en Mesina se unió al grueso de las tropas cruzadas.

No ha quedado constancia del segundo encuentro entre Berenguela y Ricardo. No obstante, el desarrollo de los acontecimientos patentiza la frialdad del monarca, quien, lejos de desear sin dilación consumar el matrimonio, resolvió su aplazamiento con la excusa de que era cuaresma y la boda no podría solemnizarse. Luego ordenó a su flota hacerse a la mar rumbo a Tierra Santa, ocupando un navío diferente del de su prometida. Un tanto desconcertada, Berenguela embarcó en un dromón escoltada por la hermana de su novio, Juana, reina viuda de Sicilia, y más de cuarenta doncellas, mientras la anciana Leonor, para tutelar de cerca los intereses de su hijo Ricardo, regresaba a su reino.

Durante la travesía, la nave de doña Berenguela sufrió los efectos de una pavorosa tormenta y quedó embarrancada en las costas de la isla de Chipre, gobernada por el bizantino Isaac Comneno, que no despreciaba ejercer la piratería cuando la ocasión se presentaba propicia. Así que en lugar de socorrer a la desmantelada nao, se apoderó de ella, robando cuanto de valor transportaba. Las princesas y sus damas fueron apresadas, con vistas a un sustancioso rescate, y la tripulación pasada a cuchillo.

Al enterarse de tamaño ultraje, Ricardo montó en cólera y, resuelto a vengar la ofensa, asoló el país —según mandaban los cánones—, e hizo prisionero al Comneno, a quien despojó de todos sus bienes. Después, en el mismo lugar del agravio, se decidió —ya era hora— a celebrar su boda, el 12 de mayo de 1191. La infanta contaba unos veinticinco años, nueve menos que el novio.

Roger de Howeden, cronista puntual, aporta minuciosos detalles sobre el acontecimiento, que tuvo lugar en la iglesia de San Jorge de Limasol. Berenguela vestía un sencillo traje blanco y se tocaba con un aderezo de discretas gemas. El contrayente, en cambio, parecía un pavo real: «Lucía una túnica de brocado rosa, bordada de medias lunas de plata, un sombrero escarlata con plumas de aves sujetas por broche de oro, un tahalí de seda y collares de deslumbrantes joyas...» Tras la bendición nupcial, la desposada fue coronada reina de Inglaterra y Chipre por los obispos de Evreux y Bayona.

El león en letargo

Ni saborear pudo Berenguela su luna de miel. De inmediato Ricardo emprendió el ataque a Nicosia, redondeando la conquista de la isla de Chipre y zarpando luego con la flota rumbo a Palestina. Si el marido hubiese obrado bajo el imperio de los sentimientos amorosos, seguramente se hubiera tomado algún reposo. Mas para Ricardo, a juzgar por el desarrollo de los acontecimientos, la aventura lo era todo y Berenguela casi nada. Tras la toma de San Juan de Acre por los cruzados, la reina permaneció en la ciudadela con su cuñada Juana de Sicilia, con la que hizo muy buenas migas, y sus sirvientas. Vegetó inactiva durante quince meses. La contienda se desenvolvía de mal en peor. Los ataques de los cristianos contra Jerusalén fueron repetidamente rechazados por la Media Luna.

Llamaban «Corazón de León» a Ricardo de Inglaterra, pero su bravura en las batallas no se correspondía con su ímpetu conyugal.

Ricardo, junto a Felipe Augusto de Francia, recibe la sumisión de la Media Luna, según este códice algo propagandístico.

A la coronación de su marido, Ricardo I, no fue invitada la infeliz Berenguela, que nunca pisó el suelo de las islas Británicas.

La peste, temida plaga, se extendió entre los combatientes. Las querellas de los príncipes cruzados mermaban su mutua confianza e impedían coordinar eficazmente la campaña. Ricardo, enemistado con Leopoldo de Austria, y abandonado por el rey Felipe Augusto de Francia —que no podía perdonarle que hubiera trocado, saltándose los tratados, a su hermana Alicia por la navarra—, se vio forzado a concertar una paz honrosa con Saladino y en octubre de 1192 zarpó hacia Europa. Doña Berenguela había partido días antes. Esta vez su periplo resultó plácido. Desembarcó en Brindisi en noviembre y pasó unos meses, con su cuñada, en Roma, donde visitó al papa Celestino III. Cruzó después los Alpes hacia los dominios anglofranceses. Se instaló en Poitiers, donde supo que su marido, durante su viaje de regreso, había caído prisionero de su adversario el duque de Austria, y permanecido en cautividad durante más de un año, hasta que por fin logró ser liberado mediante cuantioso rescate que se afanaron en reunir, por los buenos oficios de la reina madre Leonor, sus olvidados súbditos ingleses. Ricardo regresó, metió en vereda a su hermano Juan Sin Tierra, que había conspirado para apoderarse del trono vacante, y decidió hacerse coronar en Winchester —aunque ya había sido ungido en Westminster a su advenimiento—, teniendo a su derecha a la reina madre.

Berenguela ni siquiera fue invitada. Le cabría la triste notoriedad de haber sido la única reina de Inglaterra que jamás puso pie en las islas Británicas.

La última tentativa

El león sin uñas, de cualquier modo, no tenía nada que temer: su leyenda de valiente cruzado, caballero sin tacha, buen amigo y mejor amante, había precedido su retorno. Se inventaron romances en torno a su figura, inscrita ya para siempre en el reino de la fantasía, junto a sus paladines Robín de los Bosques, Ivanhoe y demás héroes de ficción. Este monarca inglés fue idolatrado como pocos por su pueblo. Pero Berenguela —«Berengaria», como la llamaban en su reino británico— permaneció en la sombra. Relegada en Beaufort, pequeña población de la comarca angevina, la reina comenzó a verse cada vez más sola. Su cuñada y amiga, Juana de Sicilia, dejó de

Estatua erigida en Londres a Ricardo, cuya leyenda ha desafiado el tiempo, aunque muchos historiadores le consideran hoy un monarca mediocre.

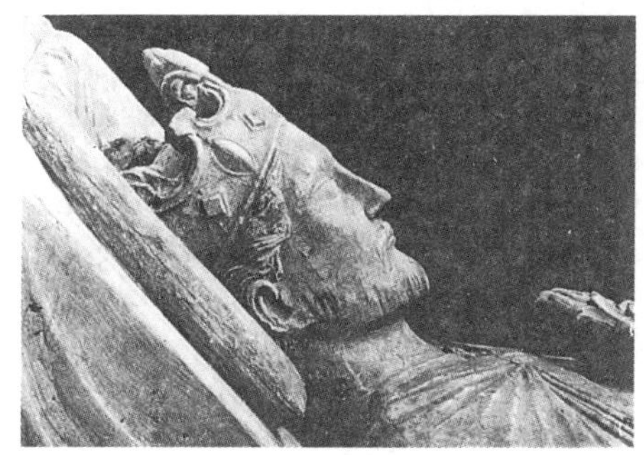

Efigie de Ricardo en su tumba de la abadía angevina de Fontevraud en sus posesiones francesas. Murió infectado por una flecha.

En otra abadía, L'Épau, se conserva el cenotafio de Berenguela, que la representa joven y hermosa, como la cantaron los trovadores.

acompañarla cuando la Corona inglesa concertó su segundo matrimonio con el conde Raimundo de Toulouse. Desconocida por sus súbditos insulares, abandonada por su familia inglesa y alejada de sus parientes navarros,[4] la reina de Inglaterra sólo volvió a reunirse con su cónyuge en una ocasión rocambolesca.

En abril de 1196, encontrándose en Ruán, Ricardo cayó gravemente enfermo. Pese a que había tenido un hijo bastardo, Felipe de Cognac —el único vástago que se le conoce—, de una relación esporádica con mujer desconocida, hay indicios de su homosexualidad continuada con ministriles y soldados. Pero sabía arrepentirse de lo que él consideraba pecado tan violentamente como sucumbiera. Desde el lecho de su palacio normando, y temiendo morir, declaró su propósito de renovar la confesión pública que había efectuado cinco años antes en Mesina. En los últimos tiempos, un eremita le había amonestado repetidas veces, pero en vano: «Acuérdate de la caída de Sodoma; abstente de lo que es ilícito, si no el Señor enviará por ello un justo castigo.»

Presa de los remordimientos, Corazón de León efectuó el martes de Pascua, después de recuperarse, otra espectacular ceremonia de contrición, que había de prolongar acudiendo a varias iglesias y distribuyendo abundantes limosnas. La penitencia le intimaba también a que se acostase con su esposa. Detalle revelador de por sí.

Sanó, pero sus propósitos fueron arrumbados con presteza. Menos de doce días convivió la real pareja en Poitiers, durante la Navidad de aquel mismo año. Luego vino el olvido definitivo.

«Humilde reina de Inglaterra...»

Berenguela de Navarra apenas acusa su papel de reina mientras vive su marido y resulta inútil tratar de hallarla asociada a algún acto soberano, como tampoco ningún cronista ha mencionado o dejado entrever observación alguna que ponga en entredicho la virtud de la esposa durante los largos años de su forzado aisla-

4. Pese al desvío de Ricardo hacia su mujer, la alianza del rey inglés con Navarra se había mantenido intacta. Presumiblemente Sancho el Sabio y su hijo y sucesor Sancho el Fuerte, hermano de la reina, calibraban las ventajas políticas que deparaba. A Berenguela, simple pieza de ajedrez, sólo le restaba aguantar sin rechistar.

miento. Vejada en su feminidad, supo refugiarse en su dignidad real. Las heridas en su amor propio las ocultó con decoro. ¿Acaso puede reprochársele que no hubiera sabido retener a aquel león que la hizo su víctima? De haber sido más zalamera, ¿hubiese sacado agua de la piedra? Alguna otra mujer lo consiguió, al menos la madre anónima del bastardo... Desde 1197 Ricardo únicamente escribía a su consorte para reclamarle su dote, que alegaba no haber recibido en su integridad, o para solicitar algún empréstito sobre la fortaleza de Roquebrune. Berenguela no estuvo presente —porque nadie la llamó— cuando Ricardo falleció, a causa de una infección producida por una flecha, en el asedio al rebelde castillo de Châlus, en abril de 1199. Tampoco se sabe dónde se encontraba la reina el día de los funerales de Corazón de León. Después de enviudar, la silueta de la soberana prácticamente se eclipsa. Sólo se atisba su persona al defender con tesón sus intereses contra la rapacidad del nuevo monarca inglés, su cuñado Juan, que acabó concediéndole una pensión anual de mil marcos de plata —establecida en sus capitulaciones matrimoniales—, dos castillos en Anjou y la posesión y rentas de la ciudad de Le Mans, adonde la viuda se retiró en compañía de un reducido grupo de servidores. Allí su existencia fue borrándose poco a poco de la memoria de las gentes.

La infanta navarra, que hasta el día de su muerte continuó firmando sus cartas y documentos, con majestuosa sencillez, como «Berenguela, humilde reina de Inglaterra», falleció el 23 de diciembre de 1230, pasados los sesenta y cinco años, y fue inhumada en la abadía de L'Épau, una de sus fundaciones piadosas, puesta al cuidado de monjes cistercienses. El doctor Luis del Campo, que estudió en 1971 los restos óseos de la soberana, confirma que su estatura no sobrepasaría los 1,57 metros, talla corriente para la época, hoy más bien baja. En L'Épau todavía se conserva un magnífico cenotafio que la representa joven y hermosa. Ricardo, enterrado junto a su madre en otra abadía, Fontevraud, continúa en la muerte tan alejado de Berenguela como lo estuvo en vida.

CAPÍTULO III

LA PRINCESA DE LOS HIELOS

Cristina de Noruega
Infanta de Castilla
(1234-1262)

La cuna de Castilla

Cualquier viajero que haga un alto en su camino por tierras burgalesas y se asome a la ribera del Arlanza, en un recodo verde en que el río se viste de gala descubrirá Covarrubias, «cuna de Castilla» —donde duerme su sueño de eternidad el paladín de los romances, Fernán González, germen y levadura del condado castellano—, uno de los pueblos más bellos de España. Pero sólo un viajero avisado comprenderá por qué junto a la plaza del rey Chindasvinto, la rotonda de la infanta doña Urraca, la plazuela de doña Sancha, surge una calle de nombre inopinado: la solana de Cristina de Noruega. ¿Quién fue tal señora? ¿Cómo es que una nórdica ocupa un puesto de honor en el callejero del corazón de Castilla?

Ésta es la maravillosa historia de amor de una infanta importada.

El infante tarambana

Don Felipe de Castilla, quinto hijo varón de Fernando III el Santo, no estaba, a diferencia de su padre, obsesionado por la virtud. Nacido en 1228, se vio destinado desde la niñez al estado eclesiástico y puesto bajo el control vigilante del arzobispo de Toledo, quien, con el fin de animarlo, nombró al infante canónigo cuando sólo contaba doce años.

Un lustro después, el cabildo de Valladolid eligió abad a don Felipe y lo enviaron, con la mejor intención, a París, para ilustrarse, matriculándolo (como diríamos hoy) en las clases que impartía en la Sorbona san Alberto Magno, con alumnos tan aventajados como santo Tomás de Aquino y otros bienaventurados.

Pero en la capital del Sena, y pese a sus ejemplares compañeros y maestros, pronto se vio que no atraían tanto el infante las enseñanzas universitarias cuanto los goces terrenales, por lo que fue reintegrado al galope a la Península y preconizado obispo de Osma, aunque su consagración no se llevó a efecto debido a su juventud y al hecho de que, nos dice un atrevido cronista, «desde su regreso de

Francia todo era bueno para su generosa naturaleza, con tal de que fuesen mujeres».

En 1248, cuando don Felipe acababa de cumplir veinte años, su padre, empecinado en la carrera eclesiástica del infante, lo hizo nombrar abad de Covarrubias, dignísimo y pingüe destino, a la espera de auparle hasta la archidiócesis de Sevilla, recién conquistada al Islam.

Hay que advertir, empero, que don Felipe nunca llegó a recibir las órdenes sagradas y que, por lo tanto, sus titulaciones eclesiásticas no pasaban de significar para él más que el goce de ricas prebendas, toleradas por bula de la Santa Sede, harto agradecida al Rey Santo, a quien el Papa, que no se atrevía a canonizarlo en vida, titulaba «atleta de la Cristiandad».

Cinco años después de la muerte del buen monarca, su primogénito y sucesor, Alfonso X el Sabio, interesado en problemas ajenos a la Reconquista, concertó una alianza con el reino de Noruega, estipulándose que el soberano escandinavo, Haakon IV Haakonsson, enviaría a Castilla a su hija Cristina para que se casara con uno de los hermanos del monarca hispano, «el que ella eligiese».[5]

Si extravagante pudo parecer en aquella época a los castellanos que se permitiese a una princesa escoger marido, más chocante debió de resultarles la llegada de aquella rubiales vikinga. Catalanas, portuguesas, francesas, italianas, alemanas y hasta una polaca habían desfilado ya por la Casa Real de Castilla, pero la noruega, a fuer de su lejanía, resultaba exótica. Una preciosa saga escandinava recoge con minuciosidad el viaje, que conceptúa extraordinario, de nuestra primera turista nórdica.

5. Alfonso X ambicionaba, como otros príncipes de su tiempo, alcanzar el solio del Sacro Imperio Romano Germánico —basándose en derechos provenientes de su madre alemana, Beatriz de Suabia—, para lo cual buscaba apoyos en Europa. El rey noruego, por su parte, estaba en guerra contra los daneses y también necesitaba adictos. Los confesores de ambos monarcas, que se conocían bien, perpetraron el pacto, reputado entonces de inusual entre países tan alejados. Cristina fue dotada «con pieles blancas y grises, objetos de oro y plata quemada y tal lujo de regalos que nunca antes se conociera». Una cristalera del palacio de Bergen perpetuó el viaje hacia el sol de la princesa de los hielos.

Cuatro novios, a elegir

La princesa Cristina, nacida en la ciudad de Bergen, tenía veintitrés años, y con una comitiva de más de ciento veinte personas embarcó en el otoño de 1257 con dirección al puerto inglés de Yarmouth; de allí pasó a Normandía y, por tierra, continuó hasta Narbona. Pedro, obispo de Hamar, había sido escogido por el rey para conducir a la novia con los máximos honores. Por Gerona se encaminaron a Barcelona, donde el propio rey Jaime I el Conquistador (suegro del Rey Sabio, que estaba casado con su hija, Violante de Aragón) llevó su galantería a tomar la brida del caballo de la princesa. Pasó la comitiva por Soria, Burgos y Palencia, llegando finalmente, el 11 de enero de 1258, a Valladolid, donde esperaba la corte de Castilla. El cronista escandinavo atestigua, tal vez con una pizca de exageración: «Iba nuestra princesa enamorando por donde pasaba.»

El bardo prosigue con su saga. Alfonso X describe a sus hermanos uno a uno: Fadrique, viudo, grave y estudioso, con el labio partido por un accidente de caza, de la que es apasionado; Enrique, gran conocedor de caballos, algo rebelde y tortuoso, a la sazón ausente del reino; Sancho, piadoso y etéreo, con la mirada puesta en los cielos. Al final de la lista, el rey traza la semblanza de Felipe, arzobispo electo de Sevilla (aunque poco inclinado por la mitra), alegre, gallardo y calavera.

Cristina, excusado es decirlo, se decidió por Felipe.

Al conocerse la elección de la muchacha, Alfonso X permitió a su hermano reincorporarse al estado seglar, que en puridad nunca había abandonado. La boda de la enamorada princesa se celebró el 31 de marzo siguiente. Después su cortejo retornó a Noruega y los recién casados, «favorecidos por muchas mercedes», establecieron su residencia en Sevilla, donde, apenas transcurridos cuatro años, falleció la nueva infanta sin haber logrado sucesión. «El excesivo calor de Andalucía con respecto al fresco clima de su patria le anticipó la muerte», sugiere un tratadista. Don Felipe ordenó que el cadáver de su mujer recibiera sepultura en la magnífica colegiata de Covarrubias, de la que antaño gozara el privilegio abacial. La princesa llegada del frío reposaría en la cuna de Castilla. En 1958, al abrirse el sarcófago de doña Cristina, con motivo de unas obras, se halló, junto al cuerpo casi en su totalidad conservado de una mujer joven, alta y bien constituida, una curiosa receta «contra el mal de oídos». ¿Murió acaso de meningitis la infanta o quizá se marchitó, añorando sus fiordos, al no aclimatarse a la tierra de su amado?

Origen castellano del prognatismo de la realeza europea

El infante don Felipe sobrevivió doce años a su primera esposa. Volvió a casarse con Leonor Rodríguez de Castro, hija del señor de Castrojeriz, que le dio dos hijos y junto a la que está enterrado en Villalcázar de Sirga, cerca de Carrión de los Condes.

La estatua yacente de don Felipe sirvió al doctor Florestán Aguilar, en 1933, para asentar su brillante tesis, expuesta en la Academia de Medicina, sobre el origen castellano del prognatismo en las dinastías que reinaron en Europa, que hasta entonces se creía proveniente de los Habsburgo austriacos. Con paciencia benedictina, el doctor Aguilar sostuvo que la mandíbula prominente, el belfo labio inferior y exoftalmismo concomitante provenían de Alfonso VIII de Castilla, en cuyo tiempo no existía ningún príncipe de las familias reinantes en Europa que presentase tales características, las cuales se originaron en aquel monarca medieval. «Alfonso VIII engendró a las primeras princesas que llevaron, con su sangre castellana, la anomalía del prognatismo a otras casas reales», aseguraba el concienzudo investigador (y en efecto, dos hijas de dicho rey casaron con soberanos reinantes fuera de nuestras fronteras: doña Urraca, con Alfonso II de Portugal; doña Blanca, con Luis VIII de Francia; otra hija, doña Berenguela, sería la madre de san Fernando y abuela, por tanto, del infante don Felipe). Según el documentado estudio, lo que era una característica racial que había adquirido perfiles de fijación por el entrecruzamiento de familias reales, independientemente de las taras patológicas que éstas tuviesen, acabó tomándose por inequívoco signo de herencia morbosa.

El doctor Aguilar —curiosamente había sido médico personal del superprognático y a la sazón ya exiliado Alfonso XIII— exponía que había hallado en la escultura yacente del infante don Felipe en Villalcázar de Sirga la primera demostración iconográfica esculpi-

Esta estatua de la princesa Cristina en Covarrubias, cerca de Burgos, fue ofrecida por el pueblo noruego en 1978.

Imagen yacente del infante Felipe, clara demostración del prognatismo de su dinastía, exportado a diversas monarquías europeas.

Sarcófago de Cristina en la colegiata de Covarrubias, flanqueado por la bandera noruega y la curiosa «campana del amor», cuya tradición persiste.

da del origen castellano del prognatismo de las dinastías reales europeas, cuya última demostración palpable, si bien atenuada, es, dicho sea de paso, don Juan Carlos I de España.

La campana del amor

La saga de Cristina de Noruega, muy viva en su tierra —donde aún se representan espectáculos teatrales que recuerdan su viaje a Castilla—, volvió a tener eco en España, siete siglos después de su muerte, gracias a la solicitud de don Rufino Vargas Blanco y su sucesor, don Francisco Javier Gómez Oña, arciprestes de Covarrubias, en cuya colegiata reposaba la infanta. Ambos sacerdotes, en conjunción con la diplomacia noruega, se embarcaron con entusiasmo en la tarea de recuperar la memoria de aquella *love story* medieval, cuya mítica todavía perdura en Escandinavia. En 1958 el embajador noruego descubrió sobre la tumba de la princesa, que se halla en el claustro del templo, una lápida conmemorativa, y en 1978 la ciudad de Tonsberg, antigua residencia real de la familia de Haakon IV, tras hermanarse con Covarrubias, donó a la población castellana una estilizada estatua que representa a doña Cristina y se alza en la solana que lleva su nombre.

Finalmente, en 1992 se creó en Madrid la Fundación Cristina de Noruega, patrocinada por la reina Sonia, esposa de Harald V, el monarca que hoy reina en Oslo, y que tiene por objeto promover el intercambio cultural hispano-noruego.

Junto al sarcófago de la princesa —visitado por muchos nórdicos que pasan sus vacaciones en nuestro país— se colocó, según costumbre tradicional escandinava, una campana a modo de secreto talismán: las mujeres que la hacen repicar, no tardarán en encontrar acompañante. Campana de la buena suerte a través de la cual, se asegura, Cristina de Noruega, infanta de Castilla importada, exporta felicidad a cuantas van en pos del amor que ella disfrutó tan fugazmente.

CAPÍTULO IV

REINAR DESPUÉS DE MORIR

Inés de Castro
Reina de Portugal
(1320?-1355)

María de Padilla
Reina de Castilla
(1337?-1361)

El cadáver coronado

Hubo que abrir con cuidado la tumba de aquella mujer fallecida cuatro años antes. El ataúd fue transportado en lenta procesión desde la ciudad portuguesa de Coimbra hasta el monasterio de Alcobaça. A lo largo de veinticinco leguas, dos hileras de personas, con cirios encendidos, alumbraban la oscura noche, y el canto de las plañideras se mezclaba con las lamentaciones de las mujeres de los pueblos que atravesaba el fúnebre cortejo. Un soplo de morbosa locura alimentaba el viento de la leyenda.

En la nave alta del templo, dispuesto con galas soberanas, el féretro fue abierto. Ya no se reconocía el rostro de la difunta, pero guedejas de sus dorados cabellos conservaban su brillo. Se revistió el cuerpo con una túnica bordada con hilos de plata, se cubrió su pecho con broches de diamantes y, finalmente, se sentó a la muerta en un trono. Entonces el rey Pedro I, con su mejor atuendo de ceremonia, colocó una corona de oro sobre la cabeza del cadáver, tomó su mano derecha y la ofreció para el homenaje de los obispos y los magnates lusitanos; todos debían tocar con sus labios, en señal de póstumo acatamiento, aquellos dedos que apenas se sostenían.

Los heraldos anunciaron: «Inés, reina de Portugal, ella y ninguna otra.»

Después el monarca contempló por última vez los despojos de la mujer que tanto había amado, antes de que se cerrase de nuevo el féretro. Y también besó su mano descarnada.

Tal fue la coronación de Inés de Castro, la española que reinó después de muerta.

«Cuello de Garza»

Constanza Manuel, bisnieta de Fernando III el Santo de Castilla, llegó en 1340 a Lisboa como prometida al príncipe heredero Pedro de Portugal. La joven traía en su séquito a una doncella perteneciente a una rica y noble familia gallega, los Castro, aunque nacida bastarda, tacha que la apartaba del primer rango de la corte. Se llamaba Inés y era tan bella que la nombraban «Cuello de Garza», a causa de la incomparable gracia de su porte. No le costaba trabajo eclipsar a su señora, criatura insípida y algo patizamba.

En cuanto vio a Inés, el príncipe se enamoró de ella con pasión violenta. La gallega, a despecho de la devoción a su ama, no le opuso larga resistencia.

Todo fue turbio en el inicio de aquellos amores. Don Pedro era ya un hombre casado, y además, con la amiga y protectora de su amante. Ciega estuvo Constanza hasta que los ojos se le abrieron de golpe, justo antes de dar a luz. Para conjurar el peligro recurrió a un ardid conmovedor, que consistió en pedir a Pedro que apadrinara a su propio hijo y que Inés actuase en el bautizo como madrina. Este recurso creaba un vínculo canónico de parentesco, en aquel tiempo inviolable, que convertía en incesto el adulterio. Pero el niño murió apenas nacido, el lazo espiritual quedó roto y el idilio de Pedro e Inés se acrecentó aún más por el temporal inciso. «Semejante amor raramente lo he hallado en persona alguna», testimonió Fernão Lopes en su *Chronica del Rei Don Pedro I,* mientras que los cortesanos, por razones de orden moral y política, tachaban la relación de «grande desvarío».

Constanza volvió a parir otro varón, Fernando (que un día heredaría la Corona), pero falleció de resultas del alumbramiento sin haber perdonado a Inés lo que nunca se había rebajado a reprocharle.

Un drama sangriento

A partir de 1350, los amantes pasaron a vivir juntos en Coimbra, sin que sus allegados lo ignoraran. Ya habían tenido dos hijos, y nacerían otros dos. Alfonso, João, Dinis y Beatriz. El viejo rey Alfonso IV, padre de Pedro, vivía entre hieles. Su nieto, el infante don Fernando, huérfano de madre, crecía solo, mientras los bastardos conocían los goces de un hogar dichoso. Pedro, pretextando una piadosa fidelidad a la esposa difunta, disimulaba su intención de casarse con Inés que, aunque felicísima, vivía semienclaustrada sus amores prohibidos en un recoleto palacio, lugar de delicia, aunque prisión de silencios.

Se dice que un día Pedro decidió casarse en secreto con su amada para darle la autoridad que le permitiera, en su momento, subir de su mano al trono de Portugal, con sus hijos legitimados. Un prelado complaciente, el obispo de Guarda, bendijo la unión ante muy contados testigos. Pero la opinión de la clase alta portuguesa —si de opinión pública pudo hablarse en la época—, temerosa de que por causa de Inés se incrementase la influencia castellana de los Castro, que consideraba nociva, y de que los hijos de Inés pudieran un día amenazar con su sombra la tranquilidad del reino, decretó a la ninfa guerra sin cuartel.

Alfonso IV temía, asimismo, que la gallega empujase a su hijo a veleidades sobre la corona castellana, que efectivamente Pedro pretendía, por razón de antiguas alianzas dinásticas, y temblaba por su nieto, el pequeño infante Fernando, que era lo único que impedía el acceso al trono portugués a los hijos de Inés.

Al par que los palaciegos odiaban a la camarista de su antigua princesa, el pueblo, que no la conocía, se dividía en sus afectos: en el norte del país, un sector, inquieto por las noticias de la favorita que mancilla palacio, detesta a la mujer que tilda de ambiciosa coima (aún hoy se dice allí que una mujer perversa es «una Inés de Castro»); otros —los más— la presentan como víctima inocente de su destino.

Los consejeros del trono redoblan sus ataques. Cierto día en que don Pedro, que se halla en la corte con su padre, sale de caza, el anciano rey «deja hacer» a tres hombres de su confianza, significados por su aversión hacia Inés. A uña de caballo se presentan por sorpresa en la mansión de Coimbra y, sorprendiéndola sola en el jardín, siegan su cuello de garza:

As espadas bahando e as brancas flores
que ella dos olhos seus regades tinha
se encarniçaban fervidos e irosos
no futuro castigo non cuidosos.

Al conocer la horrible noticia, loco de dolor, Pedro se alza contra su padre. Al mando de una gran mesnada, arrasa el país entre el Duero y el Miño, toma Oporto y se dispone a marchar sobre Lisboa. El rey acaba por pedir tregua y proponer acuerdos, jurando que sus validos se han tomado la justicia por su mano. Poco después, la vida del monarca se extingue y Pedro sube al trono en mayo de 1357. Su primera sentencia es declarar a los tres verdugos de Inés

—que se han refugiado en Castilla— reos de alta traición. Cuando más tarde consigue atrapar a dos de ellos, la venganza será tan feroz que el cronista Lopes, horrorizado, sólo atina a escribir: «E la manera de su muerte es demasiado cruda de contar.» Efectivamente, frente al palacio real, en lo alto de un cadalso levantado en la plaza para que nadie se privase del espectáculo, don Pedro les hizo arrancar, en vivo, el corazón —a uno por el pecho y al otro por la espalda—. Luego los cadáveres fueron quemados y sus cenizas dispersadas entre excrementos.

«Hasta el fin del mundo»

Tres años después de su proclamación, y ante las repetidas instancias de sus consejeros para que contrajese nuevo matrimonio, don Pedro I hizo saber que no volvería a casarse, pues ante Dios y ante los hombres se consideraba unido a su gran amor, Inés de Castro, con la que había contraído un casamiento secreto por temor a la reacción paterna. Testigos sinceros u obsequiosos y clérigos convencidos o temerosos, confirmaron la celebración de aquella boda que algunos historiadores aún ponen en cuarentena.

Tras rendir los legendarios honores, que inician este capítulo, al cadáver de Inés como reina de Portugal, a tenor de la tradición romántica,[6] don Pedro enterró definitivamente a su amada en un sepulcro, encaje en piedra, que contrasta con la austeridad cisterciense del monasterio de Alcobaça. La estatua yacente de Inés de Castro, «cuyo parecido físico con la muerta es tal que quienes la conocieron en vida no pueden retener las lágrimas», según los cronistas, lleva la frente ceñida con la corona real y cuatro ángeles la rodean sostenien-

6. Como es natural, la pasión de Pedro I e Inés de Castro ha sido pasto de poetas y dramaturgos. La crónica árida, elevada al mito. De Camões hasta Vélez de Guevara y, ya en nuestros días, Montherlant, cientos de autores se han interesado por aquel patético drama. Uno de los mejores y más objetivos estudios actuales sobre el tema es el del profesor Aníbal Pinto de Castro, director de la Biblioteca General de la Universidad de Coimbra, *Inés de Castro da crónica a lenda e da lenda ao mito*, de próxima publicación, que el autor ha tenido la gentileza de comunicarme. La Fundación Inés de Castro, con sede en la Quinta das Lágrimas, que hoy se alza sobre el antiguo escenario de los amores reales, mantiene el culto de la española convertida en patrimonio del pueblo lusitano.

Detalle del sepulcro de Inés, encaje en piedra levantado en el monasterio de Alcobaça por orden del rey, enterrado frente a su amada.

El barbudo Pedro I de Portugal. Tras el asesinato de Inés ejecutó a sus verdugos y permaneció viudo el resto de su vida.

El cadáver de Inés de Castro sentado en el trono, un lienzo impresionante de Martínez Cubells que inmortaliza su leyenda macabra.

do los pliegues de su manto. Enfrente, Pedro dispuso otro sarcófago para sí. Lo ocupó en 1367, después de un breve reinado en viudez de diez años. Una sola divisa en él: «Hasta el fin del mundo.» Como una promesa de amor a Inés que desafía al tiempo.

* * *

Otra reina muerta

Otra española reinó después de morir y, aunque no fue alhaja importada ni exportada, es de justicia incluirla por tan extraordinaria circunstancia en este capítulo.

María de Padilla, coetánea de Inés de Castro —murió seis años después que ésta—, era hija de un rico hacendado castellano, cuyos bienes radicaban principalmente en la región de Palencia, aunque la tradición la quiere nacida en Sevilla. Al igual que Inés, se enamoró de otro Pedro I, rey éste de Castilla; le amó en la oscuridad de un hogar remansado, le dio también hijos y su memoria sería rehabilitada después de su fallecimiento, cuando pasó de concubina a reina por arte de macabro birlibirloque.

¿Pedro el Cruel o el Justiciero?

Don Pedro «el Cruel», según sus adversarios, o «el Justiciero», de acuerdo con sus fieles (bien mirado los calificativos no se excluyen), único hijo superviviente del rey Alfonso XI de Castilla y de María de Portugal, había crecido en el rencor. Su infancia se desarrolló al lado de su madre, apartado de la corte y del afecto de su padre, quien por más de veinte años, hasta su muerte, mantuvo una relación adúltera con Leonor de Guzmán, dama de ilustre linaje que le dio nueve bastardos, siendo los más conocidos don Enrique, conde de Trastámara, y don Fadrique, maestre de Santiago.

Juana de Castro, reina por un día, quiso ser, sin embargo, sepultada con los atributos de la realeza bien visibles.

Estatua orante de Pedro I el Cruel. Su gran amor, María de Padilla, fue declarada por él reina legítima, después de muerta.

Prisión de doña Blanca de Borbón, esposa repudiada de don Pedro, que acabó sus días a manos de un ballestero, seguramente por orden del rey.

La existencia de los hermanos ilegítimos y el abandono conyugal en que se hallaba su madre alimentaron el resentimiento de Pedro hacia la favorita y la prole extramatrimonial de su padre, continuamente agasajados mientras él permanecía en Sevilla casi arrumbado. Pero en 1350, con apenas dieciséis años de edad, Pedro fue proclamado rey de Castilla y un año más tarde Leonor de Guzmán moría en prisión, unos dicen que por obra del joven soberano, otros de la nueva reina madre.

Monarca discutido hasta la actualidad —ahí están las recientes biografías de García Toraño, Díaz Martín, Ángel Sánchez, Barcia, Moya, Rato y Soroa, sin olvidar la clásica de Sitges—, Pedro I se caracterizó por levantar fobias y devociones a la par. En un momento histórico que favorecía lo contrario, no ocultó sus simpatías hacia judíos y moros, ni sus desavenencias con la nobleza y la Iglesia. Mientras Pedro se rodeaba de conversos y protegía a los concejos burgueses, sus hermanos bastardos, eternos rivales a la caza del trono, se convertirían en los paladines de la aristocracia. Pedro el Cruel cortó muchos gaznates, según proclamó la fama, pero la sangre por él derramada era la de los hijos de aquellos altaneros magnates que habían bailado el agua a la barragana de su padre, mientras asolaban los campos y las masas castellanas. «Por eso el pueblo de Castilla veía indiferente rodar una tras otra las cabezas de los que entonces encarnaban la odiosa nobleza», llegó a escribir don Claudio Sánchez Albornoz.

La hechicera y la víctima

En junio de 1352, durante un viaje al norte de la Península, este joven de personalidad acusada había puesto los ojos en Sahagún sobre María de Padilla, «pequeña de cuerpo e de buen entendimiento», que se criaba en casa de unos parientes donde se hospedó el rey. Y es de creer que la pareja se gustaría sin tardanza, pues nueve meses después María daba a luz una niña, Beatriz, a quien su real padre dotó al nacer con los castillos de Montalbán, Mondéjar y Burguillos.

En el entretiempo, la corte castellana había negociado el matrimonio de don Pedro con una princesa francesa, Blanca de Borbón, sobrina del monarca galo, que se presentó en Valladolid dispuesta a ceñir la corona. Pero el novio no aparecía. El cronista Ayala lo explicó sin pelos en la lengua: «Don Pedro non avia voluntad de casar con la dicha doña Blanca, ca sabed que era doña María muy fermosa», lo que patentiza que el joven rey se resistía a abandonar a la Padilla, demostrando desde el primer momento una evidente falta de interés por la mujer con quien le habían desposado. Los privados, empero, insistieron en que el acuerdo con Francia sólo podría solucionarse con una boda y el soberano llegó, de mala gana, al altar, el 3 de junio de 1353.

Cuarenta y ocho horas después de la ceremonia, la reina madre, «con gran llanto», se presentó en la cámara de su hijo. Había oído decir que Pedro albergaba la intención de abandonar a su flamante esposa, y le suplicó que no lo hiciera por el gran escándalo a que daría lugar el propósito y el grave perjuicio que habría de causar el rompimiento de la alianza con Francia. Don Pedro tranquilizó a la incauta, asegurándole que nada había de cierto en lo que sospechaba, pero una hora más tarde salió de Valladolid a uña de caballo y no paró hasta tierras toledanas, donde le aguardaba María.

¿Cuáles fueron las causas de aquel increíble desplante? A fin de explicarlo se barajaron exóticas hipótesis: desde un filtro de amor que la Padilla habría hecho beber al rey, hasta un cinturón encantado por un judío leal a María que, al ser ceñido por don Pedro, le fastidió ante Blanca la erección. La fábula con menos visos de fantasía era la que atribuía una conducta culpable a la novia, que en su viaje hacia Valladolid se habría dejado desflorar por don Fadrique, maestre de Santiago, uno de los hermanos bastardos del rey. Un romance incluso adjudicaba fruto al pecado:

Entre las gentes se suena,
y no por cosa sabida,
que de ese buen maestre
don Fadrique de Castilla
la Reyna estaba preñada,
otros dicen que parida;
no se sabe por de cierto
mas el vulgo lo decía.

Pero lo que parece más acorde con la lógica, puesto que el rey marchó inmediatamente a reunirse con María, es considerar que la raíz del monumental desaire radicaba en la desmedida pasión del monarca por su amada, pese a que, según las crónicas del tiempo, la belleza de la reina doña Blanca no desmerecía un ápice de la de la Padilla.

La infeliz soberana, cuya unión conyugal no se sabe de cierto si fue consumada, pasaría prácticamente el resto de su vida de reclusión en reclusión, acabando sus días, en 1361, víctima de veneno o manos de un ballestero, según las versiones, en una prisión andaluza, dicen que por orden de don Pedro. Al morir, la reina Blanca, que lo sufrió todo con gran resignación, tenía veinticinco años.

Reina por un día

No podía tacharse —salta a la vista— de pasajero capricho, sino de amor avasallador, el sentimiento del rey de Castilla por su dulce María. Pero surge entonces en la historia sentimental de don Pedro un acontecimiento que lo trastoca todo: un año después de su boda con la princesa francesa, el monarca, en un acceso de lujuria, decidió volver a casarse con una señora gallega de alta cuna y excepcional hermosura, Juana de Castro, hermanastra de nuestra antigua conocida doña Inés, la que embrujara a don Pedro de Portugal.

Cuando entabló relaciones con el rey castellano, esta doña Juana, aunque joven, estaba viuda de un López de Haro, muerto en campaña. No podía ignorar los lazos que unían a la Padilla con el soberano, ni desconocer el casamiento de éste con Blanca de Borbón; incluso había asistido a las nupcias, pues Juana era dama distinguida en la corte. Sabía, por tanto, la verdadera situación de su galán, lo que ha hecho sospechar a casi todos los historiadores que el único móvil para su proceder fue una ambición sin medida. La explicación que proporciona fray Enrique Flórez suena fresca y sincera: «Te pasmará, lector, que viviendo doña Blanca se empeñase el rey en ligarse por matrimonio con otra. Pero como doña Juana de Castro era mucha mujer para amiga, la pretendió con título de esposa. Don Pedro le dijo que era nulo el vínculo con doña Blanca, por haber sido contra su voluntad, precediendo protestas suficientes para la nulidad, y como no bastaba su aserción, llamó a Cuéllar de Segovia, donde se encontraban, a los obispos de Salamanca y Ávila, en cuya presencia expuso lo alegado, mandándoles sentenciar, y ellos, viendo al monarca declarado en el empeño, no tuvieron arte, ciencia ni valor para oponerse a su resolución, expresando que el rey podía casar con quien gustase.»

Sin embargo, antes de pasar por el aro, doña Juana, nada tonta, exigió ciertas garantías, como los castillos de Jaén y Castrojeriz para su familia y la fortaleza y villa de Dueñas para ella misma, así como el título formal de reina de Castilla y la declaración pública de la nulidad del anterior casamiento de Pedro.

Inmediatamente después de cumplirse estas condiciones, en la primavera de 1354, la pareja contrajo matrimonio en ceremonia bendecida por los dos obispos citados, que no tenían vocación de mártires.

El reinado de doña Juana de Castro duró un solo día, pues a la mañana siguiente don Pedro se había esfumado del lecho y nunca más volvería a verla.

Pese a tan meteórica coyunda, el rey, hombre de certera puntería, dejó a su efímera esposa preñada de un hijo, don Juan de Castilla, que años después llamaría como suyo a la sucesión del trono, según veremos.

Se retiró la burlada Juana —menos desgraciada que su hermanastra doña Inés, segado cuello de garza— a un reinado fantasma en la posesión de Dueñas que le concediera don Pedro, sin renunciar jamás a titularse reina, tal como se estipulara en sus capitulaciones de boda, hasta su muerte, acaecida en 1374, cuando el marido apenas entrevisto llevaba ya cinco años bajo tierra. La sepultaron en la catedral de Santiago de Compostela y su estatua yacente ciñe la corona que en vida fue apenas una ilusión.

Serenísimos despojos

En Roma, el papa Inocencio IV, que venía esforzándose en conseguir que don Pedro se reuniese con doña Blanca e hiciera vida conyugal, había recibido como una ofensa la inaudita noticia del nuevo casamiento regio.

El Pontífice albergaba esperanzas de una reconciliación entre la pareja desde que meses atrás recibiera una petición de doña María de Padilla para fundar un convento de clarisas en Astudillo, la tierra palentina de su familia. Tan ilusionado estaba el Santo Padre con la iniciativa, que contestó enseguida y expidió la licencia oportuna para erigir el monasterio «concedido a la ilustre dama y dilecta hija nuestra doña María, como expiación de sus pecados, y donde ella me ha comunicado que deseaba pasar el resto de sus días en compañía de religiosas escogidas».

Se supone, pues, razonablemente que la Padilla, resignada a su alejamiento de Pedro, a causa de la alucinación de éste por la de Castro, había optado por una reclusión conventual, propósito que quedó en agua de borrajas —pese a que la fundación se llevó adelante— cuando el monarca retornó a sus brazos, que ya no debía abandonar. A la primogénita de los tórtolos, Beatriz, llegada a los nueve meses de conocerse, seguirían otras dos hijas, Constanza e Isabel, y un hijo varón, Alfonso, nacido en 1359, dos años antes de la desaparición de María.

El único amor duradero del rey de Castilla falleció en julio de 1361, en Sevilla, de enfermedad que no especifican las crónicas. Pedro, que se hallaba ausente al morir la Padilla, ordenó grandes duelos en todo el reino y el traslado del cadáver a Astudillo, cumpliendo la voluntad de la finada.

María había sido una mujer de buen corazón, respetada por todos los que la conocieron. Como sucede a menudo, sus parientes, aprovechándose de la situación, escalaron puestos importantes, pero nadie reprochó a la dama por ello, sino a lo endeble de la condición humana de sus allegados, lo que dice mucho en su favor.

Poco tiempo permanecerían los despojos de María de Padilla en Astudillo. Un año después de su muerte, don Pedro, de regreso a Sevilla, aprovechó la circunstancia de hallarse en la ciudad la mayor parte de los próceres del reino[7] para reunir cortes, como testifica la crónica de Ayala, y exponer el asunto de su sucesión, que mucho le agobiaba.

A la postre, el rey resolvió el problema de legitimación de sus hijos de modo análogo a su pariente el rey Pedro de Portugal con la prole de Inés de Castro. Lo que pretendía en las cortes de Sevilla era, ni más ni menos, legalizar la situación de su descendencia. La

7. Los monarcas castellanos no tenían una corte fija, sino itinerante, que residía en diversas capitales: Burgos, León, Sahagún, Valladolid, Sevilla, Toledo, en pos del soberano.

base del argumento fue que contrajo reservadamente nupcias secretas («a juramento», fórmula de matrimonio válida en aquel tiempo, aunque de uso infrecuente) con la Padilla, por lo que la reina Blanca nunca había sido su mujer legítima. Añadió don Pedro que no lo había hecho público por temor a que «se alzaran contra él algunos, por quanto non querían bien a los parientes de doña María» (el matrimonio con Juana de Castro ni se mentó). Tres testigos de calidad juraron sobre los evangelios que la manifestación del rey era cierta y el arzobispo de Toledo defendió la veracidad del razonamiento con tanta vehemencia que muchos de los asistentes, conmovidos, derramaron lágrimas... Como consecuencia de la función, resultaba que la prole de la Padilla era legítima, por lo que el único varón, Alfonso, se convertía en heredero y fue jurado como tal por los próceres y prelados allí reunidos sin la menor resistencia.

María de Padilla pasaba a tener la consideración póstuma de «Serenísima Señora Reyna Doña María» y Pedro I dispuso que en los documentos oficiales se la llamara así, e infantes a los hijos de ambos. El cadáver de la soberana fue trasladado desde Astudillo a Sevilla para recibir sepultura definitiva en la capilla de los Reyes de la Iglesia de Santa María.

De manera menos truculenta, se repetía en Castilla la entronización portuguesa de Inés de Castro.

Un precedente curioso en la sucesión real

El infortunio perseguía a Pedro I. Cinco meses después de haber puesto en orden su sucesión dinástica, falleció el pequeño infante don Alfonso, su presunto heredero. En este clima de preocupación el monarca redactó su testamento, en el que ordenaba ser inhumado en Sevilla entre su mujer, la reina doña María, y su hijo Alfonso. La herencia del reino correspondía a su hija mayor, Beatriz y, por defecto de ésta sin descendientes, a sus hermanas Constanza e Isabel, sucesivamente. A renglón seguido, una sorpresa: «E acaeciendo muerte de las dichas Ynfantas, mis fijas, e non fincando de alguna dellas fijo ni fija, legítimo heredero, mando que herede los mis regnos Don Juan, mi fijo e de Doña Juana de Castro.»

La inclusión de este hijo sienta precedentes en nuestro ordenamiento real —a tener muy en cuenta—, pues para la sucesión *se prefirieron las mujeres al varón*. Y si ello fue debido a que se consideró ilegítimo a don Juan, éste, *vástago extramatrimonial*, también era llamado legalmente a suceder en el trono de Castilla, como ya había ocurrido con el hijo de Alfonso VI y la mora Zaida.

Los hijos del rey don Pedro

Don Pedro I, «grande en el cuerpo, blanco e rubio, gran caçador de aves, esforçado en la guerra, templado en el comer y el beber, amador de mugeres» —cuyo perfil político escapa a los límites de este estudio—, fue el rey contra el que se levantó la facción nobiliaria que desde finales del siglo XIII aspiraba a hacerse con el poder en Castilla. Algo que obtuvieron tras el asesinato del rey, apuñalado por su hermano bastardo Enrique, conde de Trastámara, que usurpó el trono con el dictado de Enrique II «el de las mercedes» —por el repartir a manos llenas—, hecho a favor de cuantos, de una forma u otra, le habían ayudado a deshacerse del molesto rey legítimo.

¿Qué ocurrió con los descendientes de Pedro I de Castilla? Don Juan, el fruto de la unión irregular con Juana de Castro, vivió cuarenta años en cautividad, pues los Trastámara lo tuvieron preso en Soria para evitar cualquier intento legitimista dentro de la frontera castellana. Hombre muy apuesto, Juan se cameló a doña Elvira de Falces, hija de su propio carcelero, que le daría una chica y un chico. La primera llegó a ser abadesa de Santo Domingo el Real, de Madrid, y su hermano obispo de Palencia.

En cuanto a las princesas petristas, huyeron a Francia y luego a Inglaterra. La mayor, Beatriz, murió joven y célibe, ahogada mientras daba un paseo por el río Adour, en Bayona. La segunda, Constanza, se casó con Juan, duque de Lancaster; la menor, Isabel, con Edmundo, duque de York, ambos príncipes ingleses e hijos del rey Eduardo III. La infanta doña Constanza y su marido se titularon «reyes de Castilla y León» con gran desasosiego de la rama bastarda reinante en la Península. Es imposible referir la serie de guerras y treguas que se sucedieron hasta que en 1388 el nieto del fratricida, el futuro Enrique III de Castilla, se casó con la princesa Catalina de Lancaster, heredera de los pretendientes petristas. Catalina y Enrique tomaron el título de príncipes de Asturias, inédito hasta entonces, a semejanza del principado de Gales, propio de los herederos de Inglaterra, y de este modo quedaron unidas las dos ramas en litigio por la Corona castellana, como puede apreciarse a continuación:

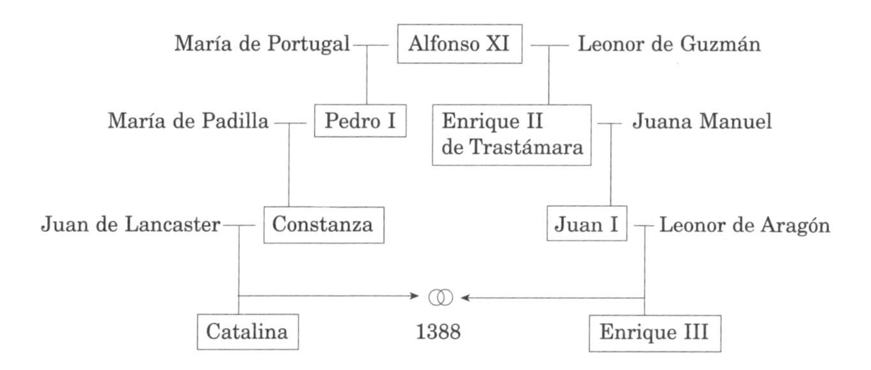

El epitafio de la tumba de Catalina de Lancaster, la nieta de doña María de Padilla, que quiso redactar ella misma, es un canto de orgullo a sus orígenes:

> Aquí yace la esclarecida Reina Doña Catalina, mujer del muy temido Rey Don Enrique e hija del Duque de Lancaster y de la Infante Doña Constanza, primogénita de Castilla y León; nieta del justiciero Rey Don Pedro de Castilla, por la cual es paz y concordia junta para siempre.

A pesar de la última frase, de tono pacificador, el epitafio tiene más de desafío que de reconciliación familiar. En él se llama a doña Constanza, hija de la Padilla, «primogénita y heredera» de los reinos, con lo que se da por no existido y usurpador al rey fratricida, Enrique II, el de Trastámara, y, como guinda, se denomina «justiciero» a don Pedro, todo ello a tan sólo unos metros del sepulcro del asesino de éste, que yace en la misma capilla de la catedral de Toledo.

CAPÍTULO V

LA PRIMERA MUJER DE BARBA AZUL

Catalina de Aragón
Reina de Inglaterra
(1485-1536)

La respetable matrona

A primeras horas de la mañana del 11 de junio de 1509, en la capilla del palacio de Greenwich, a orillas del Támesis, se celebró uno de los casamientos más densos en consecuencias de la Historia universal.

En presencia únicamente de los altos dignatarios de la Corona y de unos pocos allegados, Enrique VIII de Inglaterra contrajo matrimonio con la viuda de su hermano mayor, Arturo, la infanta doña Catalina de Aragón, hija menor de los Reyes Católicos. El novio aún no contaba dieciocho años; la novia, casi veinticinco. En 1525, dieciséis años después, el monarca británico, en la plenitud de su vigor físico, disfrutaba de un carácter jovial y un apetito sexual voraz. Dotado de un temperamento generoso, había cortejado con éxito a casi todas las mujeres hermosas que vivían en palacio, desde las esposas de los complacientes consejeros del trono hasta las cocineras. Por el contrario, la reina Catalina se había transformado en una respetable matrona, desprovista de *sex-appeal*, de mesuradas costumbres y marchita apariencia, que vivía entregada por completo a sus devociones y a caritativas obras, virtudes que su marido —preciso es reconocerlo— no estimaba en su justo valor.

El misterio de un lecho nupcial

Catalina había venido al mundo cuarenta años antes, en diciembre de 1485, en Alcalá de Henares, residencia temporal de la corte trashumante de los Reyes Católicos, aunque creció a las puertas de Granada, último reducto de los reinos musulmanes hispanos, que sus padres sitiaron con empeño. Conseguida la conquista, sin duda Catalina pasearía por los jardines de la Alhambra y el Generalife con sus hermanos: Isabel, Juan, Juana y María. La reina Isabel había cuidado personalmente de la formación de sus herederos y sus estudios fueron confiados a doctos franciscanos y preceptores de erudición probada. Las materias en boga eran la Sagrada Escritura, la geografía, la historia y la gramática, con singular dedicación al latín, además del canto, la danza y el clavicordio.

Desde sus primeros años, Catalina se habituó a atender respetuosamente las recomendaciones de su madre, de quien, como hija menor, fue predilecta. Las palabras de la Reina Católica eran órdenes que debían acatarse sin reserva. Dos hermanas de la infanta fueron exportadas a Portugal, y otra a Borgoña, mientras que don Juan, el príncipe de Asturias, se unía a una archiduquesa de Austria meses antes de que la muerte lo arrebatase prematuramente, víctima de su debilidad activada por su inmoderada afición a la cópula conyugal. En 1501 le tocó el turno a Catalina de ser enviada a un destino predispuesto desde hacía años: el trono de Inglaterra. Era un negocio político, como los matrimonios de todas las princesas de la época, sin que el amor interviniese en él para nada. Pero el azar quiso que Catalina se prendase de su prometido, Arturo, príncipe de Gales, primogénito de Enrique VII Tudor, que la esperaba en el puerto de Plymouth.

Contrariamente a lo que suele suponerse, en la Europa del siglo XVI ya estaban harto extendidos los tópicos folklóricos. Por ello podemos comprobar hoy, no sin regocijo, que los cronistas ingleses encargados de reseñar los festejos nupciales se mostraron, sin excepción, desconcertados por la blonda cabellera de la infanta, «más rubia —anotaron— que cualquiera de nuestras mujeres». Al cliché estereotipado de la muchacha meridional morena, bulliciosa y exuberante, se imponía la realidad de aquella joven esbelta, de ojos claros, ademanes pausados y doradas trenzas. Era una belleza de tipo anglosajón, muy en la línea de su bisabuela Catalina de Lancaster, la que uniera a legitimistas y bastardos, de quien llevaba el nombre.

La boda con Arturo se celebró fastuosamente en la catedral de San Pablo, de Londres; luego los príncipes de Gales fueron conducidos por damas de honor y gentileshombres palatinos hasta sus aposentos privados y la puerta de su alcoba se cerró discretamente.

Lo que sucedió aquella noche, o lo que no sucedió, fue de todos modos trascendental para la historia de Inglaterra.

La maldición bíblica

Menos de cinco meses después, cuando aún no se habían extinguido los ecos jubilosos de las nupcias, Arturo dejaba de existir, a causa de una gripe. Viuda sin haber cumplido los diecisiete años,

Catalina no se hallaba encinta. A toda prisa el segundo hijo del rey, Enrique, de once años de dad, fue declarado sucesor a fin de precaver contingencias. Cuando siete años más tarde el monarca inglés falleció, Enrique VIII, apuesto mozo de dieciocho, ocupó el trono otrora destinado a su difunto hermano.

¿Qué había sido de Catalina? Desde su viudez, permaneció apartada de la corte, en un palacio galés, entregada a rezos y lutos, en espera de que se decidiese su destino. Su suegro no había demostrado deseo alguno de devolver a los Reyes Católicos la cuantiosa dote aportada por su efímera nuera, que, por otra parte, como hija de Isabel y Fernando, representaba un valor de inestimable utilización en el mosaico político internacional de su tiempo. Para no desprenderse de la valiosa prenda, el astuto inglés, que era viudo, ideó, primero, casarse con ella; después, ante la negativa de Castilla y Aragón, creyó solventar la cuestión comprometiendo en matrimonio a Catalina con el nuevo heredero, seis años menor que ella.

Según el derecho canónico, un enlace con la cuñada sólo era válido y posible en caso de que el primer matrimonio no hubiese sido consumado. Por consiguiente, se alegó de modo oficial que la princesa de Gales no había llegado a ser desflorada, por inepcia del cónyuge, y la propia Catalina reconoció ante un tribunal eclesiástico su condición de doncella impoluta. La dispensa papal fue concedida de inmediato y todo pareció desarrollarse dentro de la más impecable ortodoxia.

Dos meses después de su subida al trono, Enrique VIII se casó con su cuñada. A la mañana siguiente se mostró muy satisfecho y los cortesanos aplaudieron, alborozados.

La reina Catalina dio a luz en seis ocasiones, pero sólo una hija, María, se consiguió. Un varón había alentado por espacio de cincuenta y dos días; los restantes nacieron muertos o expiraron a las pocas horas. ¿Pudo imputarse tan notable mortalidad a una tara sifilítica de Enrique VIII, como algunos autores han supuesto? Nada ha sido probado de manera incuestionable; por el contrario, no parece que el rey padeciera en su vida dolencia venérea de importancia. Enrique achacó a un castigo divino la concepción de su estigmatizada prole. Leyendo la Biblia, el monarca empezó a sentir escrúpulos de conciencia: «No debes descubrir la desnudez de la mujer de tu hermano», decía el Levítico... Siguiendo este hilo de pensamiento, su matrimonio no habría sido válido, sino pecaminoso y prohibido. ¡Catalina estaba maldita!

Las dudas de Enrique VIII acabaron confirmándose cuando conoció a una sirena cautivadora, cuya decidida influencia iba a alentar un cisma religioso, subvirtiendo la política europea: Ana Bolena.

El canto de la sirena

Los Boleyn —su auténtico apellido, castellanizado en Bolena— poseían un abolengo bastante notable, que llevó a Ana a ser admitida en el círculo cortesano, en calidad de dama de la reina Catalina.

Sobrepasada la treintena, Enrique VIII, amante fogoso y versátil, acostumbrado a satisfacer sus caprichos, debió de suponer que la recién llegada se rendiría pronto a su acoso, tras el púdico forcejeo habitual en tales casos. En realidad, el monarca se enfrentaba a una ambición precoz. Ana resistió estoicamente las reiteradas solicitudes del soberano, prodigándole empero caricias inocentes que enervasen su naturaleza. Tras varios meses de soportar este método, el desequilibrio endocrino del pobre Enrique debía de ser tan evidente, que se hacía necesaria una pausa. Así pues, la Bolena optó por abandonar Londres con la excusa de que tenía que atender la salud de su madre, residente en el campo.

Desde la capital, Enrique, rechazado por primera vez en su vida, le enviaba amorosas cartas muy explícitas:

> Gracias por tus fugaces líneas. Ya que me has escrito la expresión de tus sentimientos con palabras sinceras que han salido de tu corazón puro de niña, te doy mi palabra de que siempre te amaré y honraré como mereces. Mi alma te pertenece y espero con impaciencia el día en que mi cuerpo sea igualmente tuyo.

Y unos días más tarde:

> Necesito con urgencia una respuesta a mis ansias, pues llevo un año herido por el dardo de tu cariño.

Quedan claras dos cosas: el rey estaba enamorado como un novicio y la Bolena era lista como una lagarta.

A la izquierda, Arturo de Gales, primer marido de Catalina de Aragón, que la dejó intacta, decían. A la derecha, su hermano menor Enrique VIII, segundo esposo de Catalina.

Ana Bolena, la sirena que atrapó a Enrique VIII, subvirtió el orden de su tiempo y dio paso a un cisma religioso.

No sólo el hechizo amoroso de la dama de honor sembraba ideas descabelladas en la mente del soberano. El cardenal Wolsey, gran canciller del reino, sabía identificarse con los recónditos deseos de su amo. Tras meditar con toda atención sobre el pasaje bíblico que provocaba los escrúpulos de Enrique, había llegado a la conclusión —afirmó— de que la bula papal expedida para el enlace con Catalina era nula, ya que el Sumo Pontífice no podía conceder dispensas de las prohibiciones que aparecían taxativas en las Sagradas Escrituras. En suma: el pecaminoso vínculo matrimonial tenía que ser anulado con premura y el monarca quedaría libre para casar con quien fuera de su agrado.

Desde aquel punto no se ahorraron humillaciones a Catalina. Lo acaecido durante la luna de miel con Arturo —veinticinco años antes— se convirtió en un gravísimo tema de discusión nacional. Algunos palaciegos recordaban, como por ensalmo, que Arturo había confesado en cierta ocasión, pavoneándose: «Ayer por la noche estuve en España.» Otros, en cambio, no podían olvidar que las camaristas de la princesa de Gales aseguraban que su señora se encontraba tan intacta y sin mácula después de pasar una velada con Arturo como al salir del claustro materno... Jamás una virginidad regia fue tan discutida en público. Catalina admiró a propios y extraños por su dignidad y la seguridad mostrada en la rectitud de su causa. La decisión de Roma no se hizo esperar: el casamiento de los reyes era considerado válido y su posible anulación, denegada.

Comenzó entonces un proceso por conseguir, a cualquier precio, un tácito reconocimiento de repudio, gestión que se prolongaría siete años y sería la causa, como es notorio, de la ruptura de Inglaterra con la Iglesia romana. Desde su ocasional retiro, Ana exultaba satisfacción al ver su valimiento reafirmado. Había llegado la hora de conceder sus favores a aquel hombre que, por ella, no había dudado en subvertir el orden establecido. Se le entregó por entero. En enero de 1533 comunicó a su amante que estaba embarazada. Enrique, loco de júbilo, anunció que se casarían de inmediato, y que antes del parto la haría coronar como soberana legítima y madre honorable de sus sucesores. La princesa María, hija de Catalina, fue desheredada. El asunto quedaba zanjado.

Catalina retratada por Holbein con su mono predilecto. Enrique VIII apartó a aquella madura matrona, trocándola por la sensual Bolena.

En un torreón del castillo de Buckden vivió su viacrucis Catalina, trasladada luego a otra fortaleza, donde falleció de cáncer. Sus restos reposan a ras de suelo en la catedral de Peterborough, entre los estandartes de Inglaterra y de Aragón y Castilla.

«Mis ojos os aman más que a todas las cosas»

El domingo de Pascua, 1 de junio de 1533, la nueva esposa del rey era ungida y coronada en la abadía de Westminster. A juzgar por diversos testimonios, Ana vio aquel día triunfal muy pocas cabezas descubiertas y escuchó escasos vítores dedicados a su persona. Al paso de la comitiva pudieron apreciarse, incluso, intencionadas aclamaciones a Catalina de Aragón, y un cronista puntual anotó que «los londinenses no eran tan lerdos como para tragarse el cuento de que pudiera ser reina legítima aquella grandísima zorra de Nan Boleyn».

Tres meses después, la reina Ana dio a luz una hija que se llamaría Isabel y, en opinión de los historiadores británicos, llegaría a ser su mejor soberana. De todos modos, el nacimiento de la princesa decepcionó profundamente a Enrique VIII. ¡Su mundo había sufrido una tremenda convulsión, había provocado un cisma, y todo por una mujer que no hizo sino producir una hija!

El hecho de haber alumbrado hembra debilitó considerablemente la situación de la concubina convertida en soberana y protectora del movimiento protestante, que legitimaba su situación. El 7 de enero de 1536, Catalina —que por orden del rey volvía a ser titulada «princesa viuda de Gales»—, aislada en el castillo de Buckden y luego en el de Kimbolton desde que se negara a aceptar la validez de la disolución de su matrimonio y la nueva ley de sucesión que convertía a su hija en bastarda, falleció sola y abandonada, pero firme en sus convicciones. Murió de cáncer a los cincuenta años, aunque se esparció el rumor de que había sido emponzoñada. Antes de expirar dictó una carta patética:

> Mi queridísimo señor, rey y esposo:
>
> La hora de mi muerte se acerca. Me habéis lanzado a muchas calamidades y a vos mismo a mucho desasosiego. Pero os lo perdono todo y deseo y ruego ardientemente al Altísimo que haga lo mismo. Por lo demás, os recomiendo a María, nuestra hija, suplicándoos que seáis para ella un buen padre, y os pido os preocupéis de dar un buen marido a mis damas de compañía, tarea que no es mucha, pues no son más que tres. A todos mis demás servidores se les debe un año de paga, además de sus haberes ordinarios. Por último os hago este voto: que mis ojos os aman más que a todas las cosas de este mundo. Adiós.

El mismo Shakespeare no hubiese redactado esta misiva de forma más emotiva, pero Enrique, al recibirla y conocer la muerte de Catalina, se vistió de amarillo, color festivo, de pies a cabeza.

Veinte días más tarde la Bolena parió un hijo muerto. El rey ni siquiera se dignó visitarla. Apagada su arrebatada pasión, únicamente le reservaba desaires y hasta franco desprecio. Mientras Ana se retorcía de dolor en su lecho, Enrique, ávido de carne fresca, danzaba con una joven dama de honor llamada Juana Seymour. Una mancha saca otra. Por la sonrisa candorosa de Juana habría de rodar cuatro meses más tarde la cabeza altiva de Ana Bolena, acusada de mantener relaciones adúlteras con su maestro de baile.

Una esposa tras otra

Once días después de la ejecución de la reina Ana, Enrique VIII se casaba con lady Juana Seymour, que falleció de parto año y medio más tarde. Le tocó la vez a una cuarta esposa, la alemana Ana de Cleves que, al notar que no gustaba al monarca, supo hacer inteligentemente mutis por el foro. La quinta esposa de Enrique, Catalina Howard, acusada —esta vez con razón— de infidelidad acabó, como la Bolena, en el cadalso. Otra inglesa la sustituyó en el regio tálamo, Catalina Parr, quien tuvo la fortuna de sobrevivir al antaño arrogante Barba Azul, que expiró a los cincuenta y cinco años inflado como un globo.

Le sucedieron tres hijos de distintas consortes. Primero, Eduardo, el único varón, habido de Juana Seymour, y que murió célibe a los quince años. Luego María, la hija de Catalina, que se casó con Felipe II de España pero no dejó descendencia. Finalmente, Isabel, vástago de Ana Bolena. Ésta fue la llamada «Reina Virgen» y con ella se extinguiría en el trono inglés la dinastía Tudor, que tuvo que ser sustituida por sus parientes escoceses, los Estuardo.

Se ignora a cuál de sus mujeres quiso más Enrique VIII. Pero es seguro que su primera esposa, la infanta doña Catalina de Aragón y Castilla, reina vilipendiada, murió amándole.

CAPÍTULO VI

LAS NOVIAS DE EUROPA

Isabel Clara Eugenia
Infanta de España
Soberana de los Países Bajos
(1566-1633)

Catalina Micaela
Infanta de España
Duquesa de Saboya
(1567-1597)

San Eugenio echa una mano

A mediados del año 1565 España y Francia llegaron a un acuerdo que todos sus súbditos devotos consideraron importantísimo. La Corona española se comprometía a devolver a los galos la cabeza del venerado san Quintín, mártir bajo el emperador Maximiano, de la que nos habíamos apoderado con dolo, al tiempo que los franceses nos reintegrarían la momia de san Eugenio, el primer arzobispo de Toledo, quien siete siglos antes había alcanzado la palma del martirio al ser ahogado por los paganos en las cercanías de París.

Isabel de Valois, la tercera esposa de Felipe II, a la que se debía el buen éxito del intercambio de reliquias, no cabía en sí de gozo. Como después de cinco años de matrimonio aún no había dado un heredero a su marido, rogó al santo toledano que le devolviera el favor, e incapaz de contener su nerviosismo en Madrid, se adelantó incluso hasta la aldea de Getafe para recibir ella misma a la bienaventurada carroña, ante la que cayó de rodillas suplicando ardientemente quedar preñada.

Era el 1 de noviembre de 1565. Nueve meses después, el 12 de agosto de 1566, en el segoviano palacio de Valsaín, residencia estival de la corte, la soberana daba a luz una niña *belle comme le beau jour* («bonita como la luz de un día claro»), según proclamaba el embajador de Francia, y que recibió el nombre de Isabel, por su madre; Clara, por la fiesta de su natalicio, y Eugenia, «porque la truxo el Santo».

El «infante» doña Isabel

Un año más tarde nació en el alcázar de Madrid otra infanta, Catalina Micaela (Catalina como su abuela materna, la reina Catalina de Médicis; Micaela, por devoción de Isabel de Valois al arcángel, que había servido esta vez de celestial intermediario). Las dos hermanas crecieron juntas y fueron siempre las mejores amigas del mundo.

La muerte de la reina, un año después del nacimiento de su segunda hija, al dar a luz una tercera —que alentó apenas—, dejó huérfanas de madre a las pequeñas infantas, al cuidado del severo Felipe II, quien bebía los vientos por ellas. La correspondencia del monarca y sus hijas, dada a conocer el pasado siglo por Luis Próspero Gachard, pone en evidencia la humanidad oculta del autócrata, que por sus niñas se convertía en un merengue y les escribía, por ejemplo: «De lo que más soledad he tenido yo es del cantar de los ruiseñores.» Mientras que a su incondicional, el duque de Alba, don Felipe confiaba: «Tengo hasta más causa de hallarme mejor con las infantas que con el príncipe.»

Naturalmente Felipe II se refería a su primogénito, don Carlos, hijo de su primera esposa, María Manuela de Portugal, un psicópata inestable y rebelde a toda norma que había muerto a los veintitrés años, en 1568, recluido por desobediencia en sus habitaciones, como consigné detalladamente en mi libro *Los diamantes de la Corona*.

Cuando desapareció don Carlos, su hermana Isabel Clara Eugenia, de dos años, quedó convertida de derecho en la heredera de su padre. Contrariamente a cuanto algunos autores mal informados han creído, la dinastía española de los Austrias no impedía el acceso de las mujeres al trono, a diferencia de sus vecinos los monarcas franceses, sino que las hembras podían suceder sin problemas a falta de varón, aunque no se las jurase como princesas de Asturias, en espera de la eventual sucesión masculina del rey.

A este respecto, no tengo noticia de que ningún historiador de nuestros días se haya ocupado de un tema curiosísimo, que no carece de interés. Y es el siguiente:

A falta de varón, las infantas primogénitas de la Casa de Austria recibían, como inmediatas sucesoras del trono, la denominación especial de *Infante*. Sobre este particular de conservar la desinencia masculina para las mujeres más próximas en el orden sucesorio pueden consultarse los documentos diplomáticos referentes a los enlaces de nuestras Habsburgos. De hecho, en 1683, al pronunciar el insigne Bossuet la oración fúnebre de doña María Teresa, esposa de Luis XIV de Francia e hija mayor de Felipe IV de España, subrayó la particularidad: «Fue tan alto el rango de la difunta reina en la corte española, que no se la contemplaba como infanta, sino como infante, pues así es como se titula allí a las princesas que no han sido reconocidas como herederas de sus reinos.» Y en su *Diario de viaje a España* (1659), el mariscal de Gramont daba cuenta de que «al hijo mayor de rey se le llama "el príncipe", y a los otros "infantes", y a las hijas "infantas", con "*a*"; excepto a la mayor, que se la denomina "infante", con "*e*". Adquieren esa distinción cuando nacen no existiendo aún hijos varones de Su Majestad». Según prueban las capitulaciones matrimoniales de Isabel Clara Eugenia, donde efectivamente se la titula *Infante*, las primogénitas no debían perder tal dignidad por el nacimiento de un príncipe de Asturias, pues en la época de su compromiso lo era ya quien luego fue Felipe III. El pintoresco uso se introdujo en la jerga de la corte de Madrid, como fórmula cancilleresca, desde el siglo XVI y continuó hasta la segunda mitad del XVIII, sin recibir, empero, consagración oficial. De lo que hay que dar gracias a los Cielos, pues ¿cabe imaginar hoy un *infante* doña Elena de Borbón y Grecia, título que correspondería a la primogénita real?

La buena madrastra

En 1570 Felipe II contrajo nuevo matrimonio con una archiduquesa, Ana de Austria, que le daría varios niños, aunque sólo uno sobrevivió, el futuro Felipe III.

Ana era tan bella, bondadosa y encantadora que no se podía pedir más. Enemiga de la ociosidad, trabajaba con sus damas cosiendo y bordando infatigablemente, hasta el punto de que varios conventos de Madrid conservan aún colgaduras y ornamentos sacros elaborados por la regia costurera. A fuer de cumplida alemana, doña Ana poseía, además, el gusto por la cocina. Era una experta en tal arte y dio tan acabadas lecciones a sus hijastras, que éstas nunca las olvidaron. El plato que mejor guisaban era el cerdo con manzanas.

Isabel Clara Eugenia, que rozaba los cinco años cuando le importaron a su madrastra, se había enfurruñado con los servidores que le anunciaron el regreso de su madre «desde el cielo».

> —No soy estúpida —declaró muy seria—; esa señora no es mi madre.

Pero doña Ana había tenido el tacto de explicarle exactamente la situación y, sin pretender sustituir a Isabel de Valois, se convirtió en la gran amiga de las dos niñas, que la quisieron y se sintieron queridas con ternura.

No resistimos la tentación de transcribir el primer billete que se conoce de Isabel Clara Eugenia, a los siete años de edad, dirigido a su acompañante el marqués de Velada y escrito en letras como garbanzos:

> Marqués: Agoos saber que el otro día, estando con Madre, le trujeron unas cintas a mostrar. Y había entre ellas dos, una verde y otra encarnada. Yo quedé tan deseosa dellas, que cada día las voy deseando más. Aréisme mucho placer de mandarnos sacar unas ropas de los dos colores, porque yo os digo que lo deseo tanto como veros bueno. Y porque creo que me daréis este contento, no diré más.

Es decir, la hija del monarca más poderoso del mundo se perecía por unas simples tiras de adorno. La madrastra Ana —«Madre» para las dos niñas— había inculcado, entrelazándola con la gravedad del ambiente y el orgullo de estirpe, una especie de sencillez burguesa que se convertiría en una de las características de aquellas dos infantas alegres y juiciosas.

Sánchez Coello, el gran pintor de corte, las retrató cuando aún eran pequeñas —Isabel tenía diez años y Catalina nueve—, en actitud de entregar la mayor una corona de flores a la pequeña.

Ocho años después, la primogénita volvía a dar a su querida hermana otra guirnalda: una corona de azahar.

«¡Jamás me casaré con un jorobado!»

En 1584 las hijas de Felipe II se habían convertido, sin sombra de duda, en los mejores partidos de Europa. Los vástagos de la reina doña Ana morían como moscas y sólo el raquítico príncipe Felipe aseguraba, por línea masculina, la sucesión del trono hispano. Por el contrario, las dos infantas gozaban de una salud de roble. De Catalina Micaela no se conocía dolencia alguna. De niña, Isabel Clara Eugenia presentó un problema de pistaxis (sangrar por la nariz), que no tardó en solucionarse. También se sabe que a los quince años aún no había alcanzado la nubilidad, lo que dio pie a su padre para escribirle en cierta ocasión que se diera prisa, pues

Las dos hijas de Felipe II. Isabel entrega a Catalina Micaela una corona de flores. Nunca hubo hermanas tan unidas.

Catalina Micaela se casó con el duque de Saboya y fue dichosa. Su descendiente Amadeo I ocuparía un día el trono vacante de España.

En su lecho de muerte, Felipe II encomendó a la infanta Isabel la suerte de los Países Bajos, cuya soberanía le había otorgado.

su hermana menor «ya ha tenido la camisa», expresión asaz utilizada en aquella época.

Los novios se alineaban, pues, a la expectativa. Los había portugueses, franceses e italianos, pero privaban los alemanes, mientras los vates recitaban cosas así:

Las dos Infantas que en el ancho suelo
con sus rayos clarísimos deslumbran
como dos nortes en que estriva el cielo
como dos soles que la tierra alumbran.
Son las que a fuerça de su inmenso buelo
al soberano nombre de Austria encumbran,
bella Isabel y Catalina bella;
ésta sin par y sin ygual aquélla.

Felipe II decidió por fin otorgar la mano de Isabel Clara Eugenia al duque Carlos Manuel I de Saboya.

—¡Jamás me casaré con un jorobado! —se revolvió la infanta, aludiendo al defecto físico que malograba la prestancia del saboyano.

Aunque una infanta rebelada era casi digna de ser llevada a la hoguera, Felipe II no insistió. Ana de Austria había fallecido cinco años antes y el monarca viudo, que consideraba reincidir en el matrimonio por no disponer más que de un hijo varón, tiró la toalla cuando su cuñada, la archiduquesa Margarita de Austria, que deseaba ser monja, respondió a su requerimiento nupcial: «Dígame Vuestra Majestad si, habiendo yo dado palabra al Rey del Cielo de ser su esposa, será bien no cumplirla para casarme con un rey de la tierra...»

Así pues, desechado el proyecto de un nuevo matrimonio, el rey Felipe se había acostumbrado a estimar a la mayor de sus hijas como principal elemento femenino de su corte. Se le hacía cuesta arriba prescindir de ella. Si, a mayor abundamiento, Isabel no transigía con el pretendiente, miel sobre hojuelas.

No obstante, el meollo del problema era otro: Carlos Manuel de Saboya regía un territorio clave para la estrategia de Felipe, asegurando el paso de los Alpes y una vía de comunicación perfecta entre los territorios hispánicos del norte de Europa con los del sur. Insistió en poner un precio exorbitante por su alianza: la mano de una de las novias de Europa.

Isabel Clara Eugenia prometió no mudarse de camisa hasta la rendición de Ostende. Como los insurrectos resistieron tres años, su ropa blanca adquirió un tono que aún se conoce en Bélgica como «color Isabel».

Al archiduque Alberto de Austria, destinado a la Iglesia, lo casaron con su prima Isabel Clara Eugenia, ya un poco ajada.

Isabel con su enana favorita. La «luz de los ojos» de Felipe II actuó, durante largos años, como eficaz secretaria de su padre.

El destino, que es un maravilloso autor dramático, dio entonces una voltereta inesperada: a Catalina Micaela aquel príncipe guapo e inteligente de veintitrés años no le parecía mal, a pesar de su ligera corcova, que podía disimularse con un ropaje adecuado, según resultaba fácil apreciar en sus retratos.

La boda de los duques de Saboya tuvo lugar en Zaragoza, el 11 de marzo de 1585, entre las aclamaciones de una masa tan entusiasta como pudieran estarlo en la actualidad sus descendientes ante un partido España-Italia.

Luego, en Barcelona, la infanta Catalina Micaela, al decir de los cronistas, llorando a lágrima viva por el dolor que le causaba la separación de su padre, su hermana y el pequeño príncipe Felipe, se embarcó con su marido rumbo a su nuevo país.

Catalina Micaela: un destino feliz

La existencia de la segunda hija de Felipe II en la corte de Turín iba a ser dichosa. Contó con un esposo cariñoso y atento al que daría diez hijos. La infanta borrosa —siempre un poco a la sombra de Isabel Clara Eugenia— de la corte de Madrid llegó a dar pruebas de talento político y capacidad para los negocios públicos, que enorgullecieron sin duda a don Felipe. Un testigo imparcial, Vendramino, embajador de la república de Venecia, escribía a su gobierno: «Su Alteza, en ausencia del duque, atiende los asuntos de Estado con toda prudencia, dando pruebas de saber, y lo hace con gran asiduidad y diligencia, hasta el punto de que, cuando el duque se encuentra cerca de ella, le comunica las cosas más importantes, sin tener jamás el mínimo secreto, haciendo que se halle siempre presente en los consejos para solicitarle su opinión, que la duquesa da con tal inteligencia, que se comprende haya sido educada en la escuela de su padre.»

La sabia investigadora Mercedes Fórmica nos ha ofrecido un retrato de aquella deliciosa corte de Turín, donde demuestra que Catalina Micaela no sólo fue hermosa —como salta a la vista por sus retratos—, sino alegre, divertida y consciente de su papel. Murió de parto, doce años después de su boda, en Miraflores, una villa de castizo nombre castellano, circundada de jardines, que Carlos Manuel le había hecho construir entre el Po y el Sangone. Al dar cuenta de la noticia del fallecimiento en uno de sus despachos diplomáticos, Vendramino comentó: «La duquesa y el duque habían vivido y experimentado una auténtica pasión amorosa.»

Felipe II recibió la noticia de la muerte de su hija menor con desolación. «Le cercenó la mitad de lo que le quedaba de vida: ni muerte de hijos, ni de mujer, ni pérdida de armada, ni cosa sintió como ésta, ni le habían visto antes jamás quejarse», consignó uno de sus contemporáneos.

El azar quiso que en 1870, tres siglos después de estos acontecimientos, un descendiente directo de Catalina Micaela, don Amadeo I de Saboya, ocupase el trono de España, por elección de las Cortes, en sustitución de la escandalosa Isabel II de Borbón, representante de la descendencia de aquel enfermizo hermano, el futuro Felipe III, que la infanta dejara atrás, entre sollozos, en el puerto de Barcelona.

La secretaria de Felipe II

Desde la muerte de la reina Ana, la infanta Isabel Clara Eugenia había actuado como «primera dama», que diríamos hoy, de la Monarquía hispánica. Durante catorce años sería no sólo la más alta representante femenina de la dinastía en palacio, sino también la confidente de su padre, su secretaria íntima, el ama de casa de El Escorial.

Isabel escribía las cartas más delicadas de su padre, archivaba sus papeles privados, escuchaba a los embajadores si Felipe II no estaba en condición de recibirlos, debido a su villana gota. En una palabra, Isabel Clara Eugenia sustituía a la consorte del rey, y cuando las Cortes juraron a su hermano Felipe como príncipe heredero, la infanta se sentaba en el trono al lado de su padre como si fuese la reina.

Mas el tiempo pasaba y la infanta primogénita comenzaba a marchitarse. Felipe II, pretextando mil excusas, dilataba la boda de su hija. Puro egoísmo paterno que se resistía en separarse de la «luz de sus ojos».

Un cardenal obediente

En 1594, cuando Isabel contaba ya veintiocho años —edad respetable para las solteras de la época—, se empezó a hablar en serio de casarla con uno de sus primos, el archiduque Ernesto —hijo de Maximiliano II de Austria y la infanta doña María, hermana de Felipe II, una alhaja exportada al trono imperial alemán—, destinado por su tío Felipe para gobernar el Flandes hispánico. Pero meses después Ernesto murió y hubo de pensarse en otro marido.

El novio malogrado tenía un hermano menor, Alberto, que se había educado en la corte madrileña de su tío Felipe. El archiduque e Isabel se conocían desde que ella tenía cuatro años y él siete. Desde el primer momento se quisieron como primos hermanos. Y punto.

Sin embargo, don Felipe apreciaba mucho a ese sobrino austroespañol al que había formado bajo su supervisión e inclinado a la púrpura. El joven archiduque, aun no sintiendo imperiosa vocación religiosa, recibió órdenes menores, el subdiaconado y fue nombrado por el Papa cardenal del título de la Santa Cruz de Jerusalén. Pero cuando el archiduque-cardenal contaba veintidós años, el monarca español, que no se fiaba de otro pariente más a mano, le encargó el virreinato de Portugal (país en aquel momento sujeto a nuestra dinastía), mandando suspender la definitiva ordenación sacerdotal de su sobrino predilecto. Una década llevaba Alberto desempeñando su cometido en Lisboa cuando Felipe le comunicó que había pensado en él como excelente rey consorte, caso de que el futuro Felipe III muriese sin prole, y le hizo conocer el documento siguiente:

> Habiendo deseado mucho casar a la Infanta Doña Isabel según ella merece y no habiendo permitido la calidad de los tiempos y acercamiento del negocio que esto se hiciera más presto, he determinado elegir, como ya tengo elegido, para su marido, al Archiduque Alberto, mi sobrino, por tenerle conocido y ser tal como se puede desear en cristiandad y valor.

El próximo paso era renunciar a la púrpura. Alberto escribió al papa Clemente VIII:

El Rey de España, Católico de nombre y de efecto, mi Señor, ha resuelto casarme con su hija la Serenísima Infanta Isabel. Sé que esta alianza es ventajosa para nuestra Casa y si me dejo llevar a ella es por la consideración del bien público que de ahí puede resultar. Pido, pues, a Vuestra Santidad tenga a bien recibir el cardenalato, que devuelvo a sus manos con sentimiento y contra mi voluntad.

¿Cabe una carta menos romántica hacia sus obligados esponsales? Ya desligado autorizadamente de los lazos que le unieron a la Iglesia, Alberto podía, sin obstáculo, casarse con la infanta. Sintiéndose en las últimas, en la primavera de 1598, Felipe II renunció a los Países Bajos en Isabel y Alberto a quienes, una vez casados, correspondería la soberanía de aquellos estados tan problemáticos para la Monarquía.[8] Los consejeros flamencos de Felipe II le habían insistido durante años: «Ni el oro del Perú, ni los soldados de España, surtirán efecto sobre los rebeldes. Sólo un príncipe de la Familia Real que viva entre ellos como soberano podrá gobernarlos.» El plan, sin embargo, contenía grandes restricciones, pues la independencia que se proclamaba era más aparente que real, estipulándose además que en caso de no tener hijos los esposos, la soberanía revertiría a España.

Meses después, el 13 de septiembre de 1598, Felipe II fallecía en su dilecto Escorial. Isabel, aún soltera, no se apartó en los últimos días de su lado. El joven príncipe de Asturias lloraba sin consuelo, mientras que la infanta escuchaba atentamente los consejos del moribundo respecto al gobierno de Flandes. A las cinco de la madrugada don Felipe deslizó entre los dedos de su hija el anillo de boda que antaño había puesto en los de su madre, Isabel de Valois, al casarse, y le dio su postrera bendición. Pidió un cirio, luego un Cristo. «Ya es tiempo», dijo. Y habiendo pedido a su hija que saliese de la habitación para no verle morir, su vida acabó.

Entonces, sólo entonces, Isabel Clara Eugenia se derrumbó. «La Serenísima Infanta —según relato de un testigo— lloró en aquel

8. La Corona de los Países Bajos, o de Flandes, como también se decía —haciendo extensivo el nombre de una parte a toda la región—, ocupaba los territorios de las actuales Bélgica y Holanda, y provenía de la herencia dinástica de Carlos I de España. El distinto concepto político, jurídico y hasta religioso de estas ricas provincias produjo continuas sublevaciones contra la Monarquía hispánica, que reconoció su independencia definitiva en 1648 y liquidó lo poco que le restaba en 1714.

punto con tan grandes gritos que se salió como mujer que tanto perdía, sin mirar quién era. Luego fue el Rey nuevo a ver a su hermana y estuvieron media hora llorando y consolándose uno a otro.»

Una soberanía difícil

Lógicamente el matrimonio de Isabel Clara Eugenia con el archiduque Alberto de Austria no fue lo que se dice una unión por amor. Nunca, ni aun en su correspondencia más íntima, le llamó la infanta «marido» sino «primo». Pero la razón de Estado se imponía en aquel enlace por encima de cualquier otra consideración, a juicio de Felipe II. Hasta su lecho de muerte le habían martilleado: «Quizás ni con esa salida tendréis Flandes para España, pero quedará en la Casa de Austria, y, en todo caso, la unión que ha habido constantemente entre las dos ramas —española y vienesa— supondrá siempre para la Monarquía innumerables beneficios.» Tal había sido la única razón del desposorio de Isabel con Alberto, a quien la «novia de Europa» sólo profesaba un remansado afecto. Tras su boda, ratificada en Valencia el 18 de abril de 1599 —el mismo día en que el nuevo rey, Felipe III, se casaba, para variar, con otra prima, Margarita de Austria—, los archiduques partieron hacia su destino: los Países Bajos. Los flamencos se daban cuenta de que su país adquiría con aquellos «soberanos propios» una dependencia absolutamente dependiente, por así decirlo. De otro lado, Isabel Clara Eugenia, a sus treinta y cuatro años, aparecía ajada y sin trazas de poder dar a luz a un príncipe heredero nacido en Flandes. Ésa fue la gran esperanza de la archiduquesa, que jamás hizo realidad.

Los comienzos de la soberanía de Alberto e Isabel fueron difíciles, hasta que en 1609 se pactó una tregua de doce años con los rebeldes. Entretanto, los archiduques procuraron la prosperidad del país que les había caído en suerte e iluminaron Rubens, Brueghel y Van Dyck. «Isabel, más inteligente que su esposo, tuvo el papel de protagonista», escribió el vizconde Terlinden. El recuerdo de la hija de Felipe II atrae aún buenas resonancias en Bruselas, donde instaló su corte. Y todos los belgas y flamencos conocen la anécdota que la ha hecho universalmente famosa y es como sigue: La infanta, plena de energía, gustaba acompañar a su esposo en sus campañas militares contra los insurrectos, y hallándose una vez en el sitio de Ostende, dicen que hizo voto de no mudarse de camisa —como su antepasada Isabel la Católica ante Granada— hasta haber tomado la plaza. Como Ostende resistiera tres años, la ropa blanca de la princesa tomó un tono peculiar, que dio origen al color llamado aún hoy «isabel».

1621 fue un año trágico para la infanta-archiduquesa. Terminó la tregua y murieron su marido, el archiduque Alberto, y su hermano, Felipe III. El nuevo rey de España, Felipe IV, un sobrino al que no conocía, comenzaba una política hostil hacia los revoltosos que su tía había intentado atraerse. Isabel Clara Eugenia, leño estéril, tenía cincuenta y seis años y sabía que virtualmente ya no era la soberana de Flandes. Para aprovecharse del prestigio personal de la infanta, su sobrino la nombró su gobernadora. Ella aceptó por sentido del deber, pero volvió al mundo con el hábito de terciaria franciscana, que ya nunca abandonaría. Sobrevivió a su esposo doce años y en 1633 falleció en Bruselas, donde tantos la apreciaban. La excesiva españolización del gobierno, auspiciada por los ministros del lejano Felipe IV, producía gran descontento y paralizó en sus postreros años los esfuerzos de la infanta gobernadora. Un intento fracasado de paz fue su último acto político. Hoy Isabel Clara Eugenia, luz de los cansados ojos de Felipe II, descansa, junto a su marido, en la catedral de San Miguel y Santa Gúdula de la capital belga, desde donde ejerciera su cometido como bienintencionada, aunque superflua, soberana.

CAPÍTULO VII

LA REINA DE LOS TRES MOSQUETEROS

Ana de Austria
Infanta de España
Reina de Francia
(1601-1666)

Sexo y cabeza

En el otoño de 1637, durante un paseo, el cardenal Richelieu, primer ministro de Francia, se encaró con su señor, el rey Luis XIII, y le espetó, poco más o menos, lo siguiente:

—Hace veintidós años que estáis casado, Majestad, y todavía no habéis dado un heredero a Francia.

El rey, cuya naturaleza se asemejaba a un témpano, respondió:

—Ya sabéis, Eminencia, que las mujeres sólo me interesan de la cabeza a la cintura.

—En tal caso —contestó Richelieu— habrá que ordenar que lleven la cabeza en las rodillas.

Esta salida, un poco impertinente, no agradó a Luis XIII, que puso mala cara al cardenal durante un mes. No obstante, la que más sufría con aquella extraña situación era, claro está, la reina.

Los guantes de la tentación

Ana de Austria, infanta de España, había nacido en 1601 en el palacio de Benavente, en Valladolid, primogénita de Felipe III y Margarita de Austria. La niña —que sus familiares españoles llamaron siempre Ana Mauricia, además de «infante»—, creció preciosa, muy despierta, y aturdía a la reina a fuerza de preguntas («Charla tanto que tengo que llamarla al silencio», escribía doña Margarita), pero quedó huérfana de madre a los diez años y sólo tenía catorce cuando celebraron su matrimonio con Luis XIII de Francia. Nunca más vino a España y sólo una vez, en 1660, volvería a encontrarse con su hermano, Felipe IV, en la frontera del Bidasoa, para concertar una paz y otra boda, como veremos.

La infanta-reina era alta, fragante, templada, de tez muy pálida y cabellera rubia que ella oscurecía con tintes. Tenía también una garganta admirable, pero su título de gloria universal fueron sus manos, de las que cada dedo era un modelo. («Estaban hechas para llevar un cetro», consignó una de sus damas de honor, madame de Motteville.) Ana se mostraba extremadamente orgullosa de ellas, y en el famoso retrato que le pintó Rubens insistió en vestirse de oscuro, para que las manos, ciertamente admirables, destacasen aún más su perfección legendaria.

En aquel tiempo, las manos de la mujer eran un elemento erótico superior a los senos. Todos los hombres de la corte se atropellaban cuando la reina decidía quitarse lentamente sus guantes, dedo a dedo, en un amago de *striptease*. Una sola persona no se sentía atraída por el espectáculo: el rey. No le gustaba la compañía de su mujer y siempre recordaba la noche en que, apenas cumplidos catorce años, le habían acostado en la cama de la novia. Ante dos nodrizas —testigos precisos, a tenor del protocolo—, el chico se comportó dos veces como se esperaba de él, pero luego pidió sus zapatillas y volvió a su habitación.

Disgustado por la experiencia, desde entonces Luis se cerró casi en banda a la vida conyugal, apenas saboreada. Visitaba a su mujer con cuentagotas. Decididamente prefería la castidad o la sociedad de los hombres. La pobre reina se paseaba al principio por el palacio del Louvre exhalando profundos suspiros, pero luego se resignó. Mientras Luis XIII se divertía en la caza y otros deportes de moda, Ana, que conocía sus deberes como esposa y reina, aguardaba su oportunidad desgranando las cuentas de su rosario español. Sin embargo, un inglés iba a causarle dolores de cabeza.

Un dandi anda suelto

En 1625 Jorge Villiers, duque de Buckingham, favorito de Jacobo I de Inglaterra, llegó a París para renegociar el enlace de una hermana de Luis XIII con el heredero británico Carlos I, recién entronizado. Villiers era lo que hoy en día definiríamos un consumado «trepa», que había alcanzado la fortuna por caminos nada ortodoxos. Apuesto y refinado, conquistó la predilección del rey Jacobo Estuardo, que se encaprichó de él en cuanto lo vio, nombrándolo sucesivamente caballero, vizconde, conde y duque. El clan de los Villiers estaba decidido a sacar el máximo provecho de aquella racha, y Jorge acabó situando hasta a los primos segundos de sus cuñados. Luego el monarca lo nombró ministro principal de la Corona y, dado que los gustos de Buckingham eran preferentemente heterosexuales, lo casó con la hija del conde de Rutland.

El 24 de mayo de 1625, el favorito hizo su entrada en París. La duquesa de Chevreuse, una encopetada dama de la corte, confidente de Ana de Austria, ofreció un baile en su honor. El dandi no debía permanecer más de una semana en Francia, pero se había traído veintiséis trajes. A la recepción se presentó ataviado con un atuendo de terciopelo blanco guarnecido de perlas voluntariamente mal cosidas, por lo que, al dar el primer giro en una danza, algunas rodaron por el suelo. Los asistentes se apresuraron a recogerlas y se las entregaron.

—Guardároslas —dijo Buckingham, sonriendo con displicencia—, os lo ruego.

El gesto divirtió a la reina, que presidía la fiesta, y sonrió al inglés, quien de inmediato debió de decidir quedarse en París unos días más de lo previsto, mientras desde un rincón del salón Richelieu espiaba con ojos de lince. La soberana no simpatizaba con el cardenal, que desde 1624 regía los destinos del país por delegación de la regia indolencia. El prelado adoraba los gatos; Ana los perros, y sus relaciones estaban en consonancia.[9]

Leamos el minucioso relato de madame de Motteville: «La reina, abandonada por su esposo, vivía aislada. Ella no comprendía que una amable conversación, lo que se llama corrientemente honesta galantería, pudiera ser cosa reprochable. Madame de Chevreuse me dijo que había tenido todo el trabajo del mundo en hacerle cobrar algún gusto a la gloria de sentirse amada.» Otra camarista, la marquesa se Seneçay, testimonió años después en el mismo sentido: «La reina hablaba de las galanterías de su juventud con una sencillez tan sincera que bastaba para ver que no podían haber sido para ella más que ligeras imperfecciones. Su desgracia residió en no haber sido lo bastante amada por el rey su esposo.»

Afinando al máximo, la única locura comprobable de Buckingham y Ana de Austria, en cuyo relato coinciden varios testigos, fue la siguiente: «Durante un paseo por el jardín, habiéndoles llevado el azar a un recodo de la avenida donde una empalizada podía ocultarles del público, Su Majestad se sorprendió de encontrarse importunada por algún sentimiento demasiado apasionado del duque de Buckingham, por lo que llamó a gritos a sus caballerizos, reprochándoles el haberse separado de ella.»

9. Richelieu consideraba a doña Ana una espía de España. El futuro demostraría que su hostilidad era infundada.

¿Había intentado el duque extender un poco el campo de su acción diplomática? Es muy probable que Ana hubiese tenido que rechazar un asalto —todo lo más una escaramuza— que, bisoña como era en tales lides, la asustó. «La duquesa de Chevreuse había inflamado a Buckingham —asegura un historiador— porque quería absolutamente que la reina conociese por él las voluptuosidades que el rey no le había revelado.» Pero el galán debía de ser poco mañoso, si hemos de dar crédito a otro memorialista que asegura que Villiers, en su arrebato, «había arañado los muslos de la reina con sus escarpines».

Lo cierto es que la partida de la hermana de Luis XIII hacia Inglaterra se precipitó y cuando el duque acudió a despedirse de la soberana, advirtieron que se inclinaba y pronunciaba unas palabras quedas, para luego estallar en sollozos. Ana puso cara de póquer y no chistó, lo que dejó pasmados a los presentes, ávidos de emociones fuertes, hasta el punto de que la princesa de Conti, cotilla oficial de la corte, sólo atinó a comentar que «ella podía responder al rey de la virtud de la reina de cintura para abajo, pero que no podría afirmar otro tanto de cintura para arriba, porque, por más que Su Majestad disimulara, aquellas lágrimas del duque debían de haber hecho mella forzosamente en sus sentimientos de mujer».

El cintillo de diamantes

Pese a todos los pesares, Ana de Austria ha pasado a la leyenda como la amante de Buckingham y la atribulada reina de *Los tres mosqueteros*.

¿Hemos de conceder algún crédito a la historia del cintillo de diamantes que permitió a Alejandro Dumas escribir los mejores capítulos de su obra maestra? A tenor de ese relato, Ana, menos glacial de lo que la gente creyó, hizo entrega al duque de Buckingham de una docena de brillantes ofrecidos a ella por Luis XIII. La amante inglesa del ministro —Milady de Winter, según la ficción de Dumas, la condesa de Carlisle en la realidad— se apoderó de dos de las joyas y las envió a Richelieu para que comprometiera a la reina. Buckingham descubrió a tiempo el robo y mandó confeccionar dos nuevas gemas, lo que permitió remitirle a Ana el juego

Luis XIII de Francia se cerró casi en banda a la vida conyugal, apenas saboreada, con su flamante esposa española.

Ana se mostraba orgullosa de sus manos. A veces se quitaba los guantes, dedo a dedo, en un amago de striptease *que enloquecía a los cortesanos.*

Sólo después de veintitrés años de matrimonio vino al mundo Luis XIV. Se tuvo que recurrir a una ingeniosa estratagema.

completo que Luis XIII, impulsado por el cardenal, le había exigido a su mujer que luciera en su atavío.

El prolífico Dumas fue un gran falsificador de acontecimientos, pero sus novelas tenían a veces un fondo de verdad. Hoy está comprobado, por ejemplo, que sus protagonistas D'Artagnan, Athos, Porthos y Aramis fueron mosqueteros y existieron realmente.[10] Para su relación sobre los amores del duque y la reina, el novelista basó su facundia en un relato popular contemporáneo a los acontecimientos, que se había propalado y daba por hecho que el inglés había salido triunfante de su empeño. Lo consideramos pura fantasía. Pero algo desazona: si la relación de Ana de Austria con Buckingham fue tan fugaz y poco gratificante como parece, ¿por qué cuando el duque fue asesinado por un fanático, tres años después, se descubrió que llevaba sobre sí, junto a su corazón, el retrato de la reina de Francia?

El prodigio

Luego sobrevino la noche del milagro.

Durante un sermón en la capilla de palacio, Ana había observado que su marido fijaba insistentemente la atención en una de las damas de honor, María de Hautefort. La reina no sintió celos ni por ensueño, sino todo lo contrario; como madame de Motteville informa: «Al ver nacer aquella inclinación en el rey, tan esquivo con las damas, la reina trató de animarle en lugar de regañarle.» Quizá alimentaría la secreta esperanza de que Luis XIII finalmente se descongelaría.

La cosa tomó su tiempo, pero funcionó. A la Hautefort incluso la sustituyó otra, Luisa de La Fayette, que era más atrevida, con lo que el monarca empezó a apreciar en su justo valor la compañía femenina.

En el invierno de 1637 el rey habitaba en Versalles, la esplendorosa residencia real fuera de París, y la reina en el Louvre, en la

10. D'Artagnan llegó a ser mariscal de campo. Athos murió en un duelo. Porthos fue propietario de una finca en las estribaciones de los Pirineos. Aramis, abate laico de Espalungue, tiene todavía descendencia. Véase mi trabajo «¿Existieron realmente los Tres Mosqueteros?» en el dominical de *ABC* (16 de noviembre de 1969).

El duque de Buckingham, favorito del rey de Inglaterra, un dandi que se inflamó de pasión por Ana y Dumas inmortalizó en Los tres mosqueteros.

El cardenal De Richelieu, primer ministro de Francia, consideraba a la reina una espía de España y la trataba con prevención.

En la fronteriza isla de los Faisanes, Ana se reunió, tras casi medio siglo, con su hermano Felipe IV y formalizaron el enlace de sus hijos Luis XIV y María Teresa.

capital. En la tarde del 5 de diciembre, el monarca, que se hallaba de caza en Grosbois, se vio sorprendido por una tremenda tormenta. Sus ayudantes se atrevieron a decir que era una locura arriesgarse a través de la campiña y que sería mejor dormir en el Louvre, que se hallaba más cerca. El rey ni se inmutó. «Ya escampará», dijo. Pero, por el contrario, la lluvia redobló. Los cortesanos, a quienes súbitamente Dios les había encendido una lucecita en el cerebro, volvieron a la carga con redoblada insistencia, hasta que el rey se enfadó. Sus aposentos no estaban preparados en París[11] e iba a dormir muy incómodo, objetó.

Con expresión inocente, el más atrevido de los palaciegos sugirió entonces que la reina estaría más que contenta al poder ofrecer cobijo y cubierto a su augusto consorte, y todos asintieron, suplicando al monarca que se compadeciese de sus acompañantes y no les obligase a contraer una pulmonía maligna. Luis XIII, suspirando, capituló.

El capitán de la guardia partió al galope para avisar a la reina de la inesperada llegada de su marido. Ana tomó todas las disposiciones para que nada ni nadie contradijera los gustos de su esposo. Luego se acicaló y recibió al rey con su más encantadora sonrisa. Cenaron juntos una comida picante y después, puesto que no había otra cama mejor, se colocó una almohada doble en la de la reina, mientras que, a escondidas, varios capellanes corrían hacia el oratorio para elevar plegarias al Altísimo a fin de que obrara un prodigio.

Nueve meses más tarde, día por día, después de veintitrés años del matrimonio de sus padres, nació el futuro Luis XIV.

La más francesa de las francesas

A la muerte de Luis XIII en 1643, Ana fue nombrada regente del reino en la menor edad de su hijo Luis XIV, de cinco años, y confió la dirección de los negocios públicos a otro cardenal, sucesor del ya fallecido Richelieu, el italiano Julio Mazarino, a quien sostuvo con extraordinaria firmeza frente a todas las ambiciones. Esta mane-

11. Según la costumbre, un lecho, varios muebles de la habitación real, la vajilla, el servicio y los camareros solían trasladarse donde pernoctaba Su Majestad.

ra de proceder dio pábulo a que se creyese en un matrimonio secreto entre el cardenal y la reina madre, que se enfrentó a la llamada insurrección de la Fronda (contraria a Mazarino) y consiguió abatir con insospechada habilidad el poder del parlamento, afianzando el absolutismo, que alcanzó su apogeo con su hijo Luis XIV. Aquella infanta nacida en Valladolid demostró ser la más francesa de las francesas, encaminó la política de sus ministros a conseguir la hegemonía de su país de adopción en Europa y con este fin no dudó en mantener cruentas contiendas contra España, hasta el Tratado de los Pirineos, que iba a sellar como prenda de paz otra alhaja exportada desde Madrid, su sobrina la infanta María Teresa, hija de Felipe IV, de la que nos ocupamos a continuación.

Tras la mayoría de edad de su hijo, Ana de Austria llevó una vida apartada hasta los sesenta y cinco años de edad. Falleció en 1666, satisfecha de ver sus anhelos cumplidos, en su querido palacio del Louvre, tal vez en la misma cama donde, a fin de cuentas, antaño realizara su mayor proeza.

CAPÍTULO VIII

LA REINA LUNA

María Teresa de Austria
Infanta de España
Reina de Francia
(1638-1683)

Reunión de familia

En la pequeña isla de los Faisanes —un promontorio de tierra en medio del río Bidasoa, frontera entre Francia y España—, se levantó en 1660 una tienda adornada de ricos tapices y cortinajes, con dos puertas, una en dirección a Irún y otra a Hendaya.

El 4 de junio, Ana de Austria, acompañada de su hijo Luis XIV, entraron por uno de los lados; don Felipe IV, rey de España, con su hija la infanta María Teresa, por el opuesto.

Los franceses se situaron sobre una alfombra de terciopelo rojo y franjas plateadas. Frente a ellos, sobre otra con motivo persa y fondo dorado, los españoles.

La infanta iba a ser entregada como reina de Francia al día siguiente, y la familia se reunía.

Después de casi cincuenta años sin verse, don Felipe y su hermana Ana se emocionaron un poco, se abrazaron haciendo equilibrios justo en la línea que separaba simbólicamente los dos estados y la infanta se inclinó ante su tía y futura suegra, en una profunda reverencia.

Mientras Felipe IV y Ana de Austria rememoraban pasajes de su niñez, los novios se observaban de reojo.

Luis XIV no era exactamente lo que se dice un tipazo. A sus veintidós años —la misma edad que su novia— medía 1,59, lo que explica por qué exageró ladinamente la moda de los zapatos masculinos de tacón alto y lanzó la de las pelucas gigantescas, a fin de conseguir un aspecto imponente. Por su parte, María Teresa, no menos rubia que su tía y suegra, era una chica rolliza, diminuta e insignificante: una infanta infantiloide. Ana de Austria le miró enseguida las manos y suspiró aliviada: ni siquiera entonces resistían la comparación con las suyas.

La etiqueta española impedía que la infanta dirigiese la palabra a su prometido, teóricamente de incógnito, hasta el pie del altar. Cuando debido a un descuido Ana de Austria preguntó a su sobrina qué le parecía su novio, Felipe IV objetó, inflexible:

—Hasta que María Teresa haya atravesado vuestra puerta, no hay razón para expresarlo.

Entonces Ana de Austria tuvo una ocurrencia feliz y preguntó a su sobrina:

—¿Y qué os parece esta puerta?

—La puerta me parece muy bella y buena —respondió la infanta, sonrojada como un rábano.

La entrega oficial de María Teresa tuvo lugar tres días después en la misma sala y la infanta lloró como una descosida al despedirse de aquel padre a quien seguramente nunca volvería a ver.

Atravesada por fin la línea de demarcación fijada por las alfombras, María Teresa subió con la reina madre y Luis XIV en una carroza dorada que les condujo a San Juan de Luz, donde la pareja, cuya boda por poderes se había celebrado en Fuenterrabía antes de su encuentro, recibió la bendición nupcial.

Nuestra conocida madame de Motteville, que estaba presente en el cortejo, nos ofrece el mejor despacho periodístico de lo que siguió:

> Sus Majestades cenaron en público sin más ceremonia que la ordinaria, y el rey pidió acostarse pronto. La joven reina dijo a su tía y suegra con lágrimas en los ojos: «¡Es muy temprano!» Éste fue, desde su llegada, el único movimiento que su modestia la forzaba a sentir; pero como se le dijo que el rey ya estaba desnudo, hizo ella otro tanto, pronunciando estas palabras: «¡Presto, presto, que el rey me espera!» Ante una obediencia tan puntual, que se podía sospechar llena de pasión, ambos se acostaron con la bendición de la reina y del señor obispo.

Al día siguiente una radiante María Teresa, después de desayunar con apetito, suplicó a su marido que permitiese seguir hasta París a los cuarenta españoles que la habían hasta allí acompañado, a lo que el rey se negó sin más. La flamante esposa respondió, dócil:

—No tengo más voluntad que la vuestra.

Lo que verdaderamente presagiaba un buen entendimiento conyugal.

Papel mojado

Esta sumisa infanta doña María Teresa, nacida en Madrid en 1638, había perdido a su madre, Isabel de Borbón, a los seis años y creció entre ayas, azafatas y enanos. Su hermano, Baltasar Carlos, una de las más tristes frustraciones de nuestra Historia, se malogró sin haber cumplido aún los diecisiete, y durante un tiempo ella, María Teresa, único vástago superviviente del primer matrimonio de Felipe IV, pareció llamada a ceñir un día la Corona española, preocupación de la que fue descabalgada por la venida al mundo de los hijos varones de un segundo, y tardío, matrimonio del monarca español.

Aunque no posara para el conocido cuadro de *Las Meninas*, María Teresa fue retratada cuatro veces por Velázquez, que la inmortalizó tiesa y hierática en sus galas de infanta del siglo XVII, embutida en un guardainfantes, más coraza que vestido, que la asemejaba a un autómata. Antes de su boda con el rey de Francia, Felipe IV puso ante María Teresa un documento:

—Firma —exigió.

Y la infanta primogénita rubricó el siguiente texto, que se juzgó capital y resultó papel mojado:

> Yo, María Teresa, Infanta de las Españas, me declaro y tengo por excluida y apartada, y a los hijos y descendientes de mi matrimonio con el Rey de Francia por excluidos e inhabilitados absolutamente, del derecho de suceder en los Reinos, Estados y Señoríos de esta Monarquía, como si yo y mis descendientes no hubiéramos nacido, ni fuésemos en el mundo.

Por precaución sucesoria, el soberano español había exigido esta renuncia que cerraba completamente el paso —creía él— a sus vecinos, los rapaces Borbones, que vivían con la mirada puesta en el trono de Madrid.

Ana de Austria, que no había conseguido ninguna hija de su matrimonio con Luis XIII —aquel hombre poco solicitado por los sentidos—, ansiaba tener a su lado una nuera que perteneciera a la misma familia de donde ella había salido. Era lo que a la sazón se llamaba «orgullo dinástico de los Austrias», que tantas calamidades genéticas suscitó. Suegra y nuera se llevaron a las mil maravillas, aunque era difícil enfurruñarse con María Teresa. Simple, cándida, buena, simpática, no mereció ser escarnecida por su marido como continuamente lo fue. Alrededor del Rey Sol —como llamaron los pelotas de turno al soberano absoluto— centelleaban las estrellas cuya lista cansa, encabezadas por la sultana del serrallo, madame de Montespan, que le dio nada menos que siete planetas, seis de ellos legitimados por decreto de su padre.

La muda

Mientras el real pillastre saltaba de una aventura a la siguiente, la corte decidió levantar un muro de silencio en torno a la reina, a la que mentían en todo momento, ocultándole la verdad. La conspiración duró los veintitrés años que María Teresa reinó en Francia, aunque ella no era tan lela. Como rehén sin voz ni voto, se comprometió a no ser sino el humilde reflejo del Astro Rey y decidió callar. Por lo demás, aunque parezca increíble, Luis XIV seguía durmiendo con ella casi todas las noches. El monarca dedicaba al galanteo las mañanas, para pasar la sobremesa entre dos sábanas. Este horario le permitía reunirse al oscurecer con María Teresa, a la que hacía gustar las migajas del festín diurno, lo que la mantenía perennemente muda. Como por lo demás el trato de Luis hacia ella en público era exquisito, la desdichada vivía tragándose las lágrimas en su limbo.

Seis hijos dio María Teresa de Austria a Luis XIV, y uno de sus nietos, Felipe, duque de Anjou, iba a retomar en 1700, a la muerte de Carlos II el Hechizado —medio hermano de María Teresa y último Austria español—, los derechos a la Monarquía hispánica por su abuela solemnemente renunciados.

Para entonces, María Teresa era ya una sombra silente sepultada en Saint-Denis, el panteón de los soberanos franceses. Había fallecido en 1683, después de pronunciar estas enigmáticas palabras: «Desde que soy reina, no he vivido más que un solo día de felicidad.»

¿Se refería al primero, o acaso a aquel último día en que terminaba su triste existencia?

Luis XIV había sido el Rey Sol; María Teresa, la Reina Luna, una mujer que se diluyó, entre el silencio y la resignación, a la vera de aquel astro que iluminó a tantas mujeres menos a ella.

María Teresa, por Velázquez. La infanta primogénita tuvo que renunciar a sus derechos sucesorios en España antes de su boda con el monarca francés.

Tras su matrimonio, María Teresa, dócil y enamorada, supo aguantar con estoicismo las barrabasadas de su señor esposo.

Luis XIV y su harén. María Teresa abanica su sofoco, mientras en torno al Rey Sol centellean las estrellas.

CAPÍTULO IX

INFANTAS DE LEJOS

Luisa Isabel de Francia
Duquesa de Parma
(1727-1759)

Margarita de Borbón
Princesa de Parma
(nacida en 1972)

M.ª Carolina de Borbón
Princesa de Parma
(nacida en 1974)

La rama real de Parma

Dos francesas, una austriaca, una piamontesa, una napolitana y una portuguesa. Todas ellas eran hijas de reyes e impusieron su personalidad en la época que les tocó vivir, mientras paseaban con orgullo su título de infantas de España. Infantas de lejos. Infantas «de Parma». Esposas de nuestros infantes exportados a Italia como avanzadilla de la corte de Madrid; soberanos de «países satélites», diríamos hoy, de la Monarquía hispánica.

A mediados del siglo XVIII, la Familia Real española engendró dos ramas subsidiarias que durante más de un siglo reinaron en sendos países de la península italiana: las Dos Sicilias y Parma.

Pero mientras que los Borbones españoles de Nápoles y Palermo no disfrutaron más que esporádicamente de la dignidad de infantes, los duques de Parma la recibieron, sin excepción, creando una línea paralela de infantes que, mucho tiempo después, por azares del destino, sería también llamada a empuñar la antorcha de la legitimidad sucesoria defendida por el carlismo rival de la rama reinante en Madrid.

Luisa Isabel de Francia, María Amalia de Austria, María Teresa de Saboya, Luisa María de Borbón, María Pía de las Dos Sicilias y María Antonia de Braganza fueron las consortes de los duques soberanos de Parma. En su documentado *Informe sobre el título y tratamiento debidos a los consortes de los Infantes de España* (1995), don Jaime de Salazar, después de repasar los ejemplos de la Historia, concluye: «Siempre que un infante ha contraído matrimonio con persona de igual rango, ésta ha disfrutado del mismo título, honores y tratamiento de infanta de España y siempre, de forma automática, se ha titulado infanta, sin que haya habido necesidad de concedérselo de forma explícita.»

Efectivamente tal fue la normativa aplicada, en todo caso hasta los cambios introducidos en la doctrina tradicional de la Monarquía por Juan Carlos I, sucesor designado del general Franco.

Pero para entonces las princesas de Parma ya habían pasado a ser infantas carlistas de España.

Luisa Isabel, la creativa

Primogénita e hija predilecta de Luis XV, Luisa Isabel de Francia —alias Babet— llegó a España en 1739, procedente de París, para casarse con el infante don Felipe —Pippo en familia—, tercer hijo varón de Felipe V e Isabel Farnesio (el primogénito fue el futuro Carlos III; el segundo murió en la cuna). La Farnesio, última de su estirpe, era la heredera de Parma, el feraz y estratégico ducado italiano atravesado por el Po y flanqueado por los Apeninos, que tocó en suerte a Pippo, el hijo más querido de la reina.

Luisa Isabel, la primera infanta de Parma, era una mujer más bien rolliza y sin gracia, pero activa y ambiciosa como pocas princesas de su tiempo. Consideraba a Parma una hermosa tierra que servía de acomodo a todo un infante de España, y desplegó tanto empeño en ponerla a la altura, que convirtió al ducado en un centro de irradiación cultural, nada menos que la llamada «Atenas de Italia». Desde París hizo llegar arquitectos como Petitot, escultores como Boudard y Guiard, pintores como Nattier, La Tour, Laurent y Pécheux, maestros como Keralio y Condillac, todos ellos lumbreras de la época, mientras el grave servicio español de los infantes se hacía cruces de tanta modernidad. Animó la abulia congénita de su marido, Felipe I, para que, con el concurso de ministros ilustrados, llegase a convertir a Parma en una capital digna de reyes. Pero Babet no alcanzó a disfrutar de todo el esplendor de la ciudad que había imaginado, pues falleció lejos de ella, en Versalles, de visita a su padre, en 1759, a causa de la viruela, la misma enfermedad que acabaría con don Felipe seis años después.

Antes de morir, Luisa Isabel había comprometido a su hija mayor, Isabelita, con el futuro emperador germánico, y la menor, María Luisa, estaba llamada a desposarse con el príncipe de Asturias, futuro Carlos IV de España. Por su parte, el heredero del ducado, don Fernando, se casaría con una archiduquesa de Austria.

La política matrimonial de la primera infanta de Parma había triunfado en toda regla.

María Amalia, la despabilada

La segunda infanta de Parma se llamó María Amalia y era hija de la gran emperatriz María Teresa de Austria. Se casó con el nuevo infante de Parma, don Fernando,[12] en 1769 y del matrimonio sobrevivieron cuatro hijos: el heredero, don Luis, y las princesas Carolina —que casó con el duque de Sajonia— y Antonia y Carlota, metidas a monjas.

Nada agraciada, deslenguada, insensata, pero tremendamente popular, María Amalia se llevó de calle a los parmesanos, que gozan de un proverbial sentido del humor. La duquesa, amante inmoderada de la caza, se hizo retratar representando a la diosa Diana, con un lebrel en el regazo y perlas en los cabellos trigueños. Sentía una pasión desenfrenada por la equitación, hasta el punto de que el Jueves Santo visitaba las estaciones a caballo. Su marido, buen filósofo, decía que su mujer estaba loca y que lo mejor que cabía hacer con ella era no hacer nada. Sus súbditos la llamaban *la Matta* (la Chiflada), pero a su paso cantaban hasta enronquecer:

Viva Casa Borbona,
Viva María Amalia
nostra real padrona

(«Viva la Casa de Borbón / viva María Amalia / nuestra real dueña»)

La infanta correspondía al fervor de la gente. En 1770 visitó y atendió con desvelo a los afectados por una terrible plaga de viruela, lo que pudo costarle la vida. Se desplazaba con frecuencia a Piacenza, la segunda capital del ducado, un poco olvidada en favor de Parma. Amadrinó allí al hijo de unos campesinos, que muchos años más tarde, durante la invasión napoleónica, se tiró al monte en defensa de los Borbones y fue fusilado dando vítores a su madrina. En cierta ocasión, unos entusiastas levantaron un arco en honor de la infanta, titulándolo *Fasciculum omnium virtutum* («Compendio

12. «Infantes de Parma» llaman todavía en la ciudad italiana a sus príncipes, y así era, pues Carlos III de España decretó que el soberano de la rama «habrá de nombrarse, de aquí en adelante, infante duque de Parma» (8 de diciembre de 1765), titulación que recibieron todos los sucesivos duques reinantes, aun los no nacidos en la metrópoli, como era el caso de Fernando, que vio la luz en Parma.

de todas las virtudes»). No lo era ni remotamente, pero sí lo bastante despabilada para meterse al pueblo en el bolsillo. Sin embargo, con la nobleza engreída no transigía, demostrándole en toda ocasión su altanería de archiduquesa de Austria e hija de emperadores. Tal vez por eso las calumnias y exageraciones sobre ella partieron de aquel estrato social, que la detestaba y la acusó de «jugar a la gallina ciega» con algunos lacayos, lo que en aquella época no hacía precisamente referencia a ningún pasatiempo infantil. Es probable que la infanta quisiera a su marido mucho más de lo que se ha venido creyendo, pese a sus caracteres opuestos, pues ella era la inquietud perpetua y don Fernando la placidez personificada. Entre mil papeles de familia he encontrado un billetito escrito con la horripilante letra de gallina de doña María Amalia que reza: «Hoy voy a cabalgar por los bosques de Sala con mi esposo, lo que constituye para mí un doble placer.»

Paréntesis: los reyes de Etruria

Las acuñaciones de monedas parmesanas proclamaban que Fernando I era un infante de las Españas —*Hispaniarum Infans*—, cuyas ricas encomiendas en la Península, situadas preferentemente en Murcia, La Mancha y Extremadura, le proporcionaban casi más sustanciosas rentas que el país a su cuidado. Hombre sencillo, ha dejado un recuerdo de bondad y también de valentía, pues llegó a enfrentarse con Napoleón. Las ideas de la Revolución Francesa, rápidamente extendidas por los estados italianos, no pudieron hacer mella en su figura patriarcal, que continuó siendo respetada por sus vasallos incluso durante la ocupación de Bonaparte, cuando el duque, invocando su calidad de infante y su parentesco con el rey Carlos IV de España (aliado de los franceses), logró mitigar los rigores inevitables sin ceder un ápice de su soberanía, si bien quedó estipulado entre Francia y España que el príncipe heredero, don Luis de Parma, casado con la infanta María Luisa, hija de los soberanos españoles, trocaría el ducado padano por el reino de Toscana, rebautizada Etruria, pese a negarse don Fernando, firme en su actitud de no abdicar. Postura digna pero inútil, pues un año después de firmarse el acuerdo internacional el infante murió de improviso, no sin rumores de veneno suministrado en una jícara de

La infanta María Amalia retratada como Diana cazadora. Deslenguada e insensata, supo llevarse, empero, a sus súbditos de calle.

La infanta María Luisa, reina de Etruria, con sus hijos. Gobernó Toscana bajo la sombra de Napoleón y luego fue expedida a Lucca.

La bellísima María Teresa de Saboya, llena de escrúpulos, no alcanzó a satisfacer la naturaleza desenfrenada de su consorte.

Luisa María de Borbón, auténtico tonel de grasa, fue una excelente regente en nombre de su pequeño hijo Roberto, último duque reinante de Parma.

chocolate. El viejo infante debió de sospecharlo, pues las últimas palabras a su confesor fueron: «¡Me la han jugado!»

La infanta doña María Amalia, que no podía ver a los franceses ni en pintura desde que decapitaron a su hermana María Antonieta, intentó sin éxito encabezar una regencia, pero tuvo que huir días después hacia su patria natal. Falleció en Praga dos años más tarde, en 1804, cuando su hijo y heredero, Luis I, había ceñido ya una corona real.

El infante don Luis, único hijo varón de don Fernando, no fue duque de Parma, en virtud del tratado que lo convirtió en soberano de Etruria a cambio de la propia Parma, que pasó a Francia. Pero Luis I falleció apenas iniciado su reinado. De su viuda María Luisa, que intentó inútilmente mantener como regente los derechos de su pequeño hijo Carlos Luis en el trono de Florencia, he trazado la semblanza en otro de mis libros, *Las perlas de la Corona*. Destronada por el mismo Napoleón que la impusiera, fue restablecida, tras la caída de Bonaparte, en un trono, aunque no el de Parma —adjudicado a la esposa del Corso, la archiduquesa María Luisa—, sino en el de Lucca, un ducado microscópico y bellísimo situado en los confines toscanos, muy cerca de Pisa.

La ex reina de Etruria, María Luisa, que conservó el tratamiento de majestad, gobernó su nuevo país hasta su muerte, en 1824. Se había acordado que su homónima, la viuda de Napoleón, reinaría sólo a título vitalicio en el ducado de Parma, que a su fallecimiento retornaría a los Borbones, lo que aconteció puntualmente en 1847. El infante don Carlos Luis de Borbón —nieto de Fernando y María Amalia—, que había sido fugaz rey de Etruria bajo la regencia de su madre, a la que había sucedido en el trono de Lucca, regresó entonces al ducado de sus abuelos que, tras el paréntesis napoleónico, volvía a ser regido por un infante de España.

María Teresa, infeliz y virtuosa

El tercer duque español de Parma había nacido en Madrid, en 1799, durante una estancia de sus padres en España, y pasaba por ser el príncipe más hermoso de su época, que enamoraba a todos y a todas. ¿Recuerda el lector *La familia de Carlos IV*, de Goya? Carlos Luis es el niño en mantillas que aparece mecido en brazos de su

Don Javier de Borbón, duque titular de Parma y abanderado del carlismo español, con su esposa, doña Magdalena de Borbón Busset, y sus hijos, don Carlos Hugo e Irene de Holanda. A la derecha, las dos nietas de don Javier, Margarita y María Carolina.

Don Carlos Hugo de Borbón, duque de Parma y gran maestre de las dos Órdenes de su familia, la de San Luis y la Constantiniana de San Jorge (que coexiste con su homónima de la rama de las Dos Sicilias, como el Toisón de Oro español y el austriaco), con sus hijos: Margarita, Carlos Javier, Jaime y Carolina.

madre y condecorado, como todos los infantes del grupo, con la diminuta banda de Carlos III sobre sus faldones. Su abuelo materno, Carlos IV, le había concedido también el Toisón de Oro y el derecho a suceder en las rentas y encomiendas que disfrutaban los duques de Parma.

Cuando Carlos Luis contaba veinte años, lo casaron en Lucca con la princesa María Teresa de Saboya, hija del rey Víctor Manuel I de Cerdeña, sin duda bellísima, pero frígida, mojigata y santurrona, la novia menos adecuada para un ardiente príncipe. Lógicamente el matrimonio fue un fracaso. Y en años venideros Carlos Luis reconoció con franqueza a un amigo: «Sabes que otra esposa más conformada a mi carácter me hubiera asegurado una existencia feliz, y prevenido contra muchos peligros. Mi mujer, llena de escrúpulos, es imposible y puedo jurarte que me siento como Job.»

El infante hubiera precisado, en verdad, una muchacha más despierta. Aunque María Teresa en el fondo era masoquista, como podemos comprobar en su diario íntimo, donde escribe: «La presencia de mi marido en la alcoba me asustaba tanto que me sentía morir. Pero al mismo tiempo experimentaba un sufrimiento tan dulce y delicioso que era un verdadero goce...»

Esta virtuosa desequilibrada y aquel adonis sin freno reinaron veintitrés años en Lucca pero menos de cuatro meses en Parma. El infante adoptó el ordinal de Carlos II (el Carlos I de la cronología ducal parmesana correspondía a nuestro Carlos III, que aseguró la transmisión de Farnesios a Borbones y ocupó durante brevísimo tiempo el trono del ducado, antes que su hermano menor Felipe, el fundador de la rama dinástica). La revuelta liberal que sacudió Italia en 1848 coincidiendo con su llegada a Parma, lo empujó a autoexiliarse. «No hago otra cosa que llorar —escribía días después de llegar a Parma—; todo en este palacio me enferma. Sólo he salido a pasear dos veces en una semana. No soy liberal ni lo seré jamás y no concederé una Constitución a los parmesanos porque deseo transmitir íntegros a mi hijo sus derechos soberanos.» Se los cedió por carta. Su paso apenas se advirtió: instituyó las nuevas armas del ducado, rodeando las borbónicas flores de lis con ocho conchas, en recuerdo de su cargo de comendador mayor de Castilla en la orden española de Santiago. Tuvo, además, el gesto de hospedar en su residencia unas semanas al pretendiente carlista Carlos V y su familia, que muchos parmesanos consideraban reaccionarios indeseables. En la pugna dinástica que había dividido en Madrid a los partidarios de Isabel II y su tío don Carlos, el infante de Parma se decidió por el segundo. Gallardía de conformidad con sus convicciones, que le costó la confiscación de sus rentas en España y la pérdida de la tutela diplomática española sobre sus estados italianos.

Si inadvertido había pasado el reinado de Carlos II en Parma, no quedó de la duquesa María Teresa más recuerdo que el de sus caridades. Vivieron en adelante amistosamente separados; él entre Sajonia, París y Niza; ella, recluida en una hacienda en Lucca, de su propiedad. Carlos Luis la visitaba ocasionalmente y la sobrevivió cuatro años, falleciendo en la Costa Azul en 1883, a los ochenta y cuatro. Quiso que se le oficiasen funerales en la iglesia madrileña de Santiago, como comendador de la Orden e infante de España. María Teresa había vivido sus últimos tiempos como una verdadera monja —su vocación frustrada— y reposa en el cementerio romano de Campo Verano junto a su confesor, del que estuvo platónicamente enamorada.

Luisa María, una regente de peso

Al único hijo y sucesor de Carlos Luis, que adoptó el nombre de Carlos III, lo habían casado con la princesa Luisa María de Borbón, nieta del rey Carlos X de Francia, que de tipo a lo Audrey Hepburn, para entendernos, se convirtió, rozando la treintena, en un auténtico tonel. Pese a tener cuatro hijos (Margarita —futura esposa del pretendiente carlista Carlos VII—, Roberto, Enrique y Alicia), la pareja no tenía nada más en común. Carlos, delgado como un huso y seductor, vivió un romance legendario con la aristócrata florentina Emma Guadagni, que le siguió escandalosamente a Madrid, cuando él visitó la corte para confirmar, de manos de Isabel II, su título de infante y la indispensable protección de la diplomacia española sobre Parma, lo cual, como era de suponer, le costó un disgusto con el pretendiente carlista Carlos VI, con el que estuvo una temporada distanciado, aunque luego lo ayudó económicamente y lo nombró, a modo de desagravio por la táctica empleada, coronel honorario de su milicia ducal.

El infante don Carlos III no fue, por decirlo suavemente, un soberano popular, debido a su carácter intemperante y a su ideario antiliberal, en abierta contradicción con la moda de su tiempo. La propaganda de los Saboya, patrocinadores de la unidad italiana, lo tildaba de tirano, canalla, malandrín y monstruo. Como remate, en 1854 un sicario lo asesinó atravesándole el bajo vientre con un estilete. Pocas horas después, el duque moría y le sucedía su hijo mayor, Roberto, un niño de seis años, bajo la regencia de la viuda —no se sabe si desconsolada— Luisa María de Borbón, de treinta y cuatro.

Roberto I, titulado también infante de España, fue el último duque reinante en Parma y un monarca sin historia. Se le pasó el reinado sin darse cuenta, jugando con sus hermanos, disfrutando del benigno clima del palacio de Colorno, junto al Po, o la residencia de Sala, en el lado opuesto del ducado, al pie de los Apeninos, los reales sitios predilectos, junto con el histórico castillo de Bardi, de la familia ducal parmesana. Luisa preparaba a su hijo, pobre crío, con ahínco para un cometido político que el pequeño infante nunca podría desempeñar.

No fue, ni mucho menos, una mala regente la duquesa Luisa María; inteligente y despierta, comprendió que había que sintonizar con el signo de los tiempos y, transformando lo superfluo, acomodó su política al impulso del momento. Sus súbditos más que quererla, respetaban y apreciaban las cualidades de aquella dama tan intachable como mantecosa. Ni siquiera la martilleante propaganda saboyana pudo encontrarle defectos destacables. Se le atacó sólo por su piedad, sincera, y por su amor al ahorro, comprensible en una soberana que sabía que podía convertirse en exiliada de la noche a la mañana. Tal y como ocurrió en 1859 cuando estalló el conflicto entre Austria y los Saboya, y el ducado de Parma —situado como una cuña entre los dos ejércitos contendientes— fue engullido, pese a sus protestas de neutralidad, por los piamonteses ante la indiferencia de España, a cuyo gobierno importaba ya muy poco un área de influencia en Italia. Lo que en el siglo anterior pudo parecer en Madrid prioritario, carecía en 1859 de sentido práctico y los infantes fueron abandonados a su suerte, con buenas palabras.

De hecho, los Borbones de Parma terminaron su peripecia histórica como soberanos cuando, el 9 de junio de aquel año, la excelente Luisa María abandonó el país con su familia, obligada por la fuerza de los acontecimientos. Se retiró con gran dignidad y una proclama muy bella, en la que declaraba no renunciar a los derechos de su dinastía. Don Pedro Escalante, agregado de la embajada española en Turín, acompañó a los exiliados hasta la frontera helvética y fue la última persona que recibió de la regente, reconocida por su caballerosa actitud, las insignias de una de las dos órdenes del ducado.

Luisa María de Borbón falleció en Venecia en 1864, a los cuarenta y cuatro años de edad, de una infección tifoidea. Después de ella, gobernadora en nombre de su hijo el infante don Roberto I, la historia de Parma ya no sería la de un Estado soberano, sino la de una provincia más de Italia.

Duques de Parma y príncipes del carlismo

Pese a que había sido nombrado por Isabel II padrino de su hija menor, Eulalia, el joven don Roberto no podía olvidar que el gobierno liberal español apenas había movido un dedo para proteger los derechos de los infantes españoles de Parma. Reconoció, pues, al igual que hiciera su abuelo Carlos Luis, al nuevo pretendiente carlista, Carlos VII, como rey legítimo, y dos años después aplaudiría su boda con su hermana Margarita. Tras el derrocamiento de la reina Isabel, en 1868, y el levantamiento en armas del pretendiente, en el norte de España, Roberto I se alineó en las filas del ejército carlista y recibió de su cuñado el grado de coronel honorario del primer regimiento de caballería de Castilla y la cruz del Mérito Militar. El infante de Parma y su hermano Enrique, conde de Bardi, se portaron como jabatos, aunque, finalizada la contienda, con la derrota carlista, el desapego cruel de Carlos VII hacia su mujer le restó las simpatías de sus hermanos políticos, con los que cruzó cartas durísimas, si bien los Parma siempre permanecieron fieles a don Carlos como representante de la legitimidad y jefe de la Familia Real española.

Dos infantas compartieron el exilio de Roberto. Su primera esposa, María Pía de Borbón Dos Sicilias, hija del rey Fernando II de Nápoles, casó con él en 1869 y le dio doce hijos antes de morir, agotada, en 1882, mientras que la segunda, María Antonia de Braganza, hija del rey Miguel I de Portugal, de salud más robusta, le proporcionó otros doce, pero sobrevivió a la hazaña. Don Roberto había

LOS INFANTES DE PARMA

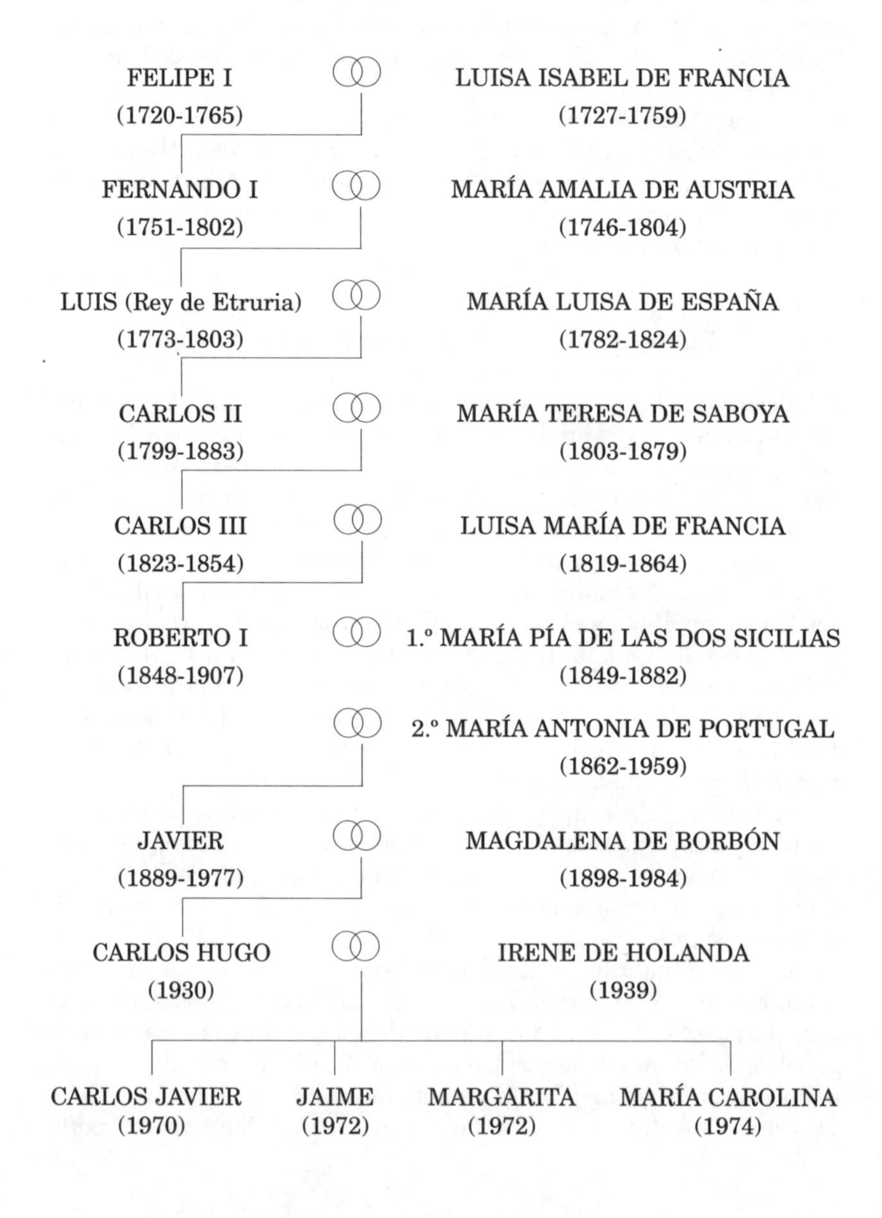

conseguido la increíble suma de veinticuatro hijos, lo que le convertía en el príncipe más prolífico de su tiempo, y denotaba en él un temperamento fogoso, aunque siempre dentro de los límites del lecho conyugal. Hombre más creyente y recto no se conocía. Puesto que sus relaciones con el nuevo rey efectivo de España, Alfonso XII, hijo de Isabel II, eran pésimas —no en vano el infante le había combatido en campaña, además de no reconocerle como rey—, don Roberto instaló su residencia en Austria. Conservaba de modo oficial, por deferencia del emperador Francisco José, la calidad de príncipe español, con los honores de infante, y su residencia en Viena tenía la consideración de «extraterritorio», a modo de embajada de un soberano extranjero. Aunque exiliado, Roberto no pasaba necesidades, pues habían recaído en él herencias de importancia, como la de su abuela María Teresa, princesa saboyana a fin de cuentas. Por esta relación familiar con la dinastía expoliadora, el infante había conseguido autorización para pasar largas temporadas en una finca de Lucca, de su propiedad, sin tener que rendir pleitesía a los nuevos reyes de Italia ni renunciar a sus derechos parmesanos, que nunca quiso abandonar. La única actividad que, como duque titular, ejercía era la de gran maestre de las órdenes de su soberanía: la Constantiniana de San Jorge y la de San Luis, que aceptaron del príncipe desterrado varios monarcas reinantes, así como personajes representativos de su época.

Roberto I falleció en 1907 de un ataque cardíaco, a los cincuenta y nueve años; su viuda, la infanta doña María Antonia, en 1959, a los noventa y siete. La anciana señora pudo conocer, nueve años antes, la aclamación de su hijo, el príncipe Javier, como sucesor de los reyes carlistas, cuya línea se había extinguido sin descendencia directa. Antes de morir, el último pretendiente, don Alfonso Carlos I, había confiado la regencia a su sobrino Javier, y sus seguidores le reconocerían como abanderado de la legitimidad dinástica. Don Javier (1889-1977), duque titular de Parma y pretendiente carlista al trono español, se casó en 1927 con doña Magdalena de Borbón, de noble familia francesa, y fueron padres de varios hijos; el primogénito varón, don Carlos Hugo, nacido en 1930, actual duque de Parma y heredero de una tradición política en España, regresó en 1996 al ducado de sus antepasados, en olor de multitud, y fue saludado como «embajador de la Historia». Desde entonces, el duque ha vuelto a anudar los lazos con Parma, confiriendo a sus cuatro hijos —habidos de su matrimonio, hoy disuelto civilmente, con la princesa Irene de Holanda— los títulos tradicionales parmesanos: al mayor, don Carlos Javier, nacido en 1970, el de príncipe de Piacenza; al segundo, don Jaime, nacido en 1972, el de conde de Bardi; a su hija doña Margarita, gemela del anterior, el de condesa de Colorno; y a la menor, doña María Carolina, nacida en 1974, el de marquesa de Sala. Por otra parte, el duque, con asenso de los estamentos parmesanos, conscientes de la recuperación de su propia historia (hay que recordar que Italia, espléndido mosaico de estados, fue unificada hace sólo 140 años), ha vigorizado las dos Órdenes Reales, patrimonio de su Casa, y ha distinguido con ambas el mérito de parmesanos y foráneos. La familia ducal, dispersa en diversos países europeos y americanos en razón de su trabajo, se reúne en el castillo austriaco de Puchheim, la residencia de los reyes carlistas que don Javier heredó de sus predecesores, o en Parma, en el curso de sus ya frecuentes estancias. Los jóvenes hijos de Carlos Hugo visitan España con la natural discreción y son acreedores, por letras patentes de la Corona de los Países Bajos, al tratamiento de Altezas Reales y el título de príncipes de Borbón Parma. En ellos se perpetúa una línea dinástica estrechamente vinculada a la historia española.

CAPÍTULO X

¿EMPERATRIZ DE COPLA?

Eugenia de Montijo
Emperatriz de los franceses
(1826-1920)

La señal del cielo

> El 5 de mayo de 1826, un fuerte terremoto amedrentó de tal modo a los habitantes del granadino barrio de Gracia, que muchos salieron apresuradamente de sus casas para buscar refugio en campo abierto. El susto de doña María Manuela Kirkpatrick, esposa del conde de Teba, fue tan grande, que se vio sorprendida por los dolores de un parto prematuro en el jardín de su mansión, donde se había refugiado, y allí mismo, en una especie de improvisada tienda de campaña, dio a luz una niña de ocho meses. De este modo tan original vino al mundo Eugenia de Montijo, cuyo destino pareció marcado por lo extraordinario desde su mismo nacimiento.

Hasta la fecha, casi todos los biógrafos de la emperatriz de los franceses solían iniciar su relato de modo semejante a éste. El acontecimiento era considerado auténtico; la propia soberana, como su madre, lo había confirmado, haciendo hincapié en la «predestinación» que parecía derivarse del hecho, y hasta en Granada se colocó una placa conmemorativa en el lugar donde, según la tradición, había parido la parturienta.

Sin embargo, todo es una patraña.

Quienquiera que se tomase la molestia de consultar el «Catálogo sísmico» formado por don José Galvis, inspector del Instituto Geográfico español, podrá comprobar que, si bien desde el 21 de abril hasta el 17 de julio de 1826 se registraron algunas manifestaciones leves en la capital del Darro, el temblor de tierra propiamente dicho, precedido de ruidos subterráneos y seguido de numerosas réplicas, sólo se produjo el 15 de mayo. De donde, siendo indiscutible —por razón del pertinente testimonio parroquial— la fecha exacta del nacimiento de Eugenia, se deduce que el alumbramiento de su madre no pudo coincidir con el terremoto que sacudió los edificios diez días después. En última instancia, cabría admitir uno de estos dos extremos: o que, a causa de indicios del próximo seísmo, apenas perceptibles, doña Manuela se alarmase y pidiera ser trasladada previsoramente al parque (lo cual estimo un tanto rebuscado), o que fuese sólo al décimo día del puerperio cuando hubo que instalarla allí. Hipótesis ambas admisibles para explicar la magnificada versión del suceso, sobre todo teniendo en cuenta la conocida predisposición de doña María Manuela para engrandecer con tintes de singulares apariencias todo cuanto a los suyos concernía. «Dama en extremo fantasiosa —dijo de ella uno de sus biógrafos—, de querer escucharla su ascendencia se remontaba a los antiguos reyes de Irlanda cuando en realidad era hija de un comerciante de vinos escocés que había conseguido ser nombrado cónsul de Estados Unidos en Málaga.»

Dos hermanas muy distintas

Cuando tras el desastre de Vitoria en 1813 José Bonaparte declinó su corona de «Rey Intruso», un oficial español de su guardia se negó a abandonarle: Cipriano Guzmán Palafox y Portocarrero, conde de Teba. Este fiel afrancesado era hermano menor del conde de Montijo, grande de España, y sus ideas le llevaron a idealizar la política de Napoleón. Malvivió en el exilio y sólo a la caída del Primer Imperio francés se decidió, desilusionado, a volver a España, amparándose en una amnistía decretada por Fernando VII, instalado de nuevo en el trono de Madrid tras la sangrienta guerra de la Independencia.

Por aquel entonces, el aspecto de don Cipriano no debía de resultar en extremo seductor: de resultas de sus avatares había perdido el ojo derecho —que ocultaba con un parche—, tenía un brazo casi paralizado y cojeaba lastimosamente. Tales defectos no fueron obstáculo para su boda con una lozana y ambiciosa joven de veintitrés años, diez menos que él, María Manuela Kirkpatrick, la hija del vinatero enriquecido, pero generoso.

Lo que le faltaba a la nueva condesa de Teba de innata distinción, lo compensaba con la educación que había recibido en Londres y luego en casa de una tía suya en París. Las costumbres francesas dotaron a María Manuela de cierto refinamiento, un interés aparente por la literatura —o más exactamente, por los literatos— y una bulliciosa conversación en varios idiomas. La condesa de Teba era, en suma, una mujer lista, hecha para destacar en el gran mundo; la antítesis de su aristocrático marido, hombre misántropo y aburrido hasta decir basta, amén de estrecho de bolsillo.

Los anhelos de Manuela para alcanzar una superior categoría social se vieron pronto satisfechos, según habría ella de tener calculado desde tiempo atrás. Así pues, en 1834, por muerte de su cuñado sin sucesión directa, la Kirkpatrick quedó convertida en condesa de Montijo y duquesa de Peñaranda, con acceso directo a palacio. Desde aquel momento, la aristócrata de provincias transmutada en grande de España, dedicaría todos sus afanes a conseguir ventajosos enlaces para las dos hijas habidas del mutilado: Francisca y Eugenia.

Francisca de Sales —llamada familiarmente Paca— era la primogénita; una morena cuyo carácter dulce, sosegado y espiritual contrastaba con el de su hermana, un solo año menor, Eugenia, de cabello rojizo, vocinglera, vivaz y segura de sí misma; lo que con el paso del tiempo llegaría a conferirle una falsa apariencia de aventurera de lengua suelta. Ambas eran muy bellas: la mayor, sin defecto destacable, mientras que a Eugenia sus ojos azules, demasiado juntos, le alargaban un poco su óvalo lechoso. Ni un rastro había en su físico, que no en su porte, de andaluza. Además, en casa de los Montijo se hablaba en francés, hasta el punto de que sólo a la edad de doce años pudo escribir Eugenia a su padre: «Empiezo a leer español.»

Si, por elección política, el conde era afrancesado, gala hasta el ombligo debía de sentirse su bullanguera consorte, que en 1837, dos años y medio después de la muerte del cuñado millonario, anunció a don Cipriano su traslado a París con las niñas, para ingresarlas en el fino colegio del Sagrado Corazón (años después, Eugenia confiaría a un primo suyo: «Imagínate a mamá: ¡de vivir con cinco mil francos, a tener quinientos mil de renta!»). Instalada en la capital del Sena, doña María Manuela probó las mieles de aquella brillante sociedad que su inquieta naturaleza reclamaba, hasta el punto de que se inventaron hablillas en torno a una estrecha relación con el elegante lord Clarendon e incluso con un retrechero polaco de alta cuna y baja estofa, aparte del escritor Prosper Mérimée, a quien —aseguraban los maliciosos— Manuela había inspirado el personaje de su *Carmen* inmortal.

La vida en París prosiguió durante los años de formación de Paca y Eugenia, alternándose con breves estancias en Madrid —donde el olvidado don Cipriano falleció en 1839— y Granada, donde la condesa acudía a vender alguna que otra finca a fin de mantener su tren de vida parisino. Las niñas, pese a la reputación de su colegio de monjas, tenían un desarrollo mental bastante pobre.

Para disculpar su falta de aplicación, su exuberante madre solía decir que la vida era la mejor escuela. Opinión que se demostró exacta.

Decepciones y cálculos

Una anécdota, relatada por la propia Eugenia, debió de hacer mella por aquel entonces en su ánimo. La contó así:

> Fue en Granada. Una tarde subíamos al Sacromonte y varias gitanas nos acosaron pidiendo limosna. Una de ellas quiso decirme la buenaventura. Mi aya no la dejaba, pero ella insistió: «Aunque no me muestre la mano, yo sé que esta niña será más que reina...» Estas palabras quedaron grabadas en mi mente. Cuál no sería mi sorpresa cuando años más tarde, en París, el abate Boudinet, reputado quiromante, durante una fiesta insistió en leerme las líneas de la mano y luego me confió, asombrado: «¡He visto en su diestra una corona imperial!»[13]

Si llegó a enterarse, la condesa de Montijo debió de sentirse muy crecida. María Manuela no se había entregado con placer a los lutos; el estado de mujer viuda, rica y aún de buen ver se acomodaba perfectamente a su carácter. De regreso a Madrid, todos los domingos ofrecía en su quinta de Carabanchel copetines a la sociedad que contaba. Su obsesión era velar por el porvenir de «sus niñas», y a este propósito invitaba a una legión de codiciados solteros de la nobleza. Las audacias casamenteras de doña Manuela llegaron a hacerse insoportables incluso para sus hijas. Eugenia cuenta al respecto:

> Mamá quería hacer feliz a todo el mundo, pero a su manera, no a la de los demás. Lo que le pertenecía, personas y bienes, estaba por encima de todo, y en primer lugar sus hijas, a las que elogiaba de tal modo en presencia de ellas que el elogio resultaba molesto.

13. Las manifestaciones de la protagonista de este capítulo son literales y tomadas de las memorias que en sus últimos años dictó al embajador Maurice Paléologue o de las cartas íntimas conservadas en el palacio de Liria, que la casa ducal de Alba permitió publicar en 1944, pese a que algunos las elevan a la categoría de recientísimo descubrimiento.

La joven condesa de Teba a caballo. Eugenia quedó muy impresionada por la predicción de una gitana que le anunció su futura suerte.

Doña María Manuela Kirkpatrick dedicó todos sus afanes a situar a sus hijas: la una, duquesa de Alba; la otra, emperatriz de los franceses.

Eugenia consiguió compartir el trono de Napoleón III. Si no amó apasionadamente a su marido, fue cónyuge irreprochable. Aquí aparece la familia imperial en el ápice de su gloria.

Entre los *pollos* que con sus amorosos píos rondaban a las señoritas de Montijo destacaban dos, que gozaban de la predilección de doña María Manuela, por tratarse, según ella misma admitía sin recato, «de los mejores partidos de España»: Jacobo Fitz-James Stuart, duque de Alba, y Pepe Alcañices, duque de Sesto. Al parecer, ambas hermanas estaban dispuestas a uncirse a la matrimonial coyunda que el más arrojado de ellos propusiera primero. Y este valiente fue Alba, quien, indeciso entre Paca y Eugenia durante algún tiempo, se decidió al cabo por la primera, muy atractiva en su languidez decimonónica.

Se ha escrito que Eugenia se sintió tan contrariada por la elección y el malogro de las esperanzas en Alba depositadas, que intentó envenenarse con fósforos diluidos en leche, suicidio que a la sazón se reputaba de buen tono (no se olvide que estamos en pleno romanticismo). Cierta carta conservada en el archivo del palacio de Liria, actual residencia madrileña de los Alba, pone en evidencia la confusión mental de Eugenia. El larguísimo texto fechado el 16 de mayo de 1843 dice, entre otras cosas:

> Mi muy querido Jacobo: Te parecerá raro que te escriba una carta como ésta, pero como todo en este mundo tiene fin, el mío está muy próximo y quiero explicarte todo lo que mi corazón contiene, que es más de lo que puedo soportar. Tengo el genio fuerte, es verdad, pero también, cuando se portan bien conmigo, se puede hacer conmigo lo que quieran. Me hierve la sangre y no sé lo que hago. Me llamarás tonta, pero perdonarás a una pobre muchacha que ha perdido el hombre a quien más quiere, por el que hubiera mendigado y aún consentido en su propia deshonra. Ese hombre, tú le conoces. No digas que estoy loca, te lo ruego, ten compasión de mí: no sabes lo que es querer a alguien y verse despreciado. Hay personas que han nacido para ser dichosas; tú eres una de ellas. Dios quiera que te dure siempre. Mi hermana es buena y te quiere. Iré a terminar mis días en el fondo de un triste claustro, lejos del mundo y de sus afectos. Mi resolución es inquebrantable porque mi corazón está destrozado.

Era la primera decepción sentimental de su vida. Y poco después este desengaño sería seguido por otro, tal vez no tan impetuoso, pero que pareció dejar huella más profunda. Pepe Alcañices, el galán que se había ofrecido a consolarla, resultó ser un donjuán voluble que la desdeñó enseguida. Desde entonces, en las relacio-

Precisamente por no haber nacido en la realeza, Eugenia ansiaba parecer más soberana que las auténticas. Aquí aparece rodeada por sus aduladoras damas de honor.

Napoleón III en majestad. No faltó nada: manto de armiño, cetro de oro y una corona con las águilas imperiales. El áulico Winterhalter pintó también a la emperatriz de la misma guisa.

nes sentimentales de Eugenia rigió una frialdad que encubría, a la vez, prevención y cálculo. La joven condesa de Teba no iba a volver a fiarse de ningún hombre.

Ni siquiera de su futuro marido...

La estrategia de la araña

Cuando en octubre de 1847, dos días después de hacerse con el gobierno, el general Narváez consiguió para su protegida, la condesa de Montijo, el cargo de camarera mayor de la reina Isabel II, doña María Manuela creyó haber colmado todas sus aspiraciones: su hija mayor duquesa de Alba y ella ocupando el puesto más importante e influyente de la corte de España, desde donde casaría a Eugenia con quien mejor le pluguiera. Dio una gran fiesta en la quinta de Carabanchel, con todo el Madrid, creía ella, rendido a sus pies. Pero se equivocaba: muchas linajudas familias no la consideraban más que una advenediza; se lo hicieron notar abiertamente y ella, orgullosa, presentó su dimisión y salió zumbando hacia París, con Eugenia pegada a sus faldas.

Meses atrás, en la capital de Francia el pueblo había derrocado la Monarquía de los Orleáns, última rama borbónica en el trono. Luego el país vecino proclamó una república y fue nombrado presidente el príncipe Luis Bonaparte, sobrino y heredero del emperador Napoleón I, cuyo único hijo había fallecido tísico y célibe. Francia iba de Herodes a Pilatos, pero nadie parecía percatarse de ello.

El príncipe-presidente se beneficiaba del deslumbramiento de los franceses hacia el nombre de Napoleón, tenía cuarenta años y era, además de soltero, un cumplido erotómano. En el palacio del Elíseo tomaba a sus admiradoras entre dos puertas, sobre los cofres, en la esquina de una mesa, detrás de una cortina, contra el muro, ante la chimenea e incluso en un canapé. Conoció a Eugenia en abril de 1849, y se relamió de gusto. La astuta María Manuela también.

Se inició la persecución en toda regla. Eugenia lo cuenta a su manera:

> Fuimos presentadas en el palacio del Elíseo al Príncipe por uno de sus primos, que era conocido de mi madre. Unos días más tarde

Napoleón, príncipe imperial, único hijo de Eugenia. Lo quiso casar con la infanta Pilar o con Beatriz de Inglaterra, que luego sería madre de la reina doña Victoria Eugenia.

El príncipe imperial murió en África combatiendo contra los zulúes, que traspasaron su cuerpo a lanzadas. Con él acabó la esperanza de restaurar el imperio.

«Dios quiso darme todas las cosas para quitármelas una a una», declaró la antigua emperatriz poco antes de morir a los noventa y cuatro años.

La anciana soberana con su ahijada Victoria Eugenia, esposa de Alfonso XIII. Impenitente casamentera, Eugenia había intervenido en el noviazgo del monarca.

> fuimos invitadas a cenar en Saint Cloud. Un coche de la Presidencia vino a buscarnos. Llevaba un traje de tul rosa e íbamos vestidas de gran gala, en la creencia de que los invitados serían muy numerosos, de ahí nuestra profunda sorpresa al llegar a palacio y encontrarnos solamente con el Príncipe Presidente y su primo, nuestro conocido. Transcurrió la cena. Al levantarnos de la mesa, el Príncipe me ofreció su brazo «para ir a dar una vuelta por el parque». Pero yo le ataje enseguida, diciéndole: «Monseñor, ahí está mi madre», y me aparté para indicar que era a ella a quien correspondía el honor de aceptar su brazo. No creo que el Príncipe se divirtiera mucho durante el paseo...

Bien aleccionada por doña Manuela, Eugenia mantendría desde entonces el tira y afloja de rigor, que consistía en saber mostrarse fascinadora, pero sin permitirse sucumbir jamás a las tretas galantes desplegadas por el burlado estratega. Napoleón estaba desconcertado: a pesar de su predisposición a la coquetería, Eugenia parecía sexualmente tan fría como el hielo. Si había dado la impresión de ser una aventurera, desde luego no se comportaba como tal. Una noche, el príncipe-presidente intentó juguetear con su mano derecha, que empezaba a impacientarse: un golpe seco del abanico de Eugenia le recordó que no se hallaba ante una piruja. En la recepción de Año Nuevo insistió en besarla bajo el muérdago. «Es una costumbre francesa», objetó Napoleón. «Pero yo soy española, señor, y en mi país las mujeres sólo besan a sus padres, a sus hermanos y a sus esposos», replicó Eugenia, bajando púdicamente la mirada. En otra ocasión, después de haber dedicado sus atenciones a la joven a lo largo de toda una velada, y creyendo que la conquista era ya cosa hecha, Bonaparte se decidió a preguntar: «¿Cómo llegar a su dormitorio, señorita?», a lo que la granadina respondió: «Por la capilla, monseñor.»

Tras lo cual, Napoleón, que ya estaba un poco harto, decidió dejarla tranquila durante una temporada.

El cerco y la victoria

El 21 de noviembre de 1852, el príncipe-presidente era elegido por una mayoría de sus compatriotas, temporalmente obnubilada, emperador de los franceses, con lo que se consagraba el restablecimiento del régimen imperial que se había creído muerto y enterrado. Entonces doña María Manuela decidió que había que poner —nunca mejor dicho— toda la carne en el asador.

No había tiempo que perder; era necesario estrechar el cerco —¡sostenido, entre pitos y flautas, durante más de tres años!— de manera definitiva. La batalla resultó durísima, pues debían contender en lucha desigual con la nube de rijosas que rodeaba al nuevo soberano.

El 31 de diciembre, durante la recepción de fin de año en el palacio de las Tullerías, la mujer del ministro del Interior tuvo la osadía de empujar a Eugenia al ir a cruzar una puerta, mientras exclamaba:

—¡Yo no cedo el paso a una aventurera!

Cuando se sentó al lado del emperador, en la mesa de la cena, Eugenia tenía los ojos arrasados en lágrimas y manifestó la razón:

—Señor, he sido insultada por alguien que ha dudado de mi reputación. Procuraré que no se repita en lo sucesivo, ausentándome de la corte.

—No será necesario —respondió Napoleón III—; desde mañana nadie se atreverá a insultarla.

Luego formuló una pregunta que lo atormentaba: ¿la joven española era aún pura a sus veintiséis años? Eugenia le miró sin mover una pestaña y contestó:

—Os engañaría, Majestad, si no os confesase que mi corazón ha hablado ya varias veces; pero lo que sí puedo aseguraros es que continúo siendo la señorita de Montijo.

Transcurrió una semana sin que nada ocurriera. Las Montijo vivían en vilo, mientras el clan de los Bonaparte discutía con el sobrino enamorado. «Se puede fornicar con la señorita de Montijo —decía uno, especialmente grosero—, pero no casarse con ella.» «Para asegurar el Imperio naciente es necesario que os caséis con una princesa de sangre real», opinaba otro, olvidando que sesenta años antes la familia vendía naranjas en un muelle de Córcega.

Ciertamente Eugenia no podía ser considerada, con relación a los Bonaparte, una advenediza. Los veintitrés títulos nobiliarios de su difunto padre le conferían una alcurnia mucho más rancia que la de su marido. Un duque español, muy puntilloso en materia de etiqueta, llamaba luego a Napoleón III «conde de Teba consorte» y aseguraba que si se había casado con la Montijo era para ser grande de España cuando dejase de ser emperador...[14]

En el fondo de la cuestión subyacía un detalle que parece haber escapado a muchos sesudos historiadores: desde la instalación del imperio los embajadores franceses se habían entregado a una danza frenética para encontrar una princesa europea dispuesta a compartir el trono del arribista. Pero ni siquiera dos de segunda categoría, por así decirlo, la princesa Wasa, descendiente de un rey sueco exiliado, o la princesa de Hohenlohe, de una casa mediatizada alemana, habían aceptado el sacrificio. En un intento desesperado, un enviado diplomático a Madrid intentó arreglar el matrimonio del césar con la fea e insignificante infanta doña María Cristina, hermana del rey consorte don Francisco de Asís, marido de Isabel II. Pero fue inútil. Vista así la situación, el casamiento del recusado Bonaparte con la blasonada Montijo no dejaba de presentar sus ventajas, a falta de candidata real.

Al tanto de las tentativas, Eugenia palideció, lo que la hizo aún más atractiva. Luego se dirigió a las Tullerías para llevar a cabo su último asalto. Lo confesó, sin sonrojarse, muchos años más tarde:

> Yo misma tuve que forzar las cosas. No pudiendo quedar en la incertidumbre y viendo, por otro lado, las vacilaciones del Emperador, le dije sencillamente: «Adiós. Yo me voy y no me volveréis a ver.» Entonces él me respondió: «No os marcharéis.» En aquel momento quedó decidido nuestro matrimonio.

Napoleón le pidió que se casara con él y Eugenia, precavida, logró que le hiciera la propuesta por escrito. La misiva dirigida por el emperador a doña María Manuela rezaba:

> Señora Condesa: Hace tiempo que amo a vuestra hija y que deseo hacerla mi esposa. Me permito, pues, pedir su mano, considerando

14. A la muerte de su padre, Paca y Eugenia se habían repartido los títulos heredados. En el acta de matrimonio de la emperatriz se la citó como «Su Excelencia María Eugenia de Guzmán, condesa de Teba, de Baños, de Mora, de Santa Cruz de la Sierra, marquesa de Moya, de Ardales, de Osera, vizcondesa de la Calzada», omitiéndose otros. Es curioso destacar que el título de Montijo, con que ha pasado a la Historia, fuera uno de los que recayeran en su hermana y no en Eugenia.

que no existe en el mundo una mujer más capaz de labrar mi dicha, ni más digna de llevar una corona.

NAPOLEÓN.

A continuación el soberano se dirigió a los senadores, diputados y consejeros de Estado, con la típica demagogia que las cortes utilizan para las bodas desiguales. Aseguró que el enlace que pensaba contraer no estaba de acuerdo con las tradiciones de la vieja política, pero su naturaleza romántica no podría por menos que llegar al corazón de sus compatriotas. «El objeto de mi preferencia ha tenido un nacimiento noble. Francesa de corazón, presenta la ventaja, como española, de no tener en Francia familia a la que sea preciso conferir honores y dignidades», añadió con intención.

A doña María Manuela la última frase no le gustó nada. En cambio, Eugenia escribía a su hermana Paca, duquesa de Alba, en Madrid, el parte oficial de la victoria, con tono semiheroico: sentía terror por convertirse en emperatriz, pero no temía tanto el puñal de un asesino cuanto el pensamiento de no estar a la altura de las circunstancias. Lamentaba que el avanzado estado de gestación de Paca no le permitiera estar junto a ella en aquellos momentos. Se despedía con una frase profética: «Te aseguro que, si llegase la adversidad, me encontraría más fuerte y animosa que la ventura.»

El 30 de enero de 1853, en la basílica de Nôtre-Dame de París, Eugenia de Guzmán, condesa de Teba, entró finalmente en la Historia.

La Montijo al poder

¿Se enamoró la joven de veintisiete años de un hombre de más de cuarenta, envejecido por una vida de crápula? ¿La arrastró al matrimonio sólo la ambición propia o la de su madre? Los antecedentes bonapartistas de su familia paterna, el hecho de compartir una corona, tal vez pesarían mucho en la balanza de las decisiones de Eugenia de Montijo. Pero si no amó apasionadamente a su esposo —que, por su parte, disipados los primeros ardores, la engañaba de manera continua y hasta rutinaria—, es bien cierto que fue cónyuge irreprochable en el campo de la fidelidad.

La emperatriz Eugenia era, según sus publicistas, la soberana del encanto, creadora de las modas en el vestir de su época: crinolinas y amplísimas pamelas. Favoreciéndola, Winterhalter, el retratista de moda, la pintó rodeada de su corte de damas jóvenes, frívolas y bonitas, o revistiendo los hábitos de la majestad, con su mano derecha casi acariciando la corona por la que había valido la pena esperar. La vida de la corte del Segundo Imperio resultó, gracias a ella, brillantísima y alcanzó su cenit con la exposición universal y la apertura del canal de Suez. Como no había nacido en las gradas de un trono, Eugenia ansiaba parecer más soberana que las auténticas. Jugaba a ser la más elegante, la más sonriente y cordial de toda Europa. Sus escrúpulos llegaron al punto de tomar lecciones con una famosa actriz. Pero además de gracia, derrochaba el dinero en joyas, y una de sus aparatosas faldas logró alinear ciento dos volantes (la emperatriz Isabel de Austria, Sisi, la consideraba una hortera). Eugenia, enormemente locuaz, hablaba de cuanto desconocía y a pesar de leer muchos libros no recordaba casi nada de ellos, pues dejaba escapar las ideas sugeridas sin molestarse en fijarlas. No meditaba sus acciones, obrando a menudo según el impulso del momento. Tuvo la debilidad de creerse dotada de especiales condiciones para el ejercicio de la política, entrometiéndose en ella, y en numerosas ocasiones —como, por ejemplo, la desventurada instauración del imperio mejicano de Maximiliano de Habsburgo, apoyado en las bayonetas francesas— su intervención en la diplomacia imperial tuvo fatales consecuencias.

Sin la guía de su madre, Eugenia no hizo más que dar traspiés en los momentos que era precisa la mayor cautela. Doña María Manuela, considerada por Napoleón III suegra peligrosísima, había sido alejada a toda prisa: ni una gracia insignificante apareció en la lista de mercedes imperiales en lo concerniente a ella. Regresó a Madrid echando chispas. Comprendió que en París nunca pasaría de ser «la suegra del emperador», personaje secundario, casi guiñolesco, mientras que en Madrid, sobre lo que ya era, grande de España, sería «la madre de la emperatriz de Francia». ¿Quién podría medirse con ella? En Carabanchel aguardó la vejez, las enfermedades, la soledad. Su primer gran dolor fue la muerte de Paca, duquesa de Alba, tuberculosa hasta el tuétano; su última alegría, el nacimiento en 1856 de su nieto Napoleón Eugenio Luis, príncipe imperial de los franceses.

En tres ocasiones en que el emperador tuvo que ausentarse del territorio nacional, su mujer ocupó la regencia. Ni uno ni otra estuvieron a la altura de su situación, aunque se creían los más inteligentes soberanos de Europa, por lo menos. En 1870 el francés tuvo que capitular ante un rival encarnizado, el ejército prusiano. Napoleón III fue hecho prisionero y derrocado mientras Eugenia, regente sin merecerlo, huía sin apenas equipaje con una de sus damas, camino de Inglaterra. Cuando al atravesar el canal de la Mancha se dio cuenta de que efectivamente había perdido el imperio, casi se volvió loca de desesperación. Tenía cuarenta y cinco años y había reinado durante diecisiete.

Un ocaso despiadado

Los infortunios empezaron a cebarse despiadadamente sobre la cabeza de la española que había llegado a emperatriz. Napoleón III, víctima de una afección de vejiga, falleció en el exilio inglés en 1873. El príncipe imperial, de dieciocho años, quedaba convertido en el teórico Napoleón IV para los mantenedores de la llama bonapartista. Era un joven bien plantado, inteligente y prometedor. Se había hecho amigo del joven Alfonso XII, hijo de Isabel II y futuro rey de España, que estudiaba en Inglaterra. La infanta Pilar, hermana de Alfonso, que prácticamente sólo conocía a Napoleón Eugenio por retrato, quedó prendada de él. Pero el sueño de la ex emperatriz que, acaso sin motivo, creía compartido por la reina Victoria —quien generosamente había acogido a los colegas desterrados en Gran Bretaña—, era casar a su único hijo con la princesa Beatriz, hija menor de la soberana inglesa. «Sus gustos, sus caracteres, sus sentimientos —estimaba— concuerdan maravillosamente: todo les promete la dicha.»

La viuda de Napoleón III soñaba para su hijo un destino esplendoroso. Pero el primero de enero de 1879 el príncipe moría en África combatiendo al lado del ejército británico contra los insurrectos zulúes. Influido por Eugenia, el infeliz muchacho se había embarcado en tan descabellada empresa para hacer méritos ante las potencias europeas, dado que ella no había perdido la esperanza de una posible restauración. El vigoroso cuerpo del príncipe imperial, traspasado a lanzadas, se convirtió en un guiñapo, como las ilusiones de la ex emperatriz.

Eugenia envió una escalofriante nota de advertencia a su madre: «Vivo todavía porque el dolor no mata. Te ruego, mamá, que no intentes siquiera venir. Tengo una pena salvaje. Necesito soledad. Deseo únicamente estar sola frente al caos de mi vida.» La última frase sonaba casi a reproche.

Madre e hija, las dos viejas pero a cubierto de necesidades, vivieron separadas durante el resto de sus días. Probablemente Eugenia guardaba rencor a doña Manuela por haberla arrastrado tras su desmedida ambición, convirtiéndola en protagonista de un papel para el que, pese a su cuna, no daba la talla.

La amargura de sobrevivirse

La ex emperatriz pasó más de cuarenta años huyendo de sí misma. Era la amargura de sobrevivirse. Con el tiempo se apaciguaron los odios y un día pudo volver a Francia, de riguroso incógnito. Paseó por los jardines de las Tullerías, donde antaño había sido reina y señora. No obstante, prefería vivir en Inglaterra, donde tramó su postrer manejo: casar a Victoria Eugenia de Battenberg —la hija de aquella princesa Beatriz que Eugenia destinara, en sus ensueños, para su hijo— con el joven Alfonso XIII, nieto de su antigua soberana, Isabel II. La princesa de Battenberg era su ahijada (de ahí su nombre, Victoria Eugenia) y la anciana emperatriz imaginó que en ella vendría como a perpetuarse su reinado. De este modo Eugenia de Montijo fue una de las directas responsables de la introducción de la tara hemofílica, que envenenaba la sangre de la princesa de Battenberg, en la Familia Real española: su último error de entrometida.

La condesa de Teba contaba noventa y cuatro años cuando regresó a Madrid en 1920, acogiéndose al cuidado de sus sobrinos, los duques de Alba, y de su ahijada, la reina Victoria Eugenia. El doctor Barraquer le extirpó las cataratas que la habían dejado prácticamente ciega. Eugenia, muy contenta, evocó con su familia su gusto por los toros, los rejoneos y el fandango. Recreaba su abultada leyenda de andaluza que ha perdurado, ya que no en el trono, sí en las coplas:

Eugenia de Montijo,
hazme con tu amor feliz.
A cambio, yo te haría
de la Francia emperatriz.

Tres días antes de su previsto regreso a Inglaterra, encontrándose en el madrileño palacio de Liria, propiedad de los Alba, perdió el habla. Llamó junto a sí a uno de sus sobrinos nietos. Garrapateó en un pedazo de papel unas líneas: «Alfonso, hace mucho calor.» Después cerró los ojos y expiró. Era la madrugada del 11 de julio de 1920. Alabarderos españoles rindieron, por expreso deseo de Alfonso XIII y doña Victoria Eugenia, honores reales durante el traslado de los restos de la ex emperatriz desde Liria a la estación del Norte, con dirección a Inglaterra, donde la aguardaban en sus sarcófagos Napoleón III y el príncipe imperial.

En el viento de la Historia quedaron flotando unas palabras de Eugenia de Montijo que, en realidad, habían sido como un resumen de su vida: «Diríase que Dios quiso darme todas las cosas que se pueden desear en este mundo, para luego quitármelas una a una, hasta dejarme solamente los recuerdos.»

CAPÍTULO XI

LA REINA YERMA

Fabiola Mora
Reina de los belgas
(nacida en 1928)

El «Rey Triste» y la cuentista

Érase una vez un rey de treinta años, que había subido al trono de Bélgica diez años antes y aún no había encontrado novia, lo que desasosegaba a sus compatriotas, que le denominaban el Rey Triste.

Y érase una vez una joven madrileña que cierto día, armándose de valor, llamó a una puerta en la que había un cartel con el nombre «Editorial Gilsa S.A.». El corazón le latía con fuerza. Consiguió ser recibida por el director, en cuyo despacho penetró apretando bajo el brazo un sobre grande y abultado.

—Quisiera publicar un libro —dijo la joven.

—¿Qué clase de libro? —preguntó el editor.

—Cuentos. Un libro de cuentos infantiles. Aquí tengo las cuartillas...

—¿Quiere usted dedicarse a la literatura, señorita?

—Pues... he publicado algunos relatos en la revista *Tin Tan*, de las Jóvenes de Acción Católica. E incluso he ilustrado, de mi plumilla y pincel, esas colaboraciones.

—Mire, hija, le aconsejo que desista. Es muy difícil vivir de este oficio.

—No pretendo eso. Sólo quiero publicar este libro.

—Los libros de cuentos hay que hacerlos muy bien, muy sugestivos, con bonitas ilustraciones y buen papel. Salen muy caros y su venta es problemática. No podemos comprometernos. Le digo esto antes de leer su original.

—No se preocupe. Yo lo pago. Ustedes se encargarán de distribuirlo.

Todo quedó arreglado así. La joven dejó al editor una tarjeta que rezaba: «Fabiola Mora y Aragón» —Zurbano 5 y 7— Madrid.»

En aquella pequeña empresa editorial nadie podía sospechar que aquel libro, que se titularía *Los 12 cuentos maravillosos*, iba a ser traducido a varios idiomas, no tanto por el interés de su contenido cuanto por el hecho de que su autora, la joven insegura, iba a convertirse poco tiempo después en reina de los belgas.

De «la Bola» a «Reinucha»

Fabiola Mora y Aragón había nacido en Madrid el 11 de junio de 1928, durante la dictadura del general Primo de Rivera, en un palacete que sus padres poseían en la calle de Zurbano, zona selecta paralela al paseo de la Castellana. Su padre, don Gonzalo Mora y Fernández, marqués de Casa Riera y conde de Mora, era un aristocrático patricio de acomodada posición, aunque no noble, bisnieto de un platero nacido en la localidad catalana de Sant Vicenç de Llavaneres, tataranieto de un payés del mismo pueblo, cuarto, quinto, sexto y séptimo nieto también de campesinos.[15] En cambio, su madre doña Blanca de Aragón y Carrillo de Albornoz, podía jactarse de descender de reyes castellanos, aragoneses y navarros.

Alfonso XIII gustaba de jugar al bridge con Gonzalo Mora y la reina doña Victoria Eugenia se dignó conocer a aquella niña, Fabiola —sexta de los siete hijos de los marqueses—, de cuya venida al mundo no se hizo eco ninguna nota de sociedad de periódico alguno, ni siquiera el *ABC*, circunstancia curiosa, puesto que en su ámbito lo más lógico hubiera sido lo contrario.

Aún no contaba Fabiola tres años cuando la familia Mora abandonó Madrid a toda prisa. Se había proclamado la Segunda República y el marqués de Casa Riera puso tierra de por medio. Su fidelidad al monarca exiliado justificaba su alejamiento de aquel país que «se acostó monárquico y se levantó republicano», en palabras del último presidente del gobierno de la Corona, el almirante Aznar.

En la frontera los Mora coincidieron con otros aristócratas de vacaciones. Intercambiaban señas y proyectos: «Vente por Montecarlo, pienso pasar allí el verano.» «No, mejor Biarritz, es mucho más *chic*.» Doña Blanca lamentó dejar Zurbano, donde exigía que sus criados —mucamas, cocineras y hasta el mayordomo—, asociados plenamente a la familia, rezaran cada noche el rosario con los señoritos antes de acostarse. Instalados en una mansión de su pro-

15. Hay que distinguir entre nobleza y aristocracia. Un barrendero puede ser un noble arruinado, pero no pertenece a la aristocracia, mientras que un genio de las finanzas puede ser aristócrata en su campo, sin pertenecer al estamento noble para nada. Sobre los Mora había recaído el marquesado de Casa Riera por línea colateral; en cuanto a su condado de Mora, se trataba de un título pontificio.

piedad en París (29 rue d'Artois) los marqueses visitaron varias veces a los reyes desterrados en Fontainebleau. Don Gonzalo cazaba con Alfonso XIII mientras doña Blanca se extasiaba —como recordaría años más tarde— con la gorra de fieltro cinegética del augusto señor, «que le sentaba aún mejor que su casco de capitán general».

Alfonso XIII estaba convencido de su pronto regreso al trono. El marqués de Casa Riera no se mostraba tan optimista. Volvió a Madrid con los suyos, inquieto por la suerte de sus propiedades, que creía amenazadas por el gobierno republicano. Al estallido en julio de 1936 de la guerra civil, la niña Fabiola se hallaba veraneando en Zarauz. Partió con sus hermanos pequeños hacia la casa de París. Luego, ante la amenaza de la ocupación nazi de Francia, los Mora se instalaron en Suiza. Fabiola —de ocho años de edad— ingresó con una de sus hermanas en el colegio de la Asunción, en Lausana, mientras su padre seguía con frenesí, sobre un mapa, el desarrollo de la contienda que ensangrentaba España.

Con la victoria del ejército de Franco, los Mora retornaron a su residencia madrileña, que había sido habilitada como cuartel general de las milicianas, lo que perturbaba las noches de la marquesa. Pero, en líneas generales, la casa había sido respetada, los antiguos servidores se reincorporaron a sus labores y todo recobró la rutina habitual. Fabiola —llamada así porque su madrina se había entusiasmado con la protagonista de la novela del cardenal Wiseman— era conocida en su adolescencia como la Bola, por su caterva de hermanos. Con enorme tesón no cejó hasta estilizar su figura y, más preocupada por su aspecto exterior de lo que uno pudiera imaginar, recurrió incluso a la cirugía estética para embellecer su nariz aguileña, en una época en que esta clase de intervenciones se miraban todavía con aprensión y recelo. La Bola se convirtió en *Queeny* —anglicismo que corresponde a Reinucha— «como si su encuentro con Balduino —escribió después un biógrafo cursi— hubiera estado ideado por el Ser Supremo».

Pero, tal y como se desarrollaron los acontecimientos, aún subsiste la duda de si el Ser Supremo actuó directamente o a través de la reina Victoria Eugenia.

El plan de una reina casamentera

La viuda de Alfonso XIII, que residía en Lausana, había concebido un plan perfecto para dar lustre a su derrocada dinastía. Su hijo don Juan de Borbón, conde de Barcelona, heredero de Alfonso XIII, tenía dos hijas, las infantas Pilar y Margarita. Desgraciadamente, la menor era invidente y aún muy joven, mientras que de la mayor podía sacarse algún partido. Pilar no era guapa, elegante ni simpática, encorsetada en su rictus a lo perdonavidas, pero un buen maquillaje, un modisto caro y algunos consejos severos podían dar buenos resultados para situarla, como su abuela doña Victoria Eugenia tramara —en la mejor tradición de su madrina la Montijo—, en un trono europeo.

Balduino I, el joven rey de Bélgica, aún soltero, era un muchacho tímido, piadoso hasta la exageración, de una gran sensibilidad. Cuando tenía cinco años, su madre, Astrid de Suecia, una reina a la que los belgas habían idolatrado, murió brutalmente en un accidente de coche. El vehículo siniestrado lo conducía su propio marido, Leopoldo III, y el pueblo belga lo culpó injustamente del accidente. Menos le perdonaron que, cinco años después, durante la ocupación nazi, el rey viudo contrajera matrimonio morganático con una compatriota, Liliana Baels, hija de un diplomático, a la que se conocería como princesa de Réthy. Terminada la contienda, los belgas acusaron a Leopoldo III de haber contemporizado con el ejército enemigo, embelesado en su bienestar conyugal. La salvación de la Corona se cifró en la abdicación del rey detestado en su primogénito, Balduino, en 1951. Victoria Eugenia no ignoraba los rumores que circulaban sobre el nuevo rey, acusándole de inmaduro adolescente que sólo leía tebeos. En todo caso, aquel joven sobrio, intachable y católico le parecía a la viuda de Alfonso XIII la pieza codiciada para redorar la deslucida corona de los Borbones de España.

La vieja reina, a fuer de buena inglesa, era una mujer práctica. Principió sus manejos dejando correr la voz entre sus amistades de que su nieta mayor, Sandra, hija de la infanta Beatriz de Borbón y el príncipe Torlonia, había trastornado al monarca belga. La noticia fue portada en todas las revistas europeas. En 1955 Sandra era toda una belleza, pero su ideal masculino se situaba a años luz de Balduino, como lo prueba el hecho de que poco después la chica se

Puesta de largo de Fabiola Mora. Por entonces la aristócrata madrileña aún no había cambiado el curso de su nariz.

Doña María Teresa de Borbón Parma (en el centro), junto a sus hermanos Carlos Hugo y Nieves, en el famoso baile ofrecido por Balduino de Bélgica.

Portada del librito de una desconocida autora llamada, a secas, Fabiola, que tiempo después sería traducido a varios idiomas.

El compromiso de Balduino y Fabiola, en Lourdes, es una historia que raya lo sobrenatural y ha sido desvelada por el cardenal Suenens.

fugaba con Clemente Lequio, un italiano tildado de redomado *playboy*, progenitor del hoy celebérrimo Alessandro Lequio.

Arruinado su plan inicial, la anciana Victoria Eugenia, pertinaz casamentera empeñada en salir airosa de su proyecto, habló seriamente con su hijo don Juan:

—Ya me temía yo que con Sandra nos estábamos equivocando; es demasiado inquieta para Balduino —debió de insistirle—; seguramente tu hija Pilar será más de su gusto.

La soberana preparó cuidadosamente el encuentro: una merienda en su residencia suiza. El rey acudiría acompañado por un ayudante de campo; la infanta, por una dama, normalmente una amiga de la familia, según costumbre de la época. La avispada reina aconsejó a su nieta, a fin de hacerla resaltar: «Tráete a la menos llamativa.» Y Pilar llevó a Fabiola Mora. El resto ya es historia.

En sus conversaciones con su íntimo Pedro Sainz Rodríguez, publicadas por éste en *Un reinado en la sombra* (1981), el conde de Barcelona, consumado más de veinte años antes el fracaso de la gestión, pretendió dar la impresión de que aquella idea de su madre no le había entusiasmado. Alegaba que el belga era tan tímido como Pilar despejada y que, por otro lado, Liliana Baels, la segunda esposa de Leopoldo III, había puesto su veto a una persona de la realeza auténtica:

> Fue una de las cosas que yo barajé... y una de las que más se opuso fue la tonta esa de la Réthy... Además, Pilar tenía carácter. Luego Balduino acabó con otra española, buenísima, y a quien hoy quieren mucho en Bélgica, pero de inferior categoría a Pilar. Fue una boda increíble. A mí me llegó la noticia, el año 60, estando yo en la mar; cuando la dio la radio, no lo podía creer. Después fui a la boda. Tres años antes, el 57, habíamos ido a pasar unos días al palacio de Laeken, a Bruselas, convidados por Leopoldo y la Réthy. Balduino ya estaba nombrado rey, pero las relaciones eran tan raras que era Leopoldo quien presidía la mesa... Hasta este punto era insólita la situación. Balduino estaba muy modosito. Era el año de la exposición —porque hubo que buscar la excusa de por qué se había ido a tal sitio— y quiso acompañar a Pilar a todos lados. Pero yo vi muy pronto cómo estaba la cosa y, aunque deberíamos habernos quedado cuatro o cinco días, estuvimos allí sólo dos.

Sainz Rodríguez comentaba a su señor:

Tras el anuncio del noviazgo, hasta doña Carmen Polo, esposa del Caudillo, se desplazó a casa de Fabiola para entregarle, como regalo, una corona.

Para contentar a todos, la pareja tomó una solución salomónica: Fabiola luciría la corona de Franco y Balduino el Toisón de Oro ofrecido por el conde de Barcelona.

El matrimonio de los reyes de Bélgica, celebrado en la catedral de Bruselas, fue el primer enlace real televisado en directo.

—No creo que a doña Pilar le gustase mucho Balduino, ¿no? Era muy soso.

Y don Juan respondía:

—Hubiera estado dispuesta al sacrificio, como lo están todas las princesas bien educadas, vamos.

Tal vez el conde de Barcelona hablaba un poco despechado por el desinterés del monarca belga, que había vuelto sus ojos hacia otra infanta española, pero de la rama carlista...

El baile de las princesas

Que don Juan de Borbón, caballeroso defensor de su hija, echase las culpas al puntillo de la Réthy puede resultar comprensible desde un punto de vista humano, pero no parece corresponderse con la realidad. Pues lo cierto fue que la familia de Balduino, empeñada en casar al incasable, organizó poco después uno de los más suntuosos bailes de corte que registran los anales de la realeza europea. Desde la muerte de la reina Astrid, casi veinticinco años antes, no se había conocido esplendor semejante. Dieciséis princesas casaderas asistieron vestidas con sus mejores galas. María Gabriela de Saboya, Cristina de Aosta, Alejandra de Kent, Désirée y Margarita de Suecia, Isabel de Francia, entre otras, rivalizaban para llevarse el gato al agua. La Familia Real española se incomodó porque las princesas carlistas de la rama rival habían sido invitadas al festejo. Y justamente una de ellas, María Teresa de Borbón Parma, la segunda hija de don Javier de Borbón, el pretendiente, parecía salir triunfante en toda regla. Balduino dio la impresión de hallarse a gusto con ella, y la fotografía de la infanta carlista ocupó en los días siguientes al baile las portadas de todos los semanarios del corazón, incluidos los españoles, aunque el gobierno de Franco —que ya había apostado por Juan Carlos— censuró las informaciones de las agencias extranjeras, recomendando que se presentase ambiguamente a María Teresa como una princesa «de origen francés», mientras don Juan enviaba protestas dinásticas a todas las casas reales.

Balduino y Fabiola eligieron ser modelo de unidad en un país dividido por comunidades antagónicas.

A la muerte de Balduino, que no había tenido hijos, le sucedió su hermano, Alberto II. Su mujer, Paola, es muy diferente a Fabiola.

Sus Majestades los reyes Balduino y Fabiola conversan, en el palacio real de Bruselas, con Juan Balansó.

No hacía falta. María Teresa de Borbón Parma sintonizaba con sentimientos de un cristianismo socialista —digámoslo así— que se estimaban impropios de una princesa de aquella época. Cuando visitó Amberes para conocer por sí misma las condiciones de vida de los habitantes del puerto y sus aledaños, Balduino casi sufrió un pasmo, aseguraban algunos. Aquella mujer tan avanzada lo perturbaría. ¿Qué hacer? ¿Qué solución le quedaba al joven rey? «La Trapa», afirmaban otros. «Balduino se recluirá en un monasterio y cederá su puesto a su hermano menor, Alberto, casado ya con una guapísima princesa italiana, Paola Ruffo di Calabria.» Un inconveniente: Alberto tenía fama de trasto y, al contrario que su hermano, nada inclinado a pías devociones.

La Iglesia decidió intervenir.

Si hoy sabemos la verdad es porque el bendito cardenal Suenens, que había sido primado en Bélgica, resolvió, poco antes de su muerte, explicar su versión: Balduino y Fabiola se habían conocido prácticamente por medio de un ángel. Su historia de amor pudo muy bien formar parte de *Los 12 cuentos maravillosos*, aquel libro que la señorita Mora tuvo que pagar de su bolsillo para verlo publicado.

La enviada celestial

La historia es fascinante, con ribetes de increíble, pero no podemos ponerla en cuarentena porque el propio cardenal Suenens expuso aquel prodigio sobrenatural: «En el otoño de 1959, paseando por el parque del palacio de Laeken, el rey me dijo: "Le he confiado a Nuestra Señora de Lourdes la solución del problema de mi matrimonio."»

Ante semejante confesión, Suenens se puso en movimiento sin pérdida de tiempo. El ángel encarnado en mujer se llamaba Verónica O'Brien, una irlandesa tocada por la gracia, aunque no faltaban los pérfidos de costumbre que la consideraban tocada de la cabeza. Desde que tenía siete años dio muestras de raras habilidades. El día de su primera comunión, por ejemplo, fue presa de un síncope: «De un solo golpe comprendí el misterio de la Santísima Trinidad», confesó, cuando se repuso, a sus estupefactos maestros.

La iluminada criatura entró en el convento de las madres de

Santa Clotilde; no del todo satisfecha, se enroló luego en la Legión de María, un movimiento de apostolado destinado a los laicos. La enviaron a la sede del movimiento en Bruselas. Suenens acudió a buscarla y la empaquetó hacia Laeken. El rey y la señora mantuvieron una conversación de cinco horas y él debió de exponerle sus deseos de profesar. Más tarde, ella envió a Su Majestad unas líneas con tufillo de orden perentoria: «El Espíritu Santo desea que llevéis adelante vuestro trabajo en la tierra. Estoy segura de que cuando hayáis meditado, elegiréis a María como Reina. Después, ella será quien guíe vuestros pasos, que os llevarán al encuentro de la mujer con la que amaréis y serviréis mejor al Señor.»

El 13 de abril de 1960, la señora volvió a solicitar audiencia. Contó al rey que había tenido una invitación sobrenatural «para ir a España y preparar el terreno». Balduino, emocionado, aceptó el ofrecimiento con gratitud. Por su parte, Suenens escribió —explica— una nota al nuncio apostólico en Madrid, monseñor Antoniutti, en que le rogaba que recibiera a la O'Brien y confiase en ella, sin más detalles. El 30 de abril, Verónica informaba al soberano acerca de su primer encuentro con el nuncio, que al principio se mostró muy reservado, pero acabó entregándole una carta de recomendación en que la presentaba como una encuestadora interesada sobre el compromiso cristiano en el ambiente aristocrático de la capital de España.

De mano en mano, la O'Brien llegó hasta la directora de uno de los centros de beneficencia favorecidos por una muchacha de la alta sociedad, una tal Fabiola Mora. Ésta, dijo, era una joven muy amable, que hablaba perfectamente inglés, por lo que podría conversar con ella sin problemas, encaminándola en sus pesquisas de manera más eficaz. Además, su pertenencia a la aristocracia le abriría muchas otras puertas de su clase.

La legionaria había convenido con el rey que, si encontraba a la designada por el Espíritu Santo, la llamaría con el nombre clave de «Ávila» (en honor de santa Teresa, por la que Balduino sentía debilidad). A las pocas horas de haber conocido a Fabiola, la mensajera escribía esta carta antológica al monarca:

> Después de haber orado mucho y haber rezado el rosario marché a ver a Ávila. Con ella entró en la habitación una bocanada de aire fresco. Alta, delgada, buen tipo, rostro atractivo, llena de vida, de

> inteligencia, de entusiasmo, de rectitud, de claridad... Al instante algo me dice que «es ella»... Una parte profunda de mi ser estaba convencida de que se hallaba ante la elegida de Nuestra Señora, ante aquella que María había preparado desde hacía tiempo.
>
> Empieza la conversación y enseguida todo parece funcionar bien. Cada palabra encuentra en mí un eco que me confirma «la certeza».[16] Ávila habla de su vida como algo típico para hacer comprender la mentalidad de su entorno. Se ocupa de enfermos y de pobres y tiene un diploma de la Cruz Roja. Ella, como sus amigas, dice, no tienen más objetivo que perfeccionarse con vistas al matrimonio, para poder dar a Dios y a España hijos dignos... Atreviéndome a hacerle otras preguntas, le digo ¿cómo es que ha conseguido esquivar el matrimonio hasta ahora? Respuesta: «Ya ve, hasta ahora no me he enamorado. He dejado mi vida en manos de Dios, en Él me he abandonado. Quizás Él me tenga algo preparado.»

El portentoso relato de Suenens continúa de modo puntual: Ahora se trataba de dar un paso más y, con el consentimiento del rey, revelar a Fabiola la realidad de lo que estaba en juego. Una tarde, la legionaria pidió a la predestinada que la acompañase a visitar el carmelo del Cerro de los Ángeles, a doce kilómetros de Madrid. Tras haber orado en la capilla a sus celestiales colegas, la O'Brien confió a Fabiola la razón de su misión. Naturalmente la Mora, mujer entera, cree al principio que el instrumento divino es una chiflada. Rechaza taxativamente cualquier relación con la que considera vulgar mistificadora y se niega siquiera a ponerse al teléfono. «A no ser que me lo pida el nuncio», tiene la precaución de añadir.

Ante su sorpresa, el nuncio pontificio la cita el 17 de mayo. Confirma la autenticidad de la misión de la legionaria y pide a Fabiola que acuda a Bruselas, para conocer a Balduino, con la excusa de su asistencia a un (inexistente) congreso. Llegado a este punto, el cardenal Suenens sufre un ataque de amnesia y resume con tono lírico: «La estancia en Bruselas no pertenece a la Historia. No se puede describir cómo se abren y cómo florecen las rosas; únicamente se admira su color y se huele su perfume una vez que se

16. El cardenal nos aporta un detalle que explica aquella «certeza». La víspera de su encuentro con Fabiola, la legionaria había tenido un sueño en que vio una habitación con un cuadro que representaba a una mujer con un niño en brazos. Pues bien, en casa de la señorita Mora reconoció, sobresaltada, el mismo cuadro... Realmente no se podía pedir más.

han abierto. Los ángeles, encargados de velar por ellos, cumplieron bien su cometido.»

Milagro en Lourdes

Semanas después, en julio de 1960, Balduino y Fabiola se prometen en matrimonio. En Lourdes nada menos. El cardenal Suenens transcribe —para alegría de sus lectores, afirma— el relato autógrafo que le hizo el mismo rey y que nos vemos forzados a resumir:

> Estaba cada vez más convencido de que Ávila había sido elegida, desde siempre, por la Virgen para ser mi mujer, y por ello le estaba sumamente agradecido a Ella y a su querido instrumento, Verónica. El 7, uno al lado del otro, oíamos la santa misa. En realidad, más que una, fueron dos misas, pues el tiempo pasaba deprisa y nos encontrábamos muy a gusto sintiéndonos cerca del Maestro y de Nuestra Señora y poniendo nuestra confianza total en ellos.

La pareja conversa durante horas y almuerzan juntos. Terminan la jornada rezando el rosario en la gruta de Bernadette. Y al día siguiente, 8 de julio, sucede:

> Durante la eucaristía siento el impulso de decirle que la amo, de escribírselo en el misal. Es viernes y le prometo a María retrasar este gran momento hasta el día siguiente, ofreciéndole esta privación con toda mi alma.
>
> Después de esta maravillosa misa, fuimos a desayunar y a dar un paseo. De repente, cuando nada deja prever esta reacción, Ávila me pregunta si podemos pararnos a rezar tres avemarías a la Virgen para agradecerle todas las delicadezas y su amor por nosotros. Después de lo cual, iniciamos de nuevo la marcha; fue entonces cuando Ávila me dijo: «Esta vez es sí y ya no me volveré a echar atrás.».
>
> Era demasiado bonito; tenía ganas de llorar de alegría y de gratitud a nuestra Madre del cielo, que había hecho un nuevo milagro, y a Ávila, que se había dejado guiar dócilmente por la mano de Nuestra Señora de Lourdes. Cuando encontramos a las personas que nos acompañaban en el viaje, nos vieron llegar del brazo y Ávila les anunció que somos novios.[17]

17. El relato, por extenso, en *Balduino, el secreto del rey,* 1995.

Fabiola Mora y Aragón, una madrileña de treinta y dos años, dos más que su prometido, iba a convertirse en reina de los belgas. Aquella joven sin relieve especial adquiría inusitados perfiles. Hasta aquel momento era una señorita de la buena sociedad, caritativa en una España donde la beneficencia intentaba remediar la falta de justicia social. La escala de valores de Fabiola se encontraba más cerca de la Montijo que de las chicas de la generación de los sesenta que dieron un revolcón a Europa. La mujer que iba a casarse con el Rey Triste no era tampoco la alegría de la huerta, como dijo con gracejo su hermano Jaime de Mora, sino una virgen mayor y desvaída que escribía un diario íntimo, empezaba sus cartas con el signo de la cruz y las finalizaba con las siglas H. de M. (hija de María) bajo su firma. Pero todas las españolas, o·casi, vibraron de emoción. Y el *Hola* tiró la casa por la ventana: «Junto a la verja de su palacio, esperan a Fabiola más de 30 pobres todos los días», anunciaba a grandes titulares (17 de diciembre de 1960). El texto no tenía desperdicio:

> Su vida, orientada por los más puros senderos de la caridad, se había convertido en una flor de purísimo aroma cristiano. Católica ferviente, oye misa y comulga diariamente. Sus iglesias preferidas son las de Santa Bárbara, San Fermín de los Navarros y la del Perpetuo Socorro. Realizó estudios de enfermera en la Escuela de las Hermanas de la Caridad.

Según la revista, apenas hacía vida social, aunque eso sí, cuando se decidía, lucía creaciones de Balenciaga o Marbel, con todo el señorío de su casta. Y en un baile de disfraces iba vestida de Sisi Emperatriz. Su deporte preferido era el ping-pong.

Exportábamos a Bélgica lo mejor de la raza.

El Toisón de don Juan y la corona de Franco

Luego todo fue un arrebato. La desconocida señorita sería nombrada hija predilecta de Madrid. Embajadores, arzobispos y tunos la obsequiaron en su palacio de Zurbano. El infante don Luis Alfonso de Baviera, militar de brazo en alto, le impuso el lazo de Dama Protectora del Cuerpo de Hijosdalgo.

La misma esposa del Caudillo, doña Carmen Polo, se desplazó

a casa de Fabiola para hacerle entrega «en nombre del pueblo español», de una corona de plata antigua incrustada de piedras preciosas.[18] Don Juan de Borbón, por su parte, guardaba un as en su manga. Hasta aquel momento el conde de Barcelona no había sido considerado por Franco como jefe de la Orden del Toisón de Oro, pues ello hubiese significado el reconocimiento de su condición soberana, aneja al gran maestrazgo. Pero el heredero de Alfonso XIII no se arredró. Con motivo del enlace de Balduino, en el que actuaría de testigo de la desposada por petición expresa de los Mora, don Juan jugó sus cartas y concedió al novio el Toisón, la primera vez que lo otorgaba. La aceptación de un rey reinante suponía un espaldarazo a la posición del conde de Barcelona como jefe de la Casa Real española, que le disputaban su hermano mayor, el infante don Jaime, y el pretendiente carlista, don Javier de Borbón Parma.

En la recepción que tuvo lugar en el palacio de Bruselas dos días antes de la boda, Fabiola lucía la corona regalada por Franco; Balduino, el collar del Toisón de Oro otorgado por el conde de Barcelona. Una decisión salomónica. El general no dijo nada, pero al año siguiente, cuando le fue ofrecido por don Juan, lo rechazó.

Una pareja soldada

Como era la primera vez que un enlace real se retransmitía en directo por televisión, los afortunados mortales que en España y Bélgica disponían del artilugio vieron sus hogares invadidos de vecinos y amigos de ocasión dispuestos a disfrutar con el espectáculo. Fabiola vestía un traje de novia ribeteado de armiño, divisa de la realeza, y sobre su cabeza habían colocado una enorme diadema de la finada reina Astrid, madre de Balduino, labrada en plata y diamantes. Los periódicos belgas se habían puesto de acuerdo para elevar la categoría de la novia del rey y, empezando por *La Libre Belgique*, titulaban a Fabiola «princesa española» (años más tarde, los textos escolares oficiales sobre Historia de Bélgica para escuelas primarias seguían aupándola, por nacimiento, al rango principesco). El hecho de que Balduino I prefiriera a la señorita de

18. Parece que, andando el tiempo, se comprobó que las joyas que adornaban esta corona eran falsas, y que al adquirirla doña Carmen había sido engañada.

compañía en lugar de la infanta, por conocimiento personal o inspiración divina, era su problema; tergiversar las cosas, otra. Fabiola «de» Mora contrajo matrimonio con un rey reinante, con la aprobación del gobierno belga y sin contravenir ninguna ley dinástica de aquella Casa Real. Se convirtió, por tanto, en reina consorte con todo derecho legal y legítimo. Pero nada autorizaba a travestirla, de rondón, en princesa española, ni a transformar a su familia paterna en miembros de la añeja nobleza española, lo que rayaba, para los genealogistas serios, en la simpleza.[19]

El armiño y los brillantes hicieron su efecto y la gente se hacinaba ante los televisores, embobada. Era el 15 de diciembre de 1960. A la ceremonia de la boda civil en el palacio de Bruselas siguió la religiosa en la catedral de San Miguel y de Santa Gúdula, en el mismo lugar donde reposan los restos de Isabel Clara Eugenia, aquella española que también fuera soberana de los antiguos territorios belgas y flamencos.

Desde entonces los nombres de Balduino y Fabiola jamás podrían disociarse. En un país dividido por comunidades antagónicas, eligieron ser modelo de unidad. A Fabiola la criticaron por sus principios morales rígidos, por dar a su papel de reina un aspecto casi sacerdotal, por no prestar un poco más de realce a su corte, apagada y gris como ella misma. Balduino se pasaba las horas muertas contemplando, extasiado, a aquel regalo de la Providencia. Era un hombre muy amable, pero lo conceptuaban más triste que un sauce. A mí me recibió en su imponente palacio de Bruselas, donde el ordenanza de servicio parecía más majestuoso que él. Charlamos en castellano, que dominaba a la perfección. Se esforzaba para no parecer insulso. Era alérgico a los caballos, pero un buen tirador. Me contó que en Motril, donde veraneaba la pareja, salía a pescar, su gran afición. Le gustaban las flores —cuidaba él mismo de un fantástico invernadero— y le interesaban las nuevas formas arquitectónicas. Como su mujer, amaba a Vivaldi y Scarlatti. Había que sa-

19. El *de* intercalado entre nombre y apellido era gratuito. El acta matrimonial de la novia puso las cosas en su sitio nombrándola: «Doña Fabiola Fernanda María de las Victorias Antonia Adelaida Mora y Aragón, hija de don Gonzalo Mora.» Por otra parte, el título de la soberana era «reina de los belgas», no de Bélgica, al igual que Eugenia de Montijo fue «emperatriz de los franceses», no de Francia; sutilezas adoptadas por determinadas dinastías para remachar la idea del carácter parlamentario y no patrimonial de sus monarquías.

carle las cosas con pinzas, porque era cerrado como una ostra, o eso me pareció.

Comprenderán que, antes de ser presentado a la reina Fabiola, tuviese yo de ella una idea preconcebida: la de la virtuosa dama española, reservada y pacata, sentimental. Sin embargo, para ser sincero, tengo que matizar: austera Fabiola sin duda lo es, firme en sus convicciones; sentimental, desde luego, pero no ñoña; estoy seguro de que bajo su apariencia frágil, Fabiola debe de ser una persona de talante resuelto, tenaz para conseguir lo que ella cree que conviene. Es decir, una mujer tan claramente conformada para Balduino que a nadie podía extrañar su dicha conyugal, prolongada a lo largo de treinta y dos años de vida en común, y sólo enturbiada por repetidos abortos de la soberana, una experiencia desoladora que empujó a Balduino a un acto que pudo rozar lo inconstitucional, al negarse a sancionar con su firma la ley de interrupción voluntaria del embarazo, que despenalizaba el aborto en Bélgica. Hubo que encontrar un subterfugio legal —la abdicación temporal del monarca— que permitiese al rey no hacer mutis por el foro. La parodia se llevó a cabo entre una crisis memorable que al final quedó en agua de borrajas. Aquel católico a ultranza se había salido con la suya, aunque naturalmente gran número de sus compatriotas, que no compartían la doctrina religiosa de Balduino, se preguntaron cómo era posible que un monarca parlamentario antepusiera su fe a su deber constitucional. Bastaba con echar un vistazo a monarquías no muy lejanas para percatarse de que otros no habían sido tan delicados, por más cristianos que se reputaran. Pero también en España habíamos tenido ejemplos históricos de coraje moral: sin ir más lejos, Nicolás Salmerón, tercer presidente de la Primera República española, dimitió del cargo para no firmar una sentencia de muerte.

La reina viuda

La vida cotidiana de Balduino y Fabiola se desarrolló sencillamente, a ritmo de minué («incluso en los lavabos ponían música barroca», comentó, zumbona, una parienta algo harta de tanta monotonía). Residían en el castillo de Laeken, cerca de Bruselas, rodeado de un gran parque que les preservaba de miradas y fotógrafos. Los familiares de Fabiola no molestaban, porque vivían en España.

Su padre, don Gonzalo, había fallecido antes de la elevación de su hija al rango de reina; la madre, doña Blanca, murió octogenaria, excéntrica e insociable en su palacete de la calle de Zurbano, donde había recogido a medio centenar de perros y gatos lisiados. De un hermano díscolo, don Jaime de Mora y Aragón, depredador marbellí, no se hablaba en voz alta, ni siquiera le habían permitido acudir a la boda, pese a que había compuesto un vals, tal vez casualmente anticuado, que tituló *Fabiola*.

Ni corta ni perezosa, la reina se instaló desde el principio junto al despacho de su marido, al que asistía con sus consejos, y trabajaban juntos, cada cual en sus materias. Paseaban por los jardines de Laeken cogidos de la mano, como veinteañeros. En verano se trasladaban a su finca granadina de Motril: más silencio, más quietud.

Allí se paró el corazón de Balduino en el estío de 1993. Fabiola no podía ser titulada, en razón de su esterilidad, reina madre y pasó a ser, en el lenguaje cortesano, la reina viuda. Un tratamiento que no le gustaba porque debía de parecerle un reproche a su falta de fecundidad. Pidió a su cuñado Alberto, sucesor de Balduino, la facultad de conservar la denominación de «reina», monda y lironda. Alberto II y su esposa, la bella aunque ya mustia Paola, consintieron. En una monarquía tan insegura como la belga son necesarios los símbolos. Y de momento, Fabiola —que había tenido la inteligencia de hablar las tres lenguas de sus pueblos— lo era. El día de los funerales de su marido, Fabiola se vistió de blanco, porque no se oficiaba la desaparición del ser amado, sino su entrada en el Cielo por la puerta grande, manifestó a quien quiso escucharla.

En Madrid la pluma de Jaime de Campmany trazó, en *ABC* (4 de agosto de 1993), una semblanza magistral sobre la madrileña que subió al trono y hoy, descendida de él, vive semiapartada de la corte belga, con la mirada puesta en su sobrino Felipe, el hijo de Alberto II, al que ella, con la ayuda de Dios, preparó. Campmany escribía:

> Fabiola era una reina sosa y sobria, bondadosa y solícita, que daba de comer a los niños huérfanos, acompañaba a las viudas, sonreía a todos, aprendía la endemoniada lengua de los flamencos, iba a misa y vestía como una infanta monja, y que acompañaba a su esposo a todas horas, siempre cogidos los dos de la mano, como dos niños buenos que

> estuvieran jugando a los reyes felices. Fabiola ha sido una reina de sonrisa dulce y amor tranquilamente eterno. Era como una reina arrodillada ante el trono y como una madre postrada ante una cuna vacía. Fabiola era como un drama lorquiano escondido bajo los decretos del protocolo. Nunca los encajes de Bruselas adornarían la cuna de un príncipe, hijo del rey triste y la reina buena. A aquellos dos niños buenos que jugaban a los niños felices se les había negado la felicidad suprema de la descendencia. O de la concupiscencia, porque a veces parecía que esos dos niños, tan angelicales, no se atreverían jamás a morder la manzana.

Y al cerrarse la tumba del monarca santo, cesó la influencia sutil de la reina yerma.

CAPÍTULO XII

REINA DE ESPEJISMO

Margarita Gómez-Acebo
Reina de Bulgaria
(nacida en 1935)

Un rey visto y no visto

Sólo haciendo un esfuerzo de memoria recordarán algunos españoles que tenemos la dicha de contar con otra compatriota reina: Margarita Gómez-Acebo, soberana real, pero de cuento; consorte de un monarca que fue rey antes de aprender a ser hombre.

Simeón II de Sajonia-Coburgo y Gotha subió al trono búlgaro cuando contaba seis años de edad, a la muerte de su padre, Boris III, en 1943. Tres años más tarde fue derrocado por los prosoviéticos. Con las prisas, se olvidaron de hacerle abdicar.[20]

Tras una estancia en Egipto, Simeón II, su madre —Juana de Saboya— y su hermana, María Luisa, vinieron a España. Puesto que el régimen franquista no reconocía a los gobiernos comunistas ni mantenía con ellos relaciones diplomáticas, el ex rey de los búlgaros —al igual que Vladimiro de Rusia, presunto zar, o el rey Leka de Albania— se benefició de una especie de reconocimiento oficial por parte del Estado español que, en el caso de Simeón, alcanzó cotas destacables: cancillería, franquicia postal, tratamiento protocolario de Majestad, público uso de condecoraciones y propaganda apoyada.

La Familia Real búlgara había huido de Sofía con lo puesto, pero la reina madre pudo embolsarse más tarde su parte de la herencia paterna —Víctor Manuel III de Saboya, el rey de la Italia fascista, había sido una hormiga—, con lo que la situación de los exiliados mejoró considerablemente y adquirieron un espléndido chalet en la madrileña avenida del Valle, donde el depuesto monarca sigue residiendo.

En 1955 Simeón alcanzó la mayoría de edad. Al servicio religioso celebrado en acción de gracias asistieron, en representación de Franco, los ministros de Asuntos Exteriores, Ejército y Justicia. La ficción real en Madrid continuó hasta que, en 1972, España normalizó sus relaciones con Bulgaria y Simeón dejó de representar a su país natal en las ceremonias oficiales de la dictadura.

20. Boris se había hallado sometido al engranaje de la implacable máquina bélica nazi. A su fallecimiento, una regencia actuó en nombre del pequeño Simeón. Los comunistas tomaron el poder en 1944, aunque el rey niño continuó en el trono. El nuevo gobierno condenó a muerte a los regentes y nombró a otros, tallados a su medida. Luego organizó un *referéndum* que abolió la Monarquía.

Pero entretanto existió para la España franquista, durante diez años, una reina consorte de Bulgaria. Simeón se había casado, en efecto, con la madrileña Margarita Gómez-Acebo, bajita y morena, de cejas espesas, uno de los mejores partidos existentes, según los decires de la sociedad. «Ella era una de las mujeres más ricas de su país», confirmó sin circunloquios Charles Fenyvesi, destacado biógrafo de Simeón. «En los primeros tiempos de su matrimonio, la fortuna de Margarita permitió al rey mantener una acción política», subraya, más delicadamente, otro de sus entrevistadores, Stéphane Bern.

«Margarita parecía predestinada para el trono», ha escrito un comparsa. Esta vez no se trataba de la predicción de una gitana, como en el caso de la Montijo, o en haber sido escogida por un ángel encarnado en monja, como sucedió con Fabiola. La afirmación se basa en el hecho de que la Gómez-Acebo nació un día de Reyes: 6 de enero de 1935. Su padre, Manuel Gómez-Acebo y Modet, era el segundo hijo del marqués de Cortina y había sido consejero de Estado, abogado, consejero del Banco Hipotecario, así como accionista de varias sociedades que le proporcionaron fama de archicreso. La madre de la nueva reina búlgara fue doña Mercedes Cejuela y Fernández, también de familia acaudalada.

Al estallar la guerra civil española, los padres de Margarita fueron detenidos y pasados por las armas después de tres meses de prisión. También perecería ejecutada la abuela materna de la niña.

Margarita, de apenas año y medio de edad, fue recogida, junto con su único hermano, por unos parientes, los marqueses de Casa Pizarro y, tras refugiarse en territorio franquista, quedaron al cuidado de sus tutores, el marqués de Zurgena y el marqués de Deleitosa sucesivamente. La rica heredera se educó luego en el colegio del Sagrado Corazón de Bruselas. Al alcanzar la mayoría de edad se emancipó de la tutela de su tío y pasó a vivir en su propia casa, ya que disfrutaba de holgadas rentas. Tras un noviazgo de casi tres años con el exiliado Simeón, se casaron a principios de 1962 en boda triple: la primera, una ceremonia católica íntima oficiada por el obispo de Madrid en un salón de la residencia del novio; la segunda, civil, en Lausana, a la que seguiría el casamiento público en la iglesia ortodoxa de la localidad suiza de Vevey, donde acudieron algunos grupos de búlgaros en el destierro.[21]

21. La novia lucía una descomunal corona real de pedrería y la medalla de Sufrimientos por la Patria otorgada por Franco a los huérfanos de la guerra civil.

El papa Juan XXIII había facilitado los problemas que planteaba la boda de una católica con un ortodoxo. Quedó acordado que parte de sus hijos profesarían una de las dos religiones, y los restantes la otra. Como han tenido cinco, la condición impuesta en una época preecuménica ha podido cumplirse sin problemas.[22]

Puesto que la boda de Simeón y Margarita tuvo lugar sólo cuatro meses antes que la de Juan Carlos de Borbón y Sofía de Grecia, cabe observar que Margarita Gómez-Acebo no aceptó renunciar a la religión en que había sido bautizada, contrariamente a la princesa que hoy ocupa el trono de España.

Un influjo decisivo

«Mi mujer posee un gran sentido de los negocios», confiesa Simeón II, pero él tampoco es manco y ha desplegado sus talentos financieros desde conocidas sociedades anónimas hasta la asesoría del mismísimo Hassan II de Marruecos.

A través de la infanta Pilar, duquesa de Badajoz, viuda de un Gómez-Acebo primo de doña Margarita, la pareja real búlgara se ha relacionado también íntimamente con la Zarzuela, que, desconociendo la etiqueta atribuida por cortesía en toda Europa a otros príncipes de nacionalidad española —verbigracia: Habsburgo, Dos Sicilias o Parma— otorga sin reticencias a los vástagos de la Gómez-Acebo, nacidos todos ellos en Madrid y también de nacionalidad española, los títulos de «príncipe de Tirnovo», «príncipe de Preslav», «príncipe de Panagiúriste» y «príncipe de Vidin», compartidos públicamente por sus esposas: dos señoritas de la alta sociedad, otra que podría emplearse de modelo, y la hija de un opulento mecenas.

La regia prole se continúa en la descendencia de todas esas españolas que se no se deciden a alumbrar en Bulgaria, cosa que, caído el telón de acero y reanudadas las relaciones entre el depuesto monarca y sus antiguos súbditos, parecería lo natural, sobre todo después de que en 1996 el retorno de Simeón al país, con Margarita a su flanco, fue tumultuosamente acogido por sus partidarios. El

22. El hijo mayor, Kardam, y el segundogénito, Kyril, son ortodoxos; los restantes, Kubrat, Konstantin y la princesa Kalina, católicos.

gobierno actual ha tenido la decencia de devolver a la antigua familia real los bienes personales que los soviéticos habían incautado y el mismo Simeón ha declarado que alberga la intención de hacer recaladas ocasionales en su país natal.

Pero ¿desea regresar definitivamente?, se preguntan no pocos. ¿Estaría la amable doña Margarita dispuesta a abandonar su vida regalada, su sociedad madrileña, sus noches de «negro y oro» en la discoteca Joy Eslava; sus amigas del alma, suaves y genuflexas, para subir con sus cachorros a un barco que puede irse a pique en su difícil singladura?

Simeón II me parece un tipo encantador, tan simpático que a veces hasta puede dar la sensación de ligero, sin serlo. No cabe poner en duda su cultura comprobada, ni su astucia para los negocios, ni mucho menos su acendrado amor por Bulgaria, la patria lejana. Se ha pasado cincuenta años aspirando a su trono; recordando desde el exilio su posición soberana. Pero a la hora de la verdad, cuando sus gentes han vuelto a recibirle con deferencia, y hasta simpatía, palpables, ¿quién le ha empujado a definirse de cartesiano?: «Me siento muy a gusto en España y tengo una serie de razones, intereses y amistades. Vivo con los pies en el suelo. Hace veintitantos años, cuando empezó la educación de mis hijos, mi máximo anhelo era que fueran una contribución positiva a la sociedad. No les quise meter ideas de política y convertirlos en eternos exiliados.» (*Diario de Navarra*, 8 de noviembre de 1992). En consecuencia, a los jóvenes príncipes, grandes políglotas —castellano, francés, inglés, italiano, alemán—, no se les enseñó el búlgaro. Su Majestad me dijo textualmente que, si llegaba el momento, ya les mandaría hacer cursos acelerados. Cabe preguntarse: ¿qué sentimiento puede albergar hacia su país quien no enseña a sus hijos la lengua materna y, sin embargo, se pretende rey de ese pueblo de idioma menospreciado?

Numerosas personas sienten un profundo respeto hacia un hombre tan culto, delicado y afectuoso como Su Majestad el rey Simeón II de los búlgaros. Ojalá regresara algún día a Bulgaria, para quedarse. Pero la sangre ajena tiene su peso en la cuestión y no parece identificarse con los anhelos que, aún no hace mucho, impulsaban al soberano. Sus declaraciones, siempre cambiantes, sobre su actual instalación en Sofía, han rizado el rizo de la inconsecuencia dinástica, despedazada por el pragmatismo: «Mi posición es de espe-

El día de la boda de la rica heredera española con el exiliado rey búlgaro, la novia lucía una descomunal diadema de pedrería y la medalla de Sufrimientos por la Patria.

Los soberanos agasajados por un grupo de búlgaros en los años en que no se les permitía pisar el país balcánico.

«HOY DOMINGO, DOS DE DICIEMBRE DE MIL NOVECIENTOS SESENTA Y DOS, A LAS VEINTIDOS HORAS Y CINCUENTA MINUTOS, EN LA CIUDAD DE MADRID, SU MAJESTAD MARGARITA, REINA DE BULGARIA, NUESTRA AUGUSTA ESPOSA, CON LA AYUDA DE DIOS, DIO FELIZMENTE A LUZ A UN VARON, AL QUE HEMOS DADO EL NOMBRE DE KARDAM Y EL TITULO DE PRINCIPE DE TIRNOVO.

AL ANUNCIAR ESTE FELIZ ACONTECIMIENTO PARA NUESTRO HOGAR Y PARA BULGARIA, APELAMOS A NUESTROS COMPATRIOTAS A QUE, JUNTO CON NOS, HAGAN VOTOS AL TODOPODEROSO PARA QUE GUARDE Y PROTEJA NUESTRO AUGUSTO HIJO Y HEREDERO DEL TRONO BULGARO, DANDOLE SALUD, FELICIDAD Y EXITO EN TODAS SUS EMPRESAS Y ACTIVIDADES, PARA EL BIEN, LA GLORIA Y FELICIDAD DE NUESTRO AMADO PUEBLO.

Dado en Madrid a 2 de diciembre de 1962 y firmado de Su Real mano por S. M. el Rey.

Términos de la notificación del rey Simeón anunciando, desde España, el nacimiento de su primogénito.

Simeón II y su esposa en su residencia madrileña, a la que tanto apego tiene la reina.

rar —declaraba Simeón a *La Vanguardia* el 8 de junio de 1997—; es un deber que tengo y un sacrificio que hago. Pero llegará un momento en que diré basta, se ha acabado. Es un derecho que tengo. Mis hijos lo aceptan. Si yo ya no vuelvo se habrá terminado la etapa de los Sajonia-Coburgo como reyes de Bulgaria. Proclamar herederos en hoteles o en casas particulares fuera del país raya en lo tragicómico, en lo grotesco.»

Quien con estas palabras lanzaba casi una amenaza a los búlgaros, insensibles en su mayoría, hasta hoy, en volver a otorgar su confianza a una familia de ellos alejada, olvidaba lastimosamente los ejemplos de la historia dinástica de Europa. No sólo de algunos de sus propios antepasados, sino de los de su amigo y anfitrión, el rey don Juan Carlos. Porque Alfonso XIII, por citar un caso, abdicó en su hijo don Juan, conde de Barcelona, en un hotel de Roma y fuera de su país. Algo que Simeón y sus deudos, ya lo vemos, consideran grotesco.

Margarita Gómez-Acebo, madrileña de lujo, oficialmente extraña a la historia de Bulgaria, es también —y me temo que seguirá siéndolo— una reina de espejismo, atenta y satisfecha ama de casa. Su hija Kalina resumió la situación con frase rotunda: «No quiero pensar el trastorno que sería volver a Bulgaria. Con lo a gusto y tranquilos que están mis padres en Madrid sin corona.»

CAPÍTULO XIII

LA PRINCESA DESLUMBRADA

Victoria Eugenia de Battenberg
Reina de España
(1887-1969)

Los Battenberg: una dinastía escamoteada

Aunque pueda parecer increíble, noventa y tres años después del matrimonio del rey Alfonso XIII, se sigue teniendo en España una visión muy confusa acerca de la familia de su mujer, Victoria Eugenia de Battenberg, perteneciente a un clan dinástico alemán de tercer orden cuyos orígenes han sido sistemáticamente escamoteados por historiadores encargados de maquillar nuestro pasado dinástico reciente e incapaces, en todo caso, de comprender que la figura de la penúltima reina de España —con sus complejos de inferioridad, su codicia; también con sus virtudes, que no fueron pocas— resulta ininteligible si se elude trazar, siquiera de forma somera, la trayectoria humana de sus padres y abuelos, que condicionó definitivamente su vida y su circunstancia.

La mazurca fatal

El 5 de enero de 1848, un joven disipado, que escandalizaba a la corte nada mojigata de San Petersburgo, acudió a un baile de gala sin sospechar que una mazurca iba a cambiar para siempre su fortuna y la de los suyos.

El libertino, de veinticuatro años, era el príncipe Alejandro de Hesse y había llegado siete años antes a Rusia acompañando a su hermana María, destinada a desposarse con el heredero de la corona de los zares. Tercerón de su familia, el joven había sido añadido a la comitiva nupcial por su propio padre, el gran duque Luis II de Hesse, a fin de que se labrase una posición en el ejército ruso, no tanto por sus méritos personales cuanto por su estrecho parentesco con la futura emperatriz.

Durante seis años, Alejandro se aprovechó a fondo de aquella bicoca, hasta el punto de que incluso Richard Hough, obsequioso biógrafo oficial del personaje, se ve precisado a reconocer que el príncipe de Hesse «dejaba transcurrir sus días entregado al vino, las mujeres y el juego». En 1847 su comportamiento había llegado a tales extremos que el zar tuvo que leerle la cartilla, conminándole a centrar su interés en una mujer, en lugar de media docena, y reducir sus hábitos de jugador y bebedor.

La elegida por el penitente fue la condesa Sofía Shuvalov, una muchacha adinerada, cándida y morena con la que empezó a flirtear abiertamente, aunque los Shuvalov se oponían a la relación de su heredera con el sátiro. El 5 de enero de 1848, en el baile al que hemos hecho referencia, Alejandro y Sofía habían decidido compartir una mazurca. Y luego ya se vería.

La condesa madre, siempre al quite, descubrió el propósito y transmitió al pretendiente, por medio de una dama de honor, un billete donde le advertía que, si insistía en bailar con Sofía, se la llevaría a casa y la encerrarían.

Alejandro, pálido de ira, hizo pedazos la nota y, tomando a la recadera entre sus brazos, con gesto de supremo desdén, se entregó a una danza frenética.

De este modo, a los sones de una mazurca, empezaba a echar raíces la dinastía de los Battenberg.

Una preñez secreta

Julia Hauke, la correveidile con quien el despechado bailarín acababa de entablar relación, tenía veintitrés años, una nariz peculiar —que restaba belleza a su rostro, más atractivo que hermoso— y un átomo de vulgaridad. Era huérfana de un militar de origen polaco, Mauricio Hauke, que poco antes de morir asesinado en una calle de Varsovia, en 1830, a manos de los patriotas contrarios al zar, había sido nombrado ministro de la Guerra y elevado al rango de conde por su fidelidad zarista. La viuda del occiso falleció, loca de dolor, semanas después. El emperador ruso acudió en ayuda de la familia, destinando a dos hijos a la milicia y a las hijas —la menor era Julia— al servicio palatino, que les permitiría, llegada la edad, ocupar el puesto de damas de honor de la zarina.[23]

En el momento de conocer a Alejandro de Hesse, Julia estaba

23. En realidad (*véase el esquema genealógico de los Hauke*), la familia se hallaba dividida en sus opiniones políticas, pues los tres hermanos mayores de Julia se alineaban, con los patriotas polacos, contra el poder del zar, representado por su propio padre.

empleada como azafata de la princesa heredera, justamente la hermana de su inopinado compañero de baile. Puesto que no era bonita, ni rica, ni de rancio abolengo, la Hauke se había creído hasta entonces destinada a vestir santos o, en último extremo, a unirse a un oscuro barón de provincias. La endiablada mazurca con un galán que se mostraba tan fogoso como desairado abrió ante los ojos de Julia una posibilidad —¿locura?, ¿ensueño?— que no era cuestión de desaprovechar.

La dama de honor traza meticulosamente sus planes, que inicia ofreciéndose a Sofía Shuvalov como celestina de sus amores. La romántica jovencita le confía, sin sospecha, sus mensajes amorosos, que Julia transmite diligentemente al pollo. Pero el día del cumpleaños de Alejandro desliza, junto al billete de Sofía, una poesía propia elaborada para la ocasión. Es tan explícita, que a Alejandro se le abren los ojos. Días después, Julia ya es su amante. Por desgracia para ellos, el zar los sorprende fundidos en un apasionado abrazo. Mas no llega la sangre al río. Al príncipe se le *recomienda* pasar una larga temporada en Darmstadt, la capital donde reina su familia. Sin duda el emperador piensa que la Hauke no es sino otro nombre más en la kilométrica lista de conquistas de Alejandro. Nadie puede creer que el idilio del príncipe de Hesse y la dama de honor pueda llegar a convertirse en cosa seria.

A mediados de 1851, Alejandro, que ha regresado a San Petersburgo, reanuda en secreto su relación con Julia. Los emperadores han descartado a la condesa Shuvalov y destinan a una sobrina, la gran duquesa Catalina, para esposa del príncipe de Hesse. Entonces, casi como golpe teatral, la Hauke anuncia a su amante que está encinta y le arranca la promesa de casarse con ella para legitimar a su descendencia. Estalla la ira de la Casa Imperial y Alejandro se ve precisado a abandonar su carrera militar y salir de Rusia. Los escribas que a lo largo de un siglo han estado al servicio de los Battenberg transforman la dura realidad en un cuento de hadas: «Alejandro, locamente enamorado, se ha declarado a la inocente dama de honor, la cual, en su alborozo y excitación, ha comunicado la nueva a su entorno, lo que conduce a la inevitable confrontación con el zar.» Ni una palabra del enojoso embarazo.

El lector de hoy debe situarse en el meollo de aquella situación, propia de su época y su medio social: Alejandro es hermano de la princesa heredera que un día no lejano será coronada emperatriz de todas las Rusias. Para la corte, la aristocracia y los altos estamentos del Imperio resulta impensable que una simple dama de honor se convierta en cuñada de la zarina.

El 28 de octubre de 1851, veintiocho días después de su huida de San Petersburgo, el príncipe Alejandro de Hesse se casa en Breslau, territorio prusiano, sin la presencia de su familia ni sus amigos, con Julia Hauke, preñada de cinco meses.

Esqueletos en el armario

La pareja no tiene dónde ir y busca refugio en el país natal del novio, Hesse, donde ya reina su hermano mayor, Luis III. Como la etiqueta se superpone a cualquier afecto familiar, el gran duque tiene que declarar «morganático» el matrimonio (es decir, la esposa desigual en rango no pude compartir el de su marido) y la titula, para denominarla de algún modo aceptable, «condesa de Battenberg», nombre de un castillo en ruinas, antigua posesión de una dinastía que participó en las cruzadas y se halla extinguida. Se notifica oficialmente que los eventuales hijos de la pareja no tendrán derecho alguno a la sucesión de la corona de Hesse. Los Battenberg serán una rama desgajada del linaje, a la que se ha otorgado distinto apelativo precisamente para evitar confusiones con los restantes miembros de la estirpe. Por descontado, el «hijo del pecado» que está en camino no nacerá en la patria de su padre, sino en Estrasburgo, el 15 de febrero de 1852, cinco meses antes de que sea registrado con fecha simulada, en los anales civiles de la familia, pues ni el gran duque Luis III ni el propio padre de la criatura son partidarios de que, al escándalo que ha causado el matrimonio con la dama de honor, se una la razón que ha llevado, con prisa, a contraerlo. El secreto se custodia en los archivos durante generaciones y ésta es la primera vez que se da a conocer en nuestro país, donde todo lo referente al estado de gestación de Julia Hauke, fundadora de la dinastía Battenberg y abuela paterna de la reina Victoria Eugenia, ha sido soslayado con prudencia mal entendida por los historiadores, que lo han considerado como un esqueleto en el armario.[24]

24. El primer historiador que se percató del engaño fue el conde Egon Corti, que en su obra *Unter Zaren und Gekronten Frauen* (1933) lo dio a entender veladamen-

Julia Hauke, fundadora de la dinastía Battenberg, la antepasada escamoteada de los Borbones españoles.

Alejandro de Hesse, el príncipe que desposó a Julia, dama de honor de la corte zarista, tras dejarla embarazada.

Enrique (Liko) *de Battenberg, hijo de Julia y padre de la reina doña Victoria Eugenia.*

La princesa Beatriz de Gran Bretaña, esposa de Liko. Su hija introdujo la hemofilia en la Casa Real española.

Luis III se niega a otorgar a su hermano Alejandro el puesto relevante que reclama en el ejército gran ducal. Como, por otra parte, ha sido licenciado del ruso, el príncipe de Hesse se ve constreñido a pasar al servicio de Austria para continuar su carrera en las armas.

La condesa de Battenberg dará cinco hijos a su marido: María, Luis, Alejandro (alias *Sandro*), Enrique (llamado *Liko*) y Francisco José. La pareja vive aparentemente en buena armonía. Julia, agradecida al príncipe que la ha hecho su esposa, intenta ponerse a su altura. Pero la realeza de su tiempo nunca la aceptará: un amargo cáliz que agriará su existencia y la llevará incluso a considerarse nociva para la carrera de su marido. Desdeña a su prole, que entrega a manos de gobernantas. Es triste leer, hoy, las memorias que nos ha legado su hija María: «Mamá siempre se mantuvo ajena a nosotros; probablemente nos quería, pero no estaba en sus hábitos demostrarlo...»

Para intentar paliar aquella situación, causada por los desplantes que de las cortes reales recibía, Alejandro suplicó en 1858 a su hermano mayor que elevase a su esposa e hijos al rango de príncipes de Battenberg, con el tratamiento de altezas serenísimas, aunque los niños continuasen sin derechos sucesorios a la Casa de Hesse. Luis III consintió y Julia se mostró encantada de arañar el estatus de la realeza. Tiempo después, abjuró de su fe católica y se convirtió al protestantismo.[25]

El truco del «principado de Battenberg» sacado de la manga no sirvió de gran cosa y sus reales contemporáneos continuaron haciendo pasar a Julia por la puerta de servicio, lo que la sacaba de sus casillas. Se retiró con sus crías a Heiligenberg, una vasta hacienda cercana a Darmstadt, donde se rodeó de un ambiente artificialmente refinado. Doña María de las Nieves de Braganza, esposa del pretendiente carlista don Alfonso Carlos de Borbón, escribía por entonces una nota mordaz y divertida:

---

te. La familia, lívida, hizo desaparecer la documentación referente al asunto, pero en 1976 Alain Giraud y otros autores de una obra genealógica monumental, *L'Allemagne dynastique*, publicaron la partida de nacimiento del «fruto del pecado», fechada correctamente en Estrasburgo y no cinco meses después en Suiza, como se había pretendido hacer creer. Finalmente el director del Archivo de Estado de Hesse confirmó la veracidad de los detalles al historiador británico Antony Lambton, en 1989, ¡veinte años después del fallecimiento de doña Victoria Eugenia!

25. Su nieta Victoria Eugenia, en 1906, procedería a la inversa.

Rarísima fotografía del príncipe Alejandro de Hesse con su esposa morganática Julia Hauke en la época de su unión.

Enrique de Battenberg y la princesa Beatriz, bisabuelos de Juan Carlos I, el día de su enlace.

La reina Victoria de Inglaterra mantuvo a los Battenberg perpetuamente a su lado (Victoria Eugenia, niña, junto a su abuela).

Fotografía de Victoria Eugenia, enviada a su madrina Eugenia de Montijo, con su primer vestido largo.

Los Hauke

Los antepasados escamoteados de Juan Carlos I

Familia originaria de los Países Bajos («*Van der Haacken*»), pasada a Sajonia («*Haucke*»)
y luego a Polonia («*Hauke*») en el siglo XVIII.

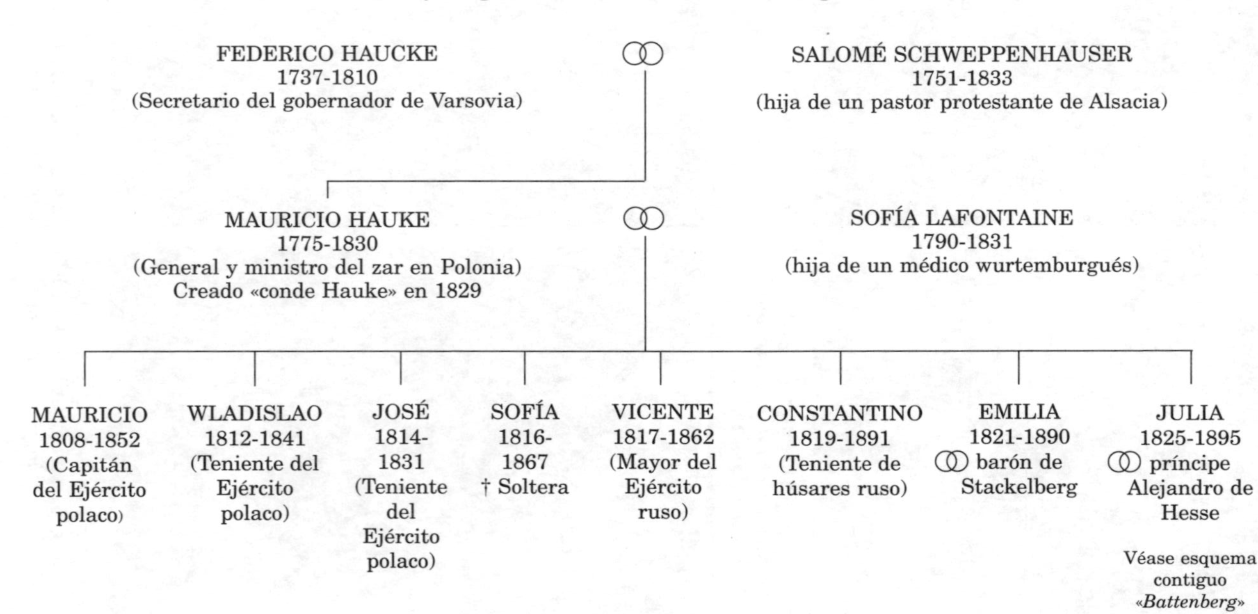

Los Hesse
y la rama morganática de Battenberg

LUIS II
1777-1848
Gran Duque de Hesse
⚭
GUILLERMINA DE BADEN

Matilde de Baviera ⚭ LUIS III
1806-1877
Gran duque de Hesse

ALEJANDRO
1823-1888
Príncipe de Hesse
⚭
JULIA HAUKE
1825-1895
(creada «princesa de Battenberg»)

MARÍA
1824-1880
⚭
Alejandro II de Rusia

MARÍA DE BATTENBERG
1852-1923
⚭ Conde Gustavo de Erbach-Schönberg

LUIS DE BATTENBERG
1854-1921
⚭ Victoria de Hesse

ALEJANDRO *(SANDRO)* DE BATTENBERG
1857-1893
(Príncipe de Bulgaria)
⚭ Johanna Loisinger

ENRIQUE *(LIKO)* DE BATTENBERG
1858-1896
(creado «Alteza Real» por Victoria de Inglaterra)
⚭ Beatriz de Gran Bretaña

FRANCISCO JOSÉ DE BATTENBERG
1861-1924
⚭ Ana de Montenegro

ALEJANDRO
1886-1960
⚭ Lady Irene Denison

VICTORIA EUGENIA *(ENA)*
⚭ 1887-1969
Alfonso XIII de España

LEOPOLDO
1889-1922
† Soltero

MAURICIO
1891-1914
† Soltero

> Comimos anteayer en casa de Alejandro. La tienen tan linda y preciosamente arreglada que la nuestra parece una venta en comparación. Su mujer hace los honores de su casa como no lo haría mejor una verdadera princesa... (Inédita. *Archivo Borbónico*. Parma [caja 113].)

Pocos visitaban a la advenediza, pero Julia poseía el temperamento ideal para la intriga, y puesto que en su juventud no había tenido casi nada, ahora deseaba acapararlo todo (dos rasgos distintivos de su descendencia). Para sus hijos —«los hijos de Alejandro», decía ella— ambicionaba tenazmente una posición que les librara del «estigma» de su origen morganático. En este sentido, no cejó hasta que a su hijo Sandro, la estrella de la familia, lo sentaron en 1879 —gracias a su parentesco con su tía María, ya emperatriz de Rusia— en el recién creado principado de Bulgaria, un trono bamboleante que todos los príncipes de Europa habían rechazado y que Julia, por el contrario, le alentaba a mantener. Sandro sólo lo ocupó siete años, antes de dejar libre el trono a otro monarca más competente, Fernando de Sajonia-Coburgo.[26] Escarnecido y abandonado, el destituido Sandro acabó casándose con una cantante de ópera, Johanna Loisinger. «Jamás consentiré el matrimonio», escribió Julia al enterarse de estos planes de boda. La antigua dama de honor había terminado por creerse su propia caracterización de princesa de abolengo... Su furor culminó al saber que la mujer de su hijo había adoptado el título de «condesa de Hartenau», una alquería cercana a Battenberg...

Otro hijo de la Hauke, Luis, más despierto que su hermano, se casó con una sobrina no muy atractiva, Victoria de Hesse, y se enroló al servicio de Inglaterra, en cuya flota alcanzó el grado de almirante. Descendiente de esta pareja fue lord Louis Mountbatten, que el IRA hizo saltar por los aires en 1979.

La única hija de Julia, María de Battenberg, fue casada con un noble alemán de escaso relieve, el conde de Erbach-Schönberg. En

26. Alejandro de Battenberg (1857-1893) aceptó ocupar el trono de un nuevo país, el principado de Bulgaria, arrancado a los turcos, y donde el poderío ruso pretendía asentar sus reales a través de un monarca títere. Alejandro fingió serlo, mas pronto quiso sacudirse la tutela zarista. Maniobró mal y tuvo que abdicar. Fue sustituido por un príncipe de Coburgo (abuelo del actual Simeón II), que actuó con habilidad y elevó su principado balcánico a la categoría de reino.

Alfonso XIII y Victoria Eugenia de Battenberg el día de su boda, que resultó sangrienta.

La reina doña Victoria Eugenia, con el manto de las reinas de España, determinó unos concretos atavíos para su corte.

La mujer de Alfonso XIII con sus seis hijos vivos. De izquierda a derecha: Alfonso, Juan, Beatriz, Gonzalo, María Cristina y Jaime.

cuanto al benjamín de la familia, Francisco José, obsesionado por la idea de contraer alianza con una casa reinante, sólo consiguió la mano de la princesa Ana Petrovic-Niegosh, cuyo padre criaba cabras en su corte de Montenegro.

Restaba un hijo, Enrique de Battenberg, el apuesto Liko, predilecto de su madre. Era preciso afinar la puntería.

Liko cree dar en el blanco

Nadie sabía qué hacer con Liko. Las turbulencias del gobierno de Sandro en Bulgaria no acreditaban a los Battenberg como personas adecuadas para ceñir una corona, siquiera balcánica. El casamiento con una princesa bien situada hubiera podido resolver la zozobra de Julia. Pero ninguna familia real importante estaba dispuesta a aportar a una de sus hijas en beneficio de su retoño preferido.

Liko se encontraba tan desesperado que no extrañó a nadie la noticia aparecida en los diarios de París en que se anunciaba que el joven Battenberg había requerido los servicios de madame Lacroix, una famosa alcahueta de la alta sociedad que concertaba matrimonios, mediante sustanciosa tarifa, entre arruinados aristócratas europeos y multimillonarias norteamericanas, las llamadas «princesas del dólar».

Liko, inscrito primero en el ejército sajón y luego en el prusiano, donde su apostura brilló más que su coraza, repasó con inquietud, junto a su madre, las páginas del almanaque «Gotha». ¿Realmente no quedaba ninguna princesa de calidad? Luis, desde Londres, echó una mano: en la corte del Támesis, informó al clan, vegetaba una rolliza y apocada princesa a la que podría engatusarse sin gran dificultad.

En efecto, a sus veintisiete años —uno más que Liko— la princesa Beatriz de Gran Bretaña, hija menor de la reina Victoria, se había convertido en la soltera de la familia y en una especie de ayuda de cámara de su madre, que —puesto que sus restantes hijas se habían apresurado a desaparecer en pos de sus respectivos maridos— no consentía en separarse de ella, manteniéndola encadenada a su flanco, con la vaga esperanza de sustraerla a cualquier sentimiento romántico que justificara su alejamiento.

Julia estudió el estado de la cuestión y convenció a Liko de que

Doña Victoria Eugenia, en el exilio, luciendo los pendientes y el collar de esmeraldas que adquirió para su coronación Farah Diba, emperatriz de Irán.

«Reina viuda» según el protocolo franquista, «Reina madre» para los monárquicos, doña Victoria posa junto a sus hijos, los condes de Barcelona, y su nieto Juan Carlos.

Es poco conocido que doña Victoria Eugenia actuó como madrina de Alberto de Mónaco (a la izquierda), diez años antes de llevar a la pila bautismal a su bisnieto Felipe de Borbón y Grecia.

la hazaña merecía intentarse. El joven, obediente y encantador, *coincidiría* con Beatriz en una boda en Darmstadt. La oronda princesa (que sólo había sido requebrada —a la fuerza— por el hijo de Eugenia de Montijo) no daba crédito a sus ojos: un chico guapísimo, de arrogante mostacho y albo y resplandeciente uniforme le lanzaba suspiros y miradas constantes. Liko no perdió el tiempo, a la par que ella perdía la cabeza. Cuando Beatriz confesó a su madre que deseaba casarse con Enrique de Battenberg, la reina Victoria dejó de hablar a su hija durante siete meses. Le enviaba notas a través de un mayordomo aunque la tuviese sentada a su lado. Luego capituló. Con una condición: Beatriz no iría a instalarse al país de su esposo, sino que Enrique aceptaría formar su hogar en Inglaterra y el matrimonio habitaría permanentemente junto a ella. Julia de Battenberg, que no deseaba otra cosa, apresuró los trámites del matrimonio; quedó estipulado que su querido Liko pasaba a adquirir la nacionalidad británica, pero elevado al tratamiento de «Alteza Real», conferido por su suegra. También se acordaba que los eventuales hijos de la pareja ostentarían, desde su nacimiento, el tratamiento de «Alteza», superior al de «Alteza Serenísima» que Enrique abandonaba al dejar de ser un secundario Battenberg alemán.[27]

Liko —y, por ende, su madre— quizá creyeron que la párvula princesa había caído en la trampa. En realidad, quien acababa de tapiar su destino era el apolíneo garañón.

Burlas y desdenes

Pocas semanas antes de la boda de Beatriz y Enrique, celebrada el 23 de julio de 1885, el emperador de Alemania, Guillermo I, escribía al zar de Rusia:

27. En virtud de esta transfiguración (Real Decreto de 23 de julio 1885), el posterior matrimonio de Alfonso XIII con Victoria Eugenia, vástago de la pareja, pudo ser considerado de rango «igual», aunque la sombra de la Hauke planeó durante dos generaciones sobre sus descendientes. No se comprende el rigor de don Alfonso respecto a los matrimonios morganáticos de sus hijos mayores y sus dos hijas. En este punto, su prole tenía el techo de cristal, si bien su enlace con doña Victoria Eugenia no transgredió las disposiciones de la dinastía española, en razón de lo expuesto.

> Hemos quedado perplejos al recibir el telegrama de Victoria en que anuncia el compromiso de su hija menor con el tercero de los chicos Battenberg. ¡A tales extremos ha tenido que descender la reina de una antigua dinastía para conservar a su hija cerca de ella! Mi hijo Federico [casado con la hija mayor de la soberana inglesa] dice que se le hace insoportable la idea de tener a un Battenberg como cuñado.

La emperatriz añadía una posdata en que informaba de que Liko «pasa por ser un hombre insignificante. No le conozco y no deseo mantener relaciones de esta clase».

Cuando un año después de su matrimonio Beatriz y Enrique visitaron Berlín, el káiser alemán rehusó al marido de la princesa inglesa la precedencia debida a las altezas reales. Enrique, para evitar nuevos desaires, resolvió viajar lo menos posible a las cortes europeas. Era justamente lo que la reina Victoria soñara: un yerno perpetuamente pegado a las faldas de su inseparable Beatriz, unida a ella como la uña a la carne. La vida del joven Battenberg dependía por completo de los humores de su suegra. En Windsor, Balmoral u Osborne, las residencias preferidas de la vieja soberana, Beatriz hablaba y hablaba con su madre, mientras Enrique perdía el hilo de conversaciones muy vacuas y se quedaba como atontolinado, con la vista perdida en el horizonte.

A falta de otra distracción, Liko fabricaba hijos: Alejandro nació en 1886; Victoria Eugenia (llamada Ena) al año siguiente; Leopoldo en 1889; Mauricio en 1891. Los dos últimos estaban aquejados por una enfermedad entonces casi mortal, la hemofilia, que impedía la cicatrización de las heridas, por leves que fuesen. Las mujeres podían transmitirla. La descendencia de los príncipes de Battenberg iba, en la persona de Victoria Eugenia, casada con Alfonso XIII, a ocupar un día el trono de España. Nuestra dinastía pagaría por ello un alto precio.

Alejandro de Hesse, el antaño legendario libertino, falleció en 1888, de cáncer. Julia Hauke, la mujer que había trastocado su vida, le sobrevivió otros siete años, encerrada en Heiligenberg, aquella propiedad cercana a Darmstadt desde donde intentara en la sombra mover los hilos a favor de la dinastía por ella fundada. Apenas seis semanas después de su desaparición, Liko, liberado de la influencia materna, osó protestar, por primera vez en su vida de casado. Se rebelaba contra el tedio, la monotonía, la frustración aniquiladora. Su suegra lo había nombrado «gobernador y capitán general» de la minúscula isla de Wight, nada menos. La prensa, que nunca había apreciado su transmutación germánico-anglófila, lo tomaba a broma. *Vanity Fair* escribía estas líneas sarcásticas: «No todos nosotros podemos ser desmorganatizados, creados altezas reales y caballeros de la orden de la Jarretera en un parpadeo.» Fue la gota que colmó el vaso: Liko pidió autorización a su suegra para combatir bajo la bandera inglesa en la guerra contra el exótico rey Kwaka Dua III de los ashanti, en la actual Ghana. Apelaba a su «patriotismo inglés». La reina no pudo negarse. ¿Y Beatriz? ¿Llegó a comprender alguna vez que aquel marido a quien aplastó con su afán posesivo, tan acusado en las enamoradas poco atractivas, había huido literalmente a África para escapar de una atmósfera familiar que se le había hecho irrespirable? ¿Acaso su propia hermana, la princesa Luisa, duquesa de Argyll, no le confesó, muchos años más tarde, en el curso de una terrible discusión, «que ella sola había sido la confidente de Liko» y que Beatriz no había significado nada para él?

Pobre Liko Battenberg, bisabuelo de don Juan Carlos. Ni siquiera cuando le dejaron evadirse de su jaula dorada consiguió la felicidad. Nunca llegó a su destino africano, porque se lo llevó la malaria a bordo del barco que lo conducía a su heroica quimera. Su cadáver regresó a Inglaterra inmerso en ron, para su mejor conservación, en una especie de tinaja fabricada con cajas de galletas.

Al recibir la noticia de la muerte de su marido, según un periódico, Beatriz «conservó toda su excelsa entereza». Pero cuando supo el modo en que habían sido trasladados los restos de Liko, sufrió un *shock* y se desmayó.

Princesas de capa caída

Ena contaba ocho años cuando falleció su padre. Era una niña extremadamente rubia, de ojos azules y complexión fuerte, educada en la aburrida sociedad de su abuela. La muerte de su otra abuela, Julia, y la de su padre no afectaron demasiado el ánimo de la pequeña. En cambio, la desaparición de la reina Victoria, en 1901, significó un cambio radical en su vida.

Beatriz había sido la mano derecha de la anciana soberana y, en cierto sentido, hasta había llegado a creerse la segunda dama de su corte. De la noche a la mañana, la situación cambió y su importancia perdió significado. Los palacios reales eran ahora las residencias del nuevo rey, Eduardo VII —hermano mayor de Beatriz—, casado con Alejandra de Dinamarca. La princesa Beatriz volvía a ocupar el lugar protocolario que le correspondía: el último, como hija menor de la difunta reina, que antes que ella había tenido cuatro hijos y otras cuatro hijas.

El nuevo rey, cortés pero firmemente, desalojó a su hermana menor del palacio de Osborne, en la isla de Wight, su más dilecta residencia, y lo convirtió en Escuela Naval. Beatriz tuvo que trasladarse con sus hijos a Osborne Cottage, un edificio cercano que la previsora reina Victoria le había asignado por testamento.

Si Beatriz se había resignado a volver a ser la última de las princesas reales, su hija Victoria Eugenia ocupó, a su vez, el lugar postrero en el escalafón de la familia, como hija de la hermana menor del rey. En las recepciones oficiales veinte nietas de la reina Victoria pasaban antes que ella.

Beatriz, casi tan orgullosa como aquella suegra Hauke que apenas tratara, prefirió desde entonces quedarse en su isla. Por la corte apenas se la veía, aunque, al igual que los restantes miembros de la familia real, tenía asignado un apartamento en el londinense palacio de Kensington.

Sólo en 1904 la viuda de Liko pareció salir de su letargo. El 23 de octubre de aquel año su hija Victoria Eugenia cumplía diecisiete años, y se puso de largo. No fue en una fastuosa fiesta, como algún historiador fantasioso ha jaleado, sino en Ryde, una pequeña población costera de la isla de Wight, aprovechando el baile anual del cuerpo de enfermeras de la localidad. Beatriz era roñosa por naturaleza y su sentido de la avaricia se había desarrollado al contacto con Enrique, codicioso desde niño hacia la posición y los honores que siempre se le regatearon. Ena envió varias poses fotográficas —que en aquella ocasión le habían tomado— a su madrina, la ex emperatriz Eugenia, que quedó impresionada por su belleza, y empezó a forjar planes. Alfonso XIII, el rey de España, dos años mayor que Victoria Eugenia, buscaba novia en Europa. La Montijo escribió a sus sobrinos Alba, grandes amigos del joven monarca, para que ponderasen el esplendor de aquella piedra preciosa. Pero la candidata con mayor predicamento era otra sobrina del rey Eduardo VII, la princesa Patricia de Connaught, que Alfonso tendría la oportunidad de conocer en el curso de un viaje de Estado a Londres programado para el mes de junio de 1905. Ena fue invitada, con su madre, a participar en un almuerzo para 120 invitados ofrecido por el monarca británico a su visitante. El ilustre Azorín, corresponsal del diario *ABC* en la capital del Támesis, llegó a comunicar a sus lectores que Patricia «es considerada aquí por todos como la futura reina de España». Pero el destino iba a decir la última palabra.

Capricho y ofuscación

A Alfonso XIII, que le gustaban todas, la princesa de Connaught no le desagradó. Aunque no se la podía considerar una belleza, era muy esbelta, distinguida y educada; le debía de recordar a su madre, doña María Cristina de Habsburgo, viuda de Alfonso XII, que durante la menor edad del rey niño había ejercido en Madrid la regencia.

En cambio, Patricia quedó espantada del mentón caído del rey de España y comentó a sus íntimos que don Alfonso, físicamente, le repelía. Como no ignoraba que su conversión al catolicismo era condición fundamental para la resolución del casamiento, alegó que jamás pasaría a la obediencia papista, porque la apostasía repugnaba a su conciencia. Y sanseacabó. Alfonso XIII, con típica soberbia de aristócrata español, encajó el golpe borrándola *ipso facto* de su mente, y dedicó sus atenciones a otra sobrina del monarca inglés que, por otra parte, era mucho más guapa: la princesa Ena de Battenberg. «El rechazo de Patricia o, mejor, el que trascienda su desdén, echa materialmente a Alfonso XIII, en una actitud típica de adolescente humillado, en brazos de la princesa Ena», ha escrito lúcidamente Rafael Borràs en su biografía *El Rey perjuro* (1997).

Desde que Alfonso y Victoria Eugenia se conocieron hasta que formalizaron su noviazgo, apenas transcurrieron seis meses. Más que enamorada, Ena debía de sentirse deslumbrada. El hecho de que sobre ella —protocolariamente la última de las princesas en la línea de sucesión al trono inglés, y Battenberg para mayor inri— recayese la elección del rey de España, el mejor partido, en aquel momento, de la realeza europea de su tiempo, la fascinaba. La antigua regente, doña María Cristina, veía quizá las cosas de otro modo, pese a que Eugenia de Montijo se empleó a fondo para convencerla de que Ena era una perla rara. El idilio fue de hechizo en hechizo, con cartas, postales y esporádicos encuentros en playas francesas. Alfonso, hombre acostumbrado a que todos hicieran siempre su santa voluntad (no en vano había nacido rey, póstumo y único varón de Alfonso XII, y sólo había recibido halagos e incienso), se empeñó en salirse con la suya, aupando a aquella belleza rubia al trono, donde todos podrían admirarla. Y de paso, envidiarle a él. Rechazado por Patricia de Connaught, llevaría a España la más hermosa princesa que soñarse pudiera; nada ni nadie le descabalgaría de su propósito de niño consentido. Ni siquiera la hemofilia, germen de destrucción que, apenas tres años después, iba a convertir en cenizas aquel enamoramiento tan inflamado en sus inicios.

La abjuración

Empeñado el joven rey en su elección, los muros de Jericó fueron cayendo, uno tras otro. El primer escollo era, naturalmente, el religioso. Sitúese el lector en aquella época, donde una reina de España de confesión diferente a la católica resultaba inconcebible. Existía, además, un problema que no he visto reflejado en estudio alguno. Victoria Eugenia no era anglicana, como todos los autores dan por sentado, sino presbiteriana. Había nacido en el castillo escocés de Balmoral y su abuela Victoria insistió en que fuera bautizada según el rito de la Iglesia de Escocia, de vocación calvinista y mucho más rigurosa que la doctrina oficial anglicana. Su conversión a la Iglesia romana constituía, para los bautizados en su credo, algo muy grave. Ena, sin embargo, manifestó enseguida su predisposición para abjurar y pasar a la obediencia del Papa. Gerard Noel, su mejor biógrafo, no dudó en entrar a saco en este tema delicado: «Su cambio de fe —opina— se basó más en la necesidad que en la convicción; siempre siguió siendo más protestante que católica en su manera de ver las cosas, y nunca se libró en el futuro de la incómoda sensación de haber traicionado su credo religioso.»

Después de recibir una somera preparación por el obispo católico de Nottingham, Victoria Eugenia abjuró de su fe el 7 de marzo de 1906, en la capilla del palacio de Miramar, en San Sebastián. Su futura suegra actuó como madrina y la neófita conservó sus tres primeros nombres —Victoria Eugenia Julia—; añadió uno, compuesto, en homenaje a la madre de su marido —María Cristina—, y redondeó el céltico Ena transformándolo en su equivalente castellano, Eva.

El rango y la dote

El segundo escollo a salvar no presentaba demasiadas dificultades. Los prejuicios contra la familia Battenberg persistían entre la realeza europea, a la que aquel matrimonio les parecía de chiste. («*¡Así que Ena va a convertirse en reina de España!* —escribía atónita la gran duquesa de Mecklemburgo a una sobrina—. *¡Una Battenberg, qué gracioso!*») Pero Victoria Eugenia, si bien por arte de prestidigitación, como hemos visto, había nacido con el rango de Alteza. Aunque no era necesario, Alfonso XIII solicitó de Eduardo VII un pequeño favor: ¿podría elevar un grado más a su novia, convirtiéndola en Alteza Real? El monarca inglés no puso objeciones y, el siguiente 3 de abril, firmó el diploma de concesión, que no se hizo público en España, donde se prefirió dejar creer que el rango le pertenecía por nacimiento:

> La princesa Victoria Eugenia de Battenberg será desde este momento titulada y llamada «Su Alteza Real», con este tratamiento antepuesto a su nombre y a los títulos que le pertenecen, en todos los documentos e instrumentos de Estado donde su nombre sea inscrito. Y autorizo a mi querida sobrina para que, de ahora en adelante, asuma, use y sea llamada con dicho tratamiento de Alteza Real.[28]

La tercera cuestión era la más fácil, según el criterio de Alfonso XIII, pues se trataba de la dote. El rey de España, garboso, no pedía un centavo. Eduardo VII, que conocía la cicatería de su hermana Beatriz, la puso en un brete con esta notificación:

28. College of Arms, de Londres; sección *Royal Warrants* de 1906. Muchos años después, cuando Carmen Martínez-Bordiu se vio elevada por su abuelo, el general Franco, como consorte del duque de Cádiz, al rango de Alteza Real, no faltó quien comparara aquella *promoción* a la de Ena por su tío Eduardo VII.

> Aunque no se solicite dote oficial para la princesa Victoria Eugenia, ésta recibirá de su madre cierta cantidad de dinero, si bien se trata de un asunto privado.

Al abrazar el catolicismo, Ena había quedado excluida automáticamente de la eventual sucesión al trono inglés, según el llamado *Act of Settlement* de 1700, al que todavía están sometidos los miembros de la familia real británica. Una renuncia expresa no fue, por tanto, necesaria, sino que se incluyó en el tratado de Estado convenido entre España y el Reino Unido, que se firmó el 6 de mayo y revistió una extraordinaria importancia con vistas a las disensiones que en el porvenir surgieron entre la entonces feliz pareja:

> S.M. el Rey Don Alfonso XIII se compromete a asegurar a S.A.R. la Princesa Victoria Eugenia, desde la fecha de su matrimonio, una asignación anual de 450.000 pesetas. Su Majestad se compromete también, si por voluntad de la Divina Providencia la referida Princesa quedase viuda, a asegurarle, desde la fecha de su muerte, una asignación anual de 250.000 pesetas, a menos y hasta que contraiga un segundo matrimonio, habiendo sido ya votadas por las Cortes españolas ambas asignaciones.
>
> Otrosí, las altas partes contratantes toman nota del hecho de que S.A.R. la Princesa Victoria Eugenia, conforme al tenor de la ley inglesa, pierde para siempre todos los derechos hereditarios de sucesión a la Corona de Gran Bretaña e Irlanda y a los Dominios a ella pertenecientes o a cualquier parte de los mismos.

Todas las precauciones habían sido tomadas menos una, que a la larga condujo al desastre.

La amenaza hemofílica

El problema que se soslayó, pese a tener un fundamental alcance para el futuro de la Monarquía española, fue la tara hemofílica que, según hemos consignado, aquejaba a aquella rama de los Battenberg y que, en consecuencia, Victoria Eugenia podía transmitir a sus descendientes.

¿Estaba al corriente Alfonso XIII, en el momento de sus esponsales, del incalculable daño que podía acarrear la enfermedad a su dinastía? Lamentablemente, hoy parece probado que lo sabía. En 1958 el historiador inglés David Duff publicó una biografía de la princesa Beatriz, autorizada por su hija Victoria Eugenia, quien, según consta expresamente en el prólogo, leyó la obra antes de ser editada. En este libro, olvidado por los historiadores del reinado alfonsino, *The Shy Princess,* aparece en la página 208 la siguiente y categórica afirmación:

> Apenas fallecida la reina Victoria, Beatriz pasó a residir en Osborne Cottage. Su hijo Leopoldo, que a la sazón tenía doce años, sufría el *hándicap* de la hemofilia. Aquella dolencia en la sangre significó para Beatriz una gran carga a lo largo de toda su vida.

El autor, tal vez por prudencia, o porque el lápiz rojo de doña Victoria Eugenia así se lo sugirió, sobrevoló el hecho de que no sólo Leopoldo, sino también otro hijo de Beatriz, el príncipe Mauricio, fue víctima de la hemofilia, aunque en grado menos agudo que su hermano. Pero bastan los anteriores renglones para demostrar que la princesa viuda de Battenberg era perfectamente consciente de la situación que amargaba su existencia, y no sería digno de personas honestas suponer siquiera que la perspectiva de sentar a su hija en un trono real le empujase a celar aquel gravísimo extremo.

A mayor abundamiento, en otro pasaje, Duff absuelve, expresamente, de responsabilidad a la futura suegra de Alfonso XIII, cuando describe el nacimiento del primer hijo de los soberanos españoles:

> Pronto se supo que Alfonsito sufría de hemofilia. En esto reside la tragedia de la princesa Beatriz. *Tanto ella como los consejeros del monarca español conocían, en el momento del compromiso matrimonial de la pareja, el riesgo que ambos corrían.* Pero estaban muy enamorados y el rey Alfonso nunca temió arriesgarse.

No se puede ser más claro. Pero como algún suspicaz pudiera aducir que la exiliada reina Victoria Eugenia pretendía lavar *a posteriori* la memoria de su madre, descargando la responsabilidad en el fogoso galán, «cegado por el amor», aportamos otros dos testimonios que nos parecen definitivos. El primero es el de Robert Sencourt, historiador británico íntimo de los reyes de España —y gran defensor del caído Alfonso XIII—, que ya en 1932 (es decir, sólo un año después de iniciarse el regio exilio), afrontaba paladinamente, en la página 281 de su obra *Spain's uncertain crown,* la realidad del previo conocimiento de la enfermedad hereditaria por parte de don Alfonso, a quien no se le había ocultado. Contamos también, por último, con un testigo de excepción, la infanta doña Paz, hermana de Alfonso XII y tía carnal, por consiguiente, de Alfonso XIII, la cual en cierta ocasión declaró ante el ilustre historiador don Claudio Sánchez Albornoz —quien lo consignó en sus memorias— y otros varios presentes: «Cuando se proyectó la boda de Alfonso con la reina, le previnimos de que las Battenberg transmitían la hemofilia. No nos escuchó.»

El comportamiento del monarca español, llevado por el amor, la pasión o el deseo, resulta inexcusable. Como jefe de la Casa Real, la responsabilidad de don Alfonso XIII fue tremenda y total.

El amuleto de la reina

El 31 de mayo de 1906 se celebró la boda de Alfonso XIII con la nieta de Julia Hauke en la iglesia de San Jerónimo el Real de Madrid, y en la calle Mayor, como es conocido, un anarquista arrojó una bomba a la carroza ocupada por los novios, que se salvaron milagrosamente del atentado, aunque la explosión ocasionó varios muertos y heridos. Victoria Eugenia nunca pudo olvidar aquel sangriento espectáculo y no es de extrañar que, cuando paseaba en carruaje abierto, se la notase tensa y no sonriese. Pero su sangre Battenberg la obligaba a salir lo más airosa posible en su papel de reina, sobre el que estaban puestas las miradas de toda la rancia nobleza europea, tan crítica con su estirpe.

El estudio del castellano lo comenzó Ena en Londres, a finales de 1905, no mucho antes de la petición de mano, guiada por el profesor Eduardo Martín Peña, antiguo catedrático santanderino. Una vez en el trono, incomprensiblemente tuvo que aprender sola. Tardó más de año y medio en atreverse a hablar con los criados. Sin ningún maestro asignado, se había ejercitado ella misma en la lectura de algunos libros y la conversación con un par de damas de palacio, aunque sus altas camaristas —que la miraban por encima del hombro, conceptuándola una simple Battenberg— se dirigían a ella en inglés, que dominaban. En cierta ocasión, un dignatario extranjero se hizo cruces ante Alfonso XIII de lo bien que había aprendido la reina el castellano. Y el monarca, con sonrisa de eterno adolescente, respondió casi una descortesía: «A la fuerza ahorcan.»

Puedo añadir que cuando conocí a Su Majestad la reina doña Victoria Eugenia, en 1967, con ocasión de la boda de su nieta la infanta Pilar, me percaté de que el único escollo de la lengua castellana que nunca logró superar fue la pronunciación de la «erre». Como ella misma recordó, también la pronunciaba «un poco difuminada» su suegra, doña María Cristina.

La inicial falta de comprensión del idioma llevó a Ena a aislarse un poco en los primeros tiempos de su reinado. El historiador Robert Sencourt, ya citado, que gozó años después de la intimidad de la soberana, reconoce que tuvo «alguna dificultad de aclimatación» y que, «para hacerse querer de los españoles, la perjudicó ser muy inglesa». Sin que el autor británico viera en esto —lógicamente— un defecto, lo juzgaba un «obstáculo» para la «adaptación a cualquier otro ambiente». Y a renglón seguido, el biógrafo añade con flema que doña Victoria intentó sortear el camino, «pero sin abandonar sus preferencias y gustos británicos, en el tipo de hábitos y diversiones, y, cuando llegaron los hijos, en la educación de éstos».

La relación de la joven Ena con su suegra, doña María Cristina, solemne archiduquesa austriaca, fue, contra todo pronóstico, ejemplar. Victoria Eugenia experimentó hacia ella un respeto reverencial, aunque en ningún momento la reina madre llegara a inspirarle una verdadera atracción humana. La rígida tiesura de doña María Cristina soportó la flexibilidad ligera de su nuera, y viceversa. No resultaba difícil deducir el efectivo distanciamiento temperamental entre ambas, pero su perfecta educación evitó escenas. Además, las dos eran muy supersticiosas y les unía un sentido trágico del sino: *«Todo está cogido con alfileres y puede desaparecer en cualquier momento»*, era su lema. La reina madre, que había vivido como regente el desastre del 98 y la pérdida de las colonias, tenía siempre preparadas las maletas y había colocado gran parte de sus ahorros en el extranjero, con mucho provecho, según pudo comprobarse después de su muerte. Por su parte, Ena, Battenberg a fin de cuentas, se consideró siempre una reina de prestado y en sus memorias —extrañamente inéditas en España— confesó, desde el exilio, a su transcriptora, Geneviève de Vilmorin, esta frase reveladora:

> Siempre tuve conciencia de que algún día tendría que pagar por el privilegio de haber ocupado un trono.

Una anécdota que evidencia las tendencias supersticiosas de suegra y nuera es la siguiente. Ambas sentían debilidad por las herraduras que, según dicen, traen suerte y protegen a quien las posee. En 1931, semanas después de la caída de la Monarquía, una comisión encargada por el gobierno republicano de preservar el patrimonio nacional, efectuó una visita al palacio de Oriente. Alfonso XIII había dispuesto que se mantuviesen las habitaciones de su madre en el mismo estado en que ella las dejó al morir, en febrero de 1929. Los inspectores contemplaron entonces, colgado todavía detrás de la puerta del dormitorio regio, un abundante manojo de herraduras, sujetas por una cinta de seda. Según les explicó el ujier que les acompañaba, la señora, si en sus habituales paseos por la Casa de Campo veía alguna herradura caída en el suelo, se detenía o mandaba detener el coche para recogerla. Cuando, prosiguiendo la visita, llegó la comisión a la antigua alcoba de doña Victoria Eugenia —en el extremo opuesto del edificio—, también les sorprendió otro mazo de herraduras colocadas junto al cerco interior de una puerta.

Sin embargo, a veces los amuletos fallan.

Sopapos y resignación

Victoria Eugenia de Battenberg no pudo tener una descendencia más desgraciada. Dio siete hijos a la Monarquía española: el primogénito, Alfonso, y el menor, Gonzalo, fueron hemofílicos; el segundo, Jaime, sordomudo; otro nació muerto. Sólo uno, entre los varones, el infante don Juan, era perfectamente sano. Las dos hijas, Beatriz y María Cristina, podían ser transmisoras potenciales de la hemofilia y ninguna casa real europea aceptaría, llegado el momento, enlazar con ellas.

La imprevisión del propio deber dinástico causó la ruina conyugal de Alfonso XIII. Aquel rey a quien se había repetido desde la cuna que era perfecto no podía dar crédito al desastre sucesorio de su prole. Henry Valloton, uno de sus abogados suizos, testimonió: «Ciertamente, doña Victoria no tenía responsabilidad ninguna, y don Alfonso lo sabía muy bien, porque la gravedad de la dolencia no le había sido, en modo alguno, desconocida. Pero no podía resignarse a que su heredero hubiese contraído una enfermedad que la familia de ella tenía, y la suya no. Era injusto, él mismo lo reconocía, pero no podía pensar de otra manera. Era el rey al que hasta entonces todo le había salido bien, y que tenía en esta circunstancia su primer contratiempo.» Ricardo de la Cierva llega incluso más lejos: «Alfonso sintió creciente repulsión por su esposa y lo que es peor, por sus hijos. Es cierto que su sentido de la responsabilidad le impidió abandonarles; que volvió una y otra vez a Victoria Eugenia, física o al menos moralmente, y que hizo todos los esfuerzos necesarios para que la salud de sus hijos se aliviara e incluso se curara. Pero buscó en la evasión su principal consuelo, hasta que convirtió su vida en un continuo desenfreno, que se prolongó incluso después del destierro.»[29]

La favorita real, con la que el monarca mantuvo relaciones casi públicas, fue una actriz, tan bella como discreta, Carmen Ruiz Moragas, de la que tuvo dos hijos sanísimos que llevaron el apellido materno: Teresa y Leandro.[30] Pero sintió predilección por otro fruto ilegítimo, habido de Beatrice Noon, institutriz irlandesa de los infantes. La niña, calco físico de su progenitor —la entrevisté hace unos años en Antena 3 y todos mis compañeros presentes pueden dar fe de ello—, recibió el nombre de Juana Alfonsa y el apellido Milán (los soberanos españoles contaban entre sus títulos históricos con el ducado milanés) porque se juzgó que el materno, Noon, ponía en evidencia la violación de una deshonrada niñera del propio parvulario regio. Ya en el exilio, don Alfonso se paseaba con esta hija ilegítima del bracete por las calles de Ginebra. Ramón de Franch, un periodista español residente en Suiza, íntimo del rey desterrado, consignó: «La gente dio en pensar que era una nueva amante. Muerto el rey, ella misma ha descorrido el velo, introduciéndose con su propia ejecutoria en las altas esferas de la sociedad local. Habita un piso de alquiler, decentemente puesto en un buen barrio moderno. Allí se presentaba a menudo el rey, provisto de algún regalo y un caudal de cariño.»

29. *Victoria Eugenia, el veneno en la sangre,* 1992.

30. Aunque después de la caída de la Monarquía, la Moragas se declaró en un periódico fervorosa republicana y sustituyó, según recuerda un biógrafo, al soberano por un joven escritor valenciano. Falleció de cáncer en 1936, a los treinta y ocho años.

Don Pablo Beltrán de Heredia, que estuvo a punto de escribir en 1960 las memorias de doña Victoria Eugenia, hasta que otra pluma se inmiscuyó de manera hábil y desaprensiva en el asunto, ha contado una anécdota sobre la hija preferida de Alfonso XIII que merece ser divulgada: «Para comprender el intrincado ambiente que rodeó a doña Victoria, incluso en el destierro —explica—, me parece oportuno recordar un engaño cruel del que fue objeto en Lausana. Se debió ello a la presencia fortuita de una joven española que mostró muy especial interés en conocer a la soberana. Nacida en París, había sido legalmente inscrita por el embajador Quiñones de León —en uno de los muchos servicios, más o menos inconfesables, prestados al monarca— como hija de padres *non nommés.* El embajador actuó, asimismo, de padrino del bautizo, donde se le impuso el nombre de Juana. Es muy posible, también, que no dejara de participar en la maniobra para hacerle compartir un almuerzo con la reina. Porque fue Quiñones de León una de las muchas personas, de trato amistoso con Alfonso XIII, a las que doña Victoria retiró el saludo, en 1931, apenas cruzada la frontera. Unos años más tarde, lograrían reconciliarse, aunque en el alma de la mujer tantas veces agraviada nunca llegara a desvanecerse el poso de amargura dejado por las actuaciones de quienes sólo parecieron moverse por un rastrero servilismo. El comentario que del triste episodio hizo la reina tuvo un tono resignadamente entristecido: "No tardé en conocer la identidad de la mujer que se atrevieron a sentar a mi mesa".»

¡Cómo no iba a sospecharlo si Juana Alfonsa era la viva estampa del rey en rubia platino...!

«La pava real»

Seguramente la reina Victoria Eugenia fue más admirada que amada por los españoles. Eugenio Vegas Latapié, que la conoció bien, ha testimoniado en el segundo tomo de sus memorias: «Nadie osaba poner en duda su prestancia y singular belleza, aunque no pocas damas de la corte la tildaran de antipática y poco inteligente. Incluso entre quienes formaban la camarilla palatina, servilmente aduladores del rey, era conocida con cierto epíteto desdeñoso [la pava real], revelador del concepto en que se la tenía, frente al respetuoso afecto que siempre le demostraron los gobernantes más capacitados de Alfonso XIII.» Como era inglesa, y crecida en un sistema político constitucional, algunos la tenían por liberal, contraria a la dictadura de Primo de Rivera. Y no falta quien asegura que se pensó en ella como regente cuando se tambaleaba el trono de su marido, propuesta que la reina rechazó.[31]

Doña Victoria puso de moda en España la caridad. Protegió, era lo lógico, entidades como la Cruz Roja, la Fiesta de la Flor, la Gota de Leche y el Ropero de Santa Victoria para pobres. No era sólo una presencia testimonial; a veces hasta vestía el uniforme de enfermera y actuaba de manera activa. Fue la reina de la España de la beneficencia. Su vida social es diferente cantar, y la infanta doña Eulalia, otra de las tías carnales de Alfonso XIII, dejó en sus memorias un retrato exacto —y, sin sospecharlo, despiadado— de la frívola corte de la hija de los príncipes de Battenberg. He aquí unos extractos:

> Victoria Eugenia comenzó por aumentar el número de sus damas, escogiéndolas entre las nobles más bellas y elegantes. La vida palaciega, triste bajo el reinado de la regente, volvió así a llenarse de risas ligeras, de perfumes suaves, de gracia femenina. Un soplo de mundanismo penetró en los vastos salones. Perfumes y trajes de París, ligereza de espíritu... Como ello trajo una competencia natural entre las damas, el lujo comenzó a hacerse llamativo... Se determinó entonces, por sugerencia de Victoria, crear un uniforme para sus damas. Los modistos trabajaron, ingeniándoselas para dotarlas de un modelo elegante y severo en días en que la elegancia y la severidad comenzaban ya a distanciarse. Se convino, al fin, en que el traje sería de lamé con mangas ajubonadas y cola de la misma tela prendida a la cintura. El traje de la reina fue de lamé de oro, de lamé de plata el de las infantas, y de color gris el de las damas. Se obtuvo de esta manera un conjunto suntuoso y rico... Desde que Victoria lle-

31. No sólo por la lealtad a su esposo, sino porque su sentido común la llevaba a comprender la tremenda situación —regente de un impresentable heredero que no podía alzarse apenas de la cama, o de un segundo hijo sordomudo— que la abocaría sin duda al fracaso. El tercer hijo, don Juan, era aún muy joven y no había sido preparado para príncipe, según sus propias manifestaciones. Rafael Borràs, en *El rey de los rojos* (1996), aporta el testimonio irrefutable del mismo don Juan: «Nunca se nos educó (a su hermano menor, a sus hermanas y a él) para príncipes. Yo no podía sospechar siquiera que llegara a ser algún día heredero de la Corona.» Estremecedora imprevisión de don Alfonso XIII.

> gó a España, ella fue la guía de la moda madrileña... Justo es consignar que, gracias a esto, la aristocracia española y la burguesía comenzaron a europeizarse en sus costumbres... A medida que las modas se iban haciendo audaces, libérrimas y hasta picarescas, saltaban desde el escenario rutilante de París a los predios de Victoria Eugenia. Ella y sus damas eran maniquíes preclaros...

Una bellísima modelo de alta costura. «La hermosa estatua indiferente», como consignó un audaz contemporáneo. Así veía la mayoría del pueblo español a la mujer de Alfonso XIII. Una vez leído el párrafo de la infanta Eulalia parece, en un primer momento, como querer sugerir que se debió a la hermosa reina la introducción de modos, modas y costumbres extranjeras en la sociedad española, que debía dar ejemplo al país. Pero una relectura sosegada del pasaje pone al descubierto —como el libro en que hace poco Pilar Urbano transcribió el sentir de doña Sofía— otras vertientes de los regios personajes.

Porque, desde luego, doña Victoria Eugenia pudo fomentar, exteriorizándola desde su altura de reina, aquel tipo de vida; pero ser ella su primera y gran importadora, no. ¿O acaso no existieron antes una María Cristina de Borbón o una Isabel II? Basta con leer una novela, *Pequeñeces*, del padre Coloma, para percatarse de que la aristocracia española no necesitaba que llegase una reina educada «a la europea» para ser más europea que ella, si de determinadas actitudes, enumeradas por la infanta, se trataba. Reprochaba aquella cabeza hueca de doña Eulalia la vida austera de palacio durante la época de la regente. No me parece motivo de acre censura, sino de gran alabanza. Resultaba muy dolorosa y preocupante la situación social española para que el buen sentido de doña María Cristina de Habsburgo mantuviera a la Corona apartada de cuchipandas. En su equivocado buen deseo, la infanta Eulalia alcanzó con su descripción de la corte de Victoria Eugenia —no creemos que la soberana luciera trajes «libérrimos y hasta picarescos»— cotas sublimes. Y si todo ello fuera cierto, ¿cuánto contribuiría aquel insulto a la pobreza para la formación de la vociferante masa que obligó a Victoria Eugenia de Battenberg, veinticinco años después de su llegada, a huir con sobresalto de España?

«Pasaremos sin el té»

El 14 de abril de 1931 la República fue proclamada en Madrid y Alfonso XIII —tras un reinado negativo que no es nuestra intención examinar aquí— abandonó el país. Su mujer y casi todos sus hijos[32] retrasaron el momento de su marcha, a fin de empaquetar algunas valiosas pertenencias. *Nuevo Mundo* publicó el testimonio escalofriante de un alabardero de la Guardia Real que vivió con algunos compañeros la última noche de Victoria Eugenia en el palacio de Oriente. Leamos el relato del testigo presencial:

> Aquella noche no quedó nadie en palacio. Ni ayudas de cámara, ni doncellas, ni siquiera el personal de la cocina. Doña Victoria, durante la madrugada, tocaba algunas veces un timbre, pero nadie acudía a servirla. «¡Lucía! ¡Mariana!», suplicaba, nerviosa la reina. «No hay nadie de la servidumbre, Majestad», le respondíamos nosotros, cuando salía de sus aposentos y llegaba hasta las antecámaras en busca de sus antiguos servidores más solícitos. «Llamad por teléfono a Intendencia, a Caballerizas, a cualquier dependencia», nos ordenó más de una vez; «no es posible que se hayan ido todos.» Llamábamos, pero los teléfonos tampoco contestaban. Su Majestad no pudo pegar un ojo en toda la noche, atenta sólo a escuchar, detrás de los balcones herméticamente cerrados, el ruido —los gritos, las amenazas, las coplas coreadas del pueblo— que invadía desde el anochecer la plaza de Oriente... A la una pidieron un poco de té. ¿Quién iba a buscarlo? El infante don Jaime, que estaba echado en un diván, se dispuso a ello y pidió que le guiáramos dos de nosotros. Pero la reina no lo permitió, diciendo: «Déjalo, pasaremos sin el té; los alabarderos son muy pocos y tienen que guardar la escalera y los balcones...» A las cinco, la reina y sus hijas acabaron de hacer el equipaje.

Aquella mujer abandonada salió de la historia grande el 15 de abril. Su reinado, como el de su tío Sandro —el otro Battenberg coronado—, no había pasado de ser más que un deslumbramiento pasajero, del que fue despertada por una realidad brutal.

En París se reunió Ena con el resto de la familia. No tardó en producirse lo que todos esperaban: la separación de los reyes. Sus allegados sabían que el matrimonio era una farsa, aunque se guardaran las

32. El infante don Juan se hallaba en la Escuela Naval de San Fernando.

formas, y que su vida conyugal había cesado en 1914, tras el nacimiento de su último hijo, también hemofílico. Sólo por sentido del deber, según unos, o por el disfrute de los privilegios de su posición, a juicio de otros, había aguantado Victoria Eugenia su teatral personificación de consorte regia. Su complejo de Battenberg y última de las princesas inglesas la había sometido desde un principio a la autoridad, doblemente real, del marido. Por ello, quizá no había sido la mujer más apropiada para atemperar, cuando menos, los impulsos de un hombre egoísta y poco cultivado intelectualmente, siempre dispuesto a imponer —lo mismo en la vida pública que en la privada— los dictados de su voluntad. Si consideramos, además, las repetidas infidelidades de Alfonso XIII, nos explicaremos más fácilmente la actitud supuestamente fría y mundana que tantas veces pareció adoptar doña Victoria Eugenia, que buscó en el ambiente banal de su corte, con sus insustanciales damas, paliativo y escapismo al dolor que como madre de una prole estigmatizada y esposa de un marido indelicado la atenazara.

Desde Londres, donde confiaba hallar refugio entre sus parientes británicos, la ex reina de España reclamó a su consorte las cantidades anuales que se habían estipulado en sus capitulaciones matrimoniales, como hemos visto, mediante tratado internacional, y jamás le habían sido entregadas, pues Alfonso XIII tenía la costumbre de operar financieramente con el capital de su mujer y también con el que tenían asignado sus hijos como infantes de España. Los abogados de una y otra parte entraron en negociaciones. Don Alfonso convino en pasar a su mujer una pensión mensual, pero Ena insistió en que se le abonasen las sumas adeudadas desde 1906. No hubo acuerdo y el abismo entre ellos se ahondó. El que fuera príncipe de Asturias, don Alfonso, se puso abiertamente de parte de su madre, mientras que los restantes hijos de la pareja real se situaron junto a Alfonso XIII, de quien económicamente dependían. La tirantez llegó al extremo de que Victoria Eugenia no asistiera a las bodas de su hija la infanta Beatriz con un banquero italiano, ni de su hijo don Jaime con una aristócrata romana, celebradas ambas en 1935. Como también brilló por su ausencia, a fines de aquel mismo año, en el enlace de su único hijo sano, don Juan de Borbón luego conde de Barcelona —que por renuncia de sus hermanos se había convertido en heredero de la dinastía—, con la princesa María de las Mercedes de las Dos Sicilias. El distanciamiento efectivo entre los soberanos, que los monárquicos españoles excusaban alegando peregrinas razones, se ponía de este modo en evidencia sin tapujos.[33]

Los Battenberg dejan de existir

La reina exiliada no se instaló junto a su madre, sino que adquirió un apartamento en un barrio elegante de Londres. Su nombre representaba un problema. Los Battenberg, en efecto, habían dejado oficialmente de existir.

En julio de 1917, como consecuencia de la Primera Guerra Mundial, la Corona británica había promulgado un decreto en que anunciaba que los miembros de la familia real abandonarían sus títulos y denominaciones alemanas para adoptar otras, inglesas, que vendrían a sustituirlas. Por ejemplo, la Casa Real dejaba de ser «Sajonia-Coburgo y Gotha», así como «Hannover» en sus orígenes, para convertirse en «Windsor». Era una postura un poco infantil, dictada por la animadversión contra lo germánico, y el káiser, que tenía sentido del humor, al enterarse del desplante ordenó que en toda Alemania la famosa obra de Shakespeare *Las alegres comadres de Windsor* pasara a representarse en adelante con el título de «Las alegres comadres de Sajonia-Coburgo y Gotha...»

A doña Victoria Eugenia el decreto no la había afectado, pues, en el momento de su promulgación, ocupaba el trono de España. Pero ya en el destierro, y separada de hecho de su marido, aunque no legalmente, era el único miembro de su estirpe, residente en Inglaterra, que conservaba el decaído patronímico. Su madre había pasado de ser «la princesa viuda de Battenberg» a «la princesa Beatriz» *tout court.* El hermano menor de Ena, el príncipe Mauricio, falleció en 1914, antes del cambio, pero los otros dos tuvieron que trocar su «apellido»: Alejandro, el mayor, se convirtió en «mar-

33. La hija menor de los reyes, la infanta María Cristina, se desposó con el rico propietario de una empresa turinesa de aperitivos. El destino del primogénito, Alfonso, y del hijo menor de Victoria Eugenia, Gonzalo, fue trágico, pues ambos —hemofílicos— murieron a consecuencia de violentas hemorragias sobrevenidas tras sendos accidentes de automóvil. Según su biógrafo Gerard Noel, «la reina recordó entonces la supuesta existencia de una maldición: "Sé que mis amigos protestantes me maldijeron cuando los dejé. Lo sé, lo sé." Son las exactas palabras que le oyeron decir.» (*Victoria Eugenia, reina de España,* 1986).

qués de Carisbrooke»; el segundo, en «lord Leopoldo Mountbatten» (traducción literal de Battenberg, que significa en alemán «el monte de Batten», al inglés). Incluso el tío Luis, hermano mayor de Liko y a la sazón primer jefe del almirantazgo británico, tuvo que camuflar su título de príncipe y asumir el marquesado de Milford Haven, mientras que sus hijos se convertían en «lores y ladies Mountbatten», simplemente.

Julia Hauke, la orgullosa fundadora de la dinastía Battenberg, debió de revolverse en su tumba.

Entre la fauna de los nuevos «Mountbatten», Victoria Eugenia tenía la sensación de ser un extraño espécimen. Técnicamente, desde su matrimonio ella ya no pertenecía a la familia real inglesa, pero vivía separada, por otra parte, del rey de España... El estallido de la guerra civil española y la victoria de Franco sobre la República facilitaron un aparente acercamiento entre los esposos, que asistieron juntos al tedéum que conmemoró en Roma el final de la sangrienta contienda. Mas, aunque corrieron voces de que se habían reconciliado, nunca volvieron a convivir. Cuando se encontraban casualmente en una misma localidad, él residía en un hotel y ella en otro distinto.

Puesto que el general Franco, elevado a la jefatura del Estado, no parecía albergar la intención de reponer al monarca en el trono, Alfonso XIII desechó los motivos, siquiera de táctica política, que le aconsejaban sus íntimos para reunirse con su esposa.

Cuando el 28 de febrero de 1941 el rey falleció en Roma, víctima de una angina de pecho, no quiso tenerla a su lado. De manera que Victoria Eugenia tuvo que esperar prácticamente a los últimos estertores para poder situarse a la cabecera del agonizante. Luego ella idealizó la situación y dio pábulo a la creencia de que habían compartido los últimos días tan enamorados como durante su noviazgo, cuando lo tristemente cierto es que don Alfonso —injusto— murió en el convencimiento de que Ena le había fallado como mujer, como madre y como reina.

Codicia y complejos

Victoria Eugenia, a sus cincuenta y tres años, se había convertido para los monárquicos españoles en la «Reina Madre». Para el

Estado español, que decidió dar cumplimiento al Tratado de 1906 entre España e Inglaterra, era la «Reina Viuda». Recibía desde Madrid 250.000 pesetas anuales que, al paso del tiempo, fueron actualizándose hasta alcanzar en 1968 la cifra de 700.000 pesetas. Se sabe, por documentos fehacientes, que al abandonar el trono, Alfonso XIII poseía un caudal privado de más de trece mil millones de pesetas (cifra calculada sobre su valor actualizado).[34] Pero esta fortuna no debió de ser suficiente para subvencionar las cargas en el exilio de la Familia Real, después de la liquidación de la regia testamentaría. El tren de vida de los augustos desterrados exigía, es verdad, un decoro. Y, de otra parte, no faltaron fraternales discusiones, como sucede en cualquier familia. Victoria Eugenia, para no pagar gravosos impuestos en su país natal, se instaló en Suiza poco después de morir, en 1945, su anciana madre, la princesa Beatriz, ex Battenberg. Compró un encantador palacete en Lausana, bautizado como «Vieille Fontaine». Sus criados pasaban de media docena: un mayordomo, un chófer, dos doncellas y una cocinera, amén de un par de damas de la nobleza española a su servicio. Ena había podido rescatar sus objetos más queridos, ya que el gobierno de la República, en el otoño de 1934, atendió prestamente su petición —formulada a través de la embajada británica— para que le fueran enviados todos los muebles y enseres privados que le vino en gana. Sus joyas se las había llevado ella misma.

Al paso de los años, Ena se había vuelto tan codiciosa como su abuela. A su hijo don Jaime, el pobre sordomudo, le escribía, aconsejándole:

> A mi parecer, quizá vivirías con menos agobio si vivieras en otro lado que París, que es la ciudad más cara de Europa hoy día. Es di-

34. El tema fue estudiado por el profesor Guillermo Gortázar (*Alfonso XIII, hombre de negocios,* 1986) basándose en datos rigurosos. La cifra me llamó la atención, pues en numerosas ocasiones, más tarde, se dijo que la Familia Real andaba corta de recursos e incluso se llegaron a efectuar subscripciones, lo recuerdo bien, entre la grey monárquica, para ayudar a atender el decoro de los regios exiliados. A la vista de las cifras manejadas por Gortázar, acudí a un antiguo intendente palatino en busca de explicaciones coherentes. Manifestó que el volumen no estaba para nada hinchado, sino todo lo contrario. Pero que la Familia Real prefería preservar un fondo intocable y sacrosanto «para situaciones extremas». Nunca he entendido qué situación puede ser más extrema, para una dinastía, que el destierro.

ficilísimo poderte ayudar. Yo, con el mal cambio de la peseta, no puedo más que vivir estrictamente con lo que tengo.[35]

Pero, paradoja viviente, a ello unía un acusado sentido del despilfarro. Posiblemente por esta razón doña Victoria tuvo que vender las esmeraldas de la familia, que luego lució en su coronación la emperatriz Farah Diba, así como muchas otras piedras preciosas. Aunque todas estas necesidades económicas no se comprenden a la luz del legado de Alfonso XIII, por más manirrota que fuera, como fue, su viuda.[36]

El sagaz Gerard Noel, biógrafo de la reina, que recogió las confidencias del duque de Baena, uno de los más fieles e íntimos amigos de la soberana, anota unos párrafos que ponen de manifiesto aquel «complejo Battenberg» que siempre persiguió a la señora:

> Lo cierto es que Victoria Eugenia se sentía mucho más cómoda en presencia de los que eran socialmente inferiores a ella. Tenía ojos de águila para las alhajas y a veces contemplaba las de otras mujeres con manifiesta envidia. Sufría un evidente complejo de inferioridad al visitar gente que tenía casas mejores que la suya. Se deleitaba siendo el centro de la atención y recibiendo invitaciones. En Londres nunca gozó de grandes simpatías. En el famoso hotel Claridge declaró que la comida era «muy desagradable si uno no se limita-

35. Reproducida fotográficamente en *Les Bourbons que j'ai connus,* por Ramón de Alderete, 1972.

36. «Le gustaban las joyas, hay que decirlo», reconoció en *La Revista* (22 de abril de 1985) la infanta Pilar, nieta de doña Victoria Eugenia. La donación de esponsales por parte de Alfonso XIII a su prometida produce vértigo: esmeraldas, rubíes, perlas, diademas cuajadas de brillantes. A lo largo de veinticinco años, el monarca infiel, tal vez para sacudirse complejos de culpa, fue engrosando el guardajoyas de su esposa, y en su cumpleaños le regalaba, puntualmente, dos enormes diamantes. Durante el exilio, y tras la muerte de doña Victoria, se produjo una dispersión, por motivos de venta de la propia interesada, y luego de su herencia, seguida, en varias ocasiones, por la subasta desaprensiva de piezas históricas preciadas. Si bien algunas, hermosísimas, fueron adjudicadas por testamento al conde de Barcelona, rogando a éste que las transmitiese después a su hijo, por considerarlas representativas de la Corona de España. Tal es, por ejemplo, la tiara de las «flores de lis» que en las grandes ocasiones luce hoy doña Sofía, más aficionada a las piedras preciosas, si cabe, que la abuela de su marido, aunque sólo sea por el vicio tan femenino de poseerlas. Su Majestad también ha tenido la fortuna de recibir de su abuela Victoria Luisa de Prusia y de su madre Federica de Grecia, gemas de valor, como la diadema, de factura helénica, que lució en su boda, regalo del káiser Guillermo II a su única hija.

> ba a comer pollo y fruta fresca». Por decir frases como ésta Victoria Eugenia se ganó la reputación de superficial. En otras ocasiones se alojaba en casa de una prima hermana, la princesa Alicia, condesa de Athlone, en el palacio de Kensington, aunque los criados se rebelaban, si bien discretamente, ante la falta de consideración de la reina, y decían que actuaba como una *prima donna.*

Su «lado Hauke» se impuso en 1956, tras la boda del príncipe Rainiero de Mónaco con Grace Kelly. Al principio, la realeza hizo caso omiso de aquella actriz de Hollywood encumbrada al trono de Liliput. Pero Victoria Eugenia, digna nieta de la dama de honor de los zares, calculó los beneficios inmediatos de aquella relación y ofreció a Grace su amistad más calurosa. Los Grimaldi, como contrapartida, pusieron a su disposición una casa en Montecarlo y Su Majestad aceptó —honor supremo— ser madrina de bautismo del heredero varón de la pareja, el príncipe Alberto, nacido en 1958. Diez años después, Victoria Eugenia, ya anciana y achacosa, se decidió a volver a Madrid para tener en la pila a otro neófito, su bisnieto Felipe, hijo de Juan Carlos de Borbón, heredero del conde de Barcelona, y la princesa Sofía de Grecia.

«España cañí»

Treinta y siete años después de su salida de España camino del exilio, Victoria Eugenia regresaba. El 7 de febrero de 1968, una impresionante multitud, cuyo número resultaba imposible de calcular, abarrotaba el aeropuerto de Barajas para recibirla y vitorear a su hijo, don Juan de Borbón, que para no pocos representaba una esperanza. La calurosa recepción al jefe de la Casa Real española y a la viuda del último rey sólo alarmó a las autoridades franquistas... y a la princesa Sofía, como veremos más adelante. El tiempo que todo lo borra, había acallado recuerdos y los madrileños, corteses, se rindieron a una venerable anciana que, envuelta en visones, aún conservaba retazos de su legendaria belleza.

Todo resultaba un poco rebuscado. Por un lado, ley en mano, Victoria Eugenia tenía la consideración oficial de Reina Viuda, lo que la inmensa mayoría de los españoles ignoraba; por lo tanto, al jefe del Estado correspondía recibirla, pero se supo que no acudiría. Por otro, lo que los monárquicos pretendían era no sólo dar la bienvenida a un símbolo dinástico, sino dejar claro que la esposa del último soberano español acataba la autoridad de su hijo don Juan como rey. Él y ningún otro, puesto que el propio príncipe don Juan Carlos y el sordomudo infante don Jaime, vuelto sobre su renuncia, así como sus hijos, entraban en la tómbola sucesoria. La anciana soberana dejó aquel punto muy claro, inclinándose en una profunda reverencia ante el conde de Barcelona, lo que equivalía, según los usos del protocolo de la realeza, a reconocerlo como majestad.

Sigamos con las contradicciones de la visita de la vieja dama. De una parte, doña Victoria había formulado sólo una petición al gobierno: que le permitiese visitar el hospital de la Cruz Roja, entidad a la que había prodigado amplios desvelos, sita en la avenida que aún lleva su nombre. Al bajar del automóvil que allí la condujo, la reina notó la presencia de una compañía con banda de música del Ejército del Aire, que dejó oír los compases vibrantes del pasodoble *España cañí.* Quien tantas veces había escuchado a su paso los acordes de la Marcha Real sintió que le temblaban las piernas y tuvo que hacer un gran esfuerzo para sobreponerse al duro golpe recibido y poder avanzar, dignamente, por delante de los soldados. A Eugenio Vegas Latapié le comentaría, a su regreso de España: «La verdad es que nunca creí que el general Franco pudiera ser tan mezquino.» (Y no andaba descaminada pues, desde que el dictador convirtió el país en Reino, doña Victoria Eugenia tenía el reconocimiento legal, e incluso económico, de su situación de reina, figurando en los presupuestos con esta condición y participación de la llamada lista civil, en cumplimiento del Tratado de 1906 entre España e Inglaterra, como hemos apuntado, por lo que se le debían rendir honores, al igual que tras su muerte tuvieron que decretarse tres días de luto nacional.)

De otra parte, en la residencia de Juan Carlos y Sofía, donde se desarrolló el bautizo de Felipe de Borbón y Grecia, se produjo una escena que, caso de ser cierta, más digna parecía de sainete que de zarzuela. Existen dos versiones totalmente contradictorias.

La primera la defienden Jesús Pabón, que fue director de la Academia de la Historia; su seguidor Carlos Seco Serrano, los profesores Luis Suárez y Ricardo de la Cierva, así como Paul Preston. Según estos estudiosos, cuando la reina se encontró frente a Franco, que asistía a la ceremonia, le propuso elegir para su sucesión entre el padre, el hijo y el recién nacido.

Doña Victoria Eugenia abordaba ella misma, sin falsos pudores, el cambalache dinástico. El instinto práctico de la supervivencia en el poder pesaba en ella más que lo que su estrecha obligación hacia su propio hijo, el jefe de la Casa Real, le impusiera. Era la rendición de una mujer que hasta aquel momento parecía haber sabido, desde la óptica dinástica, estar en su sitio.

Luego existe el testimonio de Alfonso Osorio, que ocupó la vicepresidencia de un gobierno juancarlista y, en consecuencia, lleva el agua a su molino perjurando que durante una entrevista con doña Victoria ésta le encargó un recado para que el suegro de Osorio, don Antonio Iturmendi, presidente de las Cortes, se lo transmitiese a Franco: «Aunque para mí el rey es mi hijo Juan, todos nos hacemos viejos y nadie sabe lo que puede pasar si las cosas no se resuelven. Lo primero es España, lo segundo la Monarquía, lo tercero la dinastía y lo cuarto la persona. Y el príncipe Juan Carlos está maduro.»

De ser auténtica, esta revelación que Osorio pone en labios de la soberana viene a confirmar la defección de la propia madre del jefe de la Casa Real, de la viuda del último rey por derecho de sangre, sometiendo la Corona al capricho del dictador y prestando su apoyo a la sustitución en el trono del padre por el hijo.

En cambio, Luis María Anson, fiel hasta la extenuación a la dinastía, asegura que, cuando poco después del bautizo, visitó a doña Victoria Eugenia y le expuso la cuestión que corría por los mentideros políticos la reina le explicó personalmente: «No crucé una palabra con Franco sobre la sucesión, y jamás se me hubiera ocurrido decirle que eligiera entre los tres. ¡Hubiera escogido al *baby*!»

El testimonio de Jaime Peñafiel, último periodista que entrevistó a la soberana, en su residencia suiza, semanas antes de su muerte, ofrece indudable valor. Según él, la reina se mostró tajante: «No es cierto que yo le dijera al general esa frase. Mientras yo viva, Franco («a quien ella llamaba cerdo», precisa el periodista), no se atreverá a alterar el orden regular de sucesión.»

Pero también es cierto que la viuda de Alfonso XIII culpaba —empleó esta palabra, subraya Peñafiel— a su nieto Juan Carlos, que la convenció de que volviese. «Yo no debía haber regresado a España mientras el general, que tanto había humillado a mi hijo Juan, se mantuviera en el poder. Fue una claudicación que no debí permitirme», se lamentó la soberana. ¿Acaso estaba, en el fondo, arrepentida de la ligereza cometida en su conversación con Franco? ¿Se percataba de haber sido, quizá, utilizada por Juan Carlos y su mujer, Sofía?

Tal vez, en efecto, hubiera sido mejor que doña Victoria Eugenia de Battenberg jamás hubiera regresado.

Murió poco después en su residencia suiza, de una disfunción hepática. Era el 15 de abril de 1969, a los treinta y ocho años justos de su noche sin té en el palacio de Oriente.

CAPÍTULO XIV

LA BISNIETA DEL KÁISER

Sofía de Grecia
Reina de España
(nacida en 1938)

«La profesional»

¿Qué dictado reserva la Historia para la mujer de Juan Carlos I? Está demostrado que el vulgo tiende a dotar a nuestras reinas con adjetivos sintéticos que considera las han caracterizado. Por citar sólo a las soberanas de la dinastía borbónica, comprobamos que:

María Luisa de Saboya, primera mujer de Felipe V, ha representado el coraje y la tenacidad.

Isabel Farnesio, segunda esposa de don Felipe, la ambición por antonomasia.

Luisa Isabel de Orleáns, mujer de Luis I, la extravagancia.

Bárbara de Braganza, consorte de Fernando VI, la bondad.

María Amalia de Sajonia, esposa de Carlos III, el mal genio.

María Luisa de Parma, esposa de Carlos IV, la lascivia.

Isabel de Braganza, María Josefa de Sajonia y *María Cristina de Borbón,* consortes de Fernando VII, la fealdad, la ñoñería y la corrupción, respectivamente.

Isabel II, el desenfreno sexual.

María de las Mercedes de Orléans, primera esposa de Alfonso XII, el romance legendario.

María Cristina de Habsburgo-Lorena, segunda mujer de don Alfonso, la austeridad.

Victoria Eugenia de Battenberg, esposa de Alfonso XIII, la belleza.

¿Cómo pasará a la Historia doña Sofía? ¿Acaso como «la profesional»? Parece que la Reina aborrece esa tópica expresión, tan utilizada por sus cortesanos. No le falta razón. Un agudo gallego, Xaquin Penas Patiño, se preguntaba en *El País* (22 de noviembre de 1998): «Conozco albañiles, pintores, médicos, banqueros, fontaneros, pero ¿qué profesión es ésa de rey, príncipe, reina?; ¿mediante qué sistema de oposición se accede a ella? A mí también me gustaría alcanzarla. Pero resulta que al cargo sólo se accede por herencia, y además es vitalicio...» Doña Sofía es lo bastante realista para comprender la vertiente peligrosa del piropo con el que se la pretende definir. Por eso lo detesta.

Una biografía imposible

Reconozco, de entrada, que no se puede escribir, hoy por hoy, ninguna biografía rigurosa de la Señora. Ni del Señor. Primero habrá que esperar a ver si su hijo reina y, sentado lo anterior, si dura. En el caso de que Felipe VI —o Elena I, o su hijo Froilán— no se mantenga en el trono, muchos de los que ahora abruman a los Borbones con el doloso aroma del incienso, pasarán automáticamente a denigrarlos, para congraciarse con el nuevo jefe del Estado, sea éste quien sea. Sólo entonces saldrán a relucir las lacras que pudieran ocultarse. Ésta es una de las ventajas de las Familias reinantes sobre las familias presidenciales. A cualquier presidente de república, acabado su mandato, se le puede enjuiciar sin trabas. Pero resulta temerario tratar de un modo imparcial la figura de un rey o una reina en tiempos de su sucesor natural, que es, por imperativo de la ley hereditaria, su propio hijo. Hay que esperar al nieto o al bisnieto, con la pérdida de memoria histórica que ello significa. Salvo raras excepciones, ésta es una constante que se repite en todas las monarquías. Repásese el panorama: Jorge VI de Inglaterra, Carlota de Luxemburgo, Olav de Noruega, Juliana de Holanda, Federico IX de Dinamarca, cuyos hijos reinan, son figuras aún intocables, pese a haber tenido, como todos los mortales, virtudes y defectos. En cambio, los soberanos derrocados, cuyos descendientes no representan ya un centro de poder, son tratados con rigor implacable, resaltándose sus rasgos negativos sin temor a represalias, como en el caso de Constantino II de Grecia, el propio hermano de doña Sofía, de quien lo más suave que se dice en Atenas es que era un monarca inútil.

Con el añadido de que en nuestro país los delitos contra la Corona se hallan tipificados en el Código Penal. Detalle que todos los periodistas saben y la gran mayoría de la gente ignora. No se trata de la lógica protección al jefe del Estado, contemplada en todas las naciones del mundo —monarquías o repúblicas—, sino de que la misma protección por opiniones que se consideran desacato hacia el representante de la suprema magistratura *alcanza también a la figura de la Reina consorte y a sus descendientes*. Ni siquiera doña Carmen Polo de Franco llegó a estar tan bien arropada como doña Sofía. No digamos doña Pura Castillo de Alcalá-Zamora y doña

Dolores Rivas Cherif de Azaña, las esposas de los dos presidentes de la Segunda República española.

Resulta comprensible, por tanto, que no hayan podido publicarse sino semblanzas parciales de la actual Reina de España. Para mayor confusión, en 1996 la propia Sofía se prestó a una *biografía autorizada* —y revisada por ella misma— que provocó un profundo desencanto entre muchos lectores, pues revelaba lo que algunos habían sospechado y todos se habían resistido a creer, despedazando el cliché de princesa prudente que hasta entonces había merecido.[37] Pero genes mandan y probablemente Sofía no pudo sustraerse a su influjo, siguiendo en eso el ejemplo de su abuela y su madre, dos memorialistas impenitentes.

Victoria Luisa de Prusia, abuela de doña Sofía, publicó hasta tres libros de recuerdos, mientras que Federica de Hannover —hija de la anterior y madre de nuestra reina— confió también sus memorias a un transcriptor y, después de ser desterrada de Grecia, dio a luz, con su firma, sus impresiones en un volumen donde demostró el alto concepto que tenía de sí misma.[38]

Palo y astilla

Se ha dicho y repetido que doña Sofía tiene más de prusiana que de griega. De la citada Victoria Luisa, única hija de Guillermo II, el último káiser alemán, férreamente autoritario, ha heredado, en efecto, Sofía no sólo los rasgos físicos, sino un indudable sentido de la disciplina. Virtud que, en el caso de la hija del káiser, se canalizó mal, hasta el punto de empujarla a coquetear con el nazismo.

En 1913 el emperador de Alemania había casado a Victoria Luisa, niña de sus ojos, con un príncipe desposeído por su propia dinastía, Ernesto Augusto de Hannover, al que, como regalo de boda, devolvió, ya que no el anexionado reino, sí un territorio veci-

37. *La Reina,* por Pilar Urbano.

38. Victoria Luisa de Prusia publicó, sucesivamente: *Una vida como hija del Emperador, Imágenes de la época imperial* y *En la corriente del tiempo.* Su hija, Federica de Grecia, rememoró sus recuerdos en *Federica de Grecia cuenta su vida*, publicado en diversos diarios europeos (en España en *Ya*) y luego en *Memorias de la reina Federica.*

no, antigua propiedad del linaje —el pequeño ducado de Brunswick— a fin de que Victoria Luisa tuviera el rango de soberana, que ella ambicionaba sobremanera. A falta del reino de Hannover, el ducado de Brunswick contentó a la princesa y el káiser puso también en la canastilla de su hija las famosas joyas de la familia expoliada, confiscadas al mismo tiempo que el país. Los testigos de aquella *restauración* teatral observaron enseguida que la nueva duquesa se comportaba con la soltura y la autoridad de quien se sabía protegida por su padre el emperador, hasta el punto de que Ernesto Augusto a veces parecía un cero a la izquierda. «Se hubiera podido creer que el ducado correspondía por derecho a su esposa antes que a él», consignó sin rodeos el historiador Ghislain de Diesbach.[39]

Cinco años después de aquella boda, la caída del Imperio alemán, como consecuencia del final de la Primera Guerra Mundial, provocó la de sus satélites, entre los que Brunswick descollaba. El destronamiento de su padre no amilanó, empero, a Victoria Luisa, quien se entendió a las mil maravillas, cuando llegó la hora, con Adolf Hitler y su entorno. El día de su presentación al Führer, Victoria Luisa le entregó un gracioso ramo de flores silvestres «cogidas por sus nobles manos», y en 1934 el dictador alemán llegó a proponerle lo conveniente que resultaría el enlace de su única hija, Federica, con el príncipe de Gales, futuro Eduardo VIII. Hitler debió de creer que éste sería el método más fácil de instalar un caballo de Troya en el propio palacio de Buckingham. La diferencia de edad —diecisiete años Federica, cuarenta el amante de la señora Simpson—, torció el designio. En uno de sus tres libros de memorias, la duquesa de Brunswick se expresa así: «La asombrosa petición de Hitler, que nos fue transmitida por Von Ribbentrop, nos trastornó. Jamás se nos hubiera ocurrido, a mi esposo y a mí, una cosa semejante, ni siquiera pensando en la reconciliación con Inglaterra.» Tres de los cuatro hijos varones de Victoria Luisa vistieron con orgullo el uniforme del Tercer Reich, y hasta uno formó parte de las temidas SS y otro fue propuesto para la Cruz de Hierro, distinción entre distinciones, aunque la solicitud no prosperó. Luego los tres príncipes serían licenciados, pues el Führer decidió recortar las alas de aquella aristocracia que había apostado por él porque acaso esperaba recuperar el camino del poder a través de un hombre que exaltaba la grandeza y las tradiciones de Alemania.

39. *Los secretos del Gotha* (1968).

Victoria Luisa de Prusia, única hija del káiser Guillermo II de Alemania y abuela de doña Sofía.

La boda de Victoria Luisa fue el último gran festejo de las cortes europeas antes de la Segunda Guerra Mundial. Aquella brillante sociedad desapareció en el naufragio.

Los duques de Brunswick junto a sus hijos varones, tres de los cuales servían en el ejército del Tercer Reich.

Postal de Federica de Hannover con dos de sus hermanos, que visten el uniforme de las Juventudes Hitlerianas.

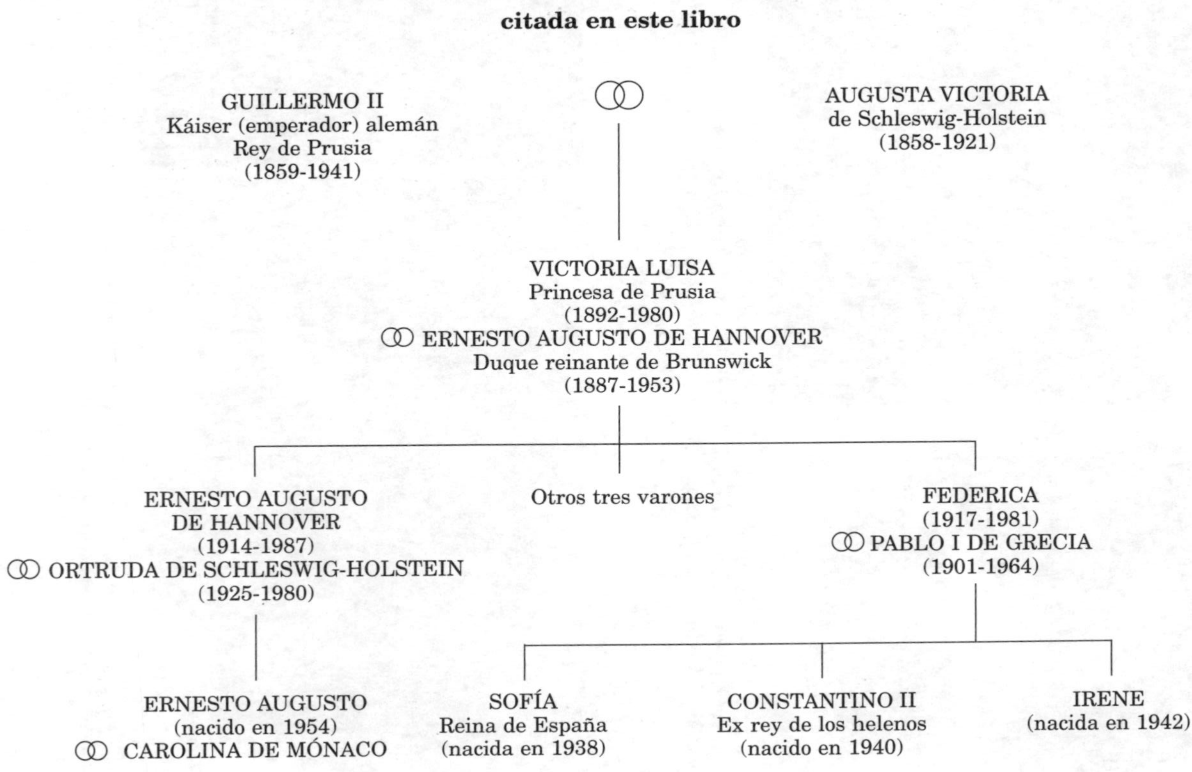
Esquema de la descendencia del último káiser
citada en este libro
GUILLERMO II
Káiser (emperador) alemán
Rey de Prusia
(1859-1941)
AUGUSTA VICTORIA
de Schleswig-Holstein
(1858-1921)
VICTORIA LUISA
Princesa de Prusia
(1892-1980)
ERNESTO AUGUSTO DE HANNOVER
Duque reinante de Brunswick
(1887-1953)
ERNESTO AUGUSTO
DE HANNOVER
(1914-1987)
ORTRUDA DE SCHLESWIG-HOLSTEIN
(1925-1980)
Otros tres varones
FEDERICA
(1917-1981)
PABLO I DE GRECIA
(1901-1964)
ERNESTO AUGUSTO
(nacido en 1954)
CAROLINA DE MÓNACO
SOFÍA
Reina de España
(nacida en 1938)
CONSTANTINO II
Ex rey de los helenos
(nacido en 1940)
IRENE
(nacida en 1942)

Los duques de Brunswick (1 y 2) y su hija Federica (3) alzan su brazo en saludo ritual, junto al primer director de la Gestapo y otras autoridades nazis.

Tras el saludo, Victoria Luisa y Federica acompañan a sus invitados a una recepción ofrecida en su castillo.

Tres generaciones de mujeres de temple: Victoria Luisa de Prusia, duquesa de Brunswick, su hija Federica de Grecia y su nieta Sofía de España.

El matrimonio de Carolina de Mónaco con Ernesto Augusto de Hannover, nieto de Victoria Luisa y primo hermano de doña Sofía, ha vuelto a poner sobre la mesa este tema irritante para la familia, con nuevos datos acusadores, a tenor de los cuales los Hannover habrían participado en la creación de una moderna banca en Munich, que en realidad era un banco expropiado a judíos. El marido de Victoria Luisa estaba implicado, se afirma, en varios casos de «arianización»; es decir, de confiscación de bienes a hebreos que fueron depurados en campos de concentración. Toda la prensa europea se ha ocupado con relieve del escabroso asunto. Se han exhumado antiguos periódicos que prueban que el duque de Brunswick alentó a los suyos para que «siguieran al Führer», mientras culpan a su esposa de estar «fascinada» por el dictador.[40]

Crecida en este ambiente comprometido, no es de extrañar, pues, que Federica de Hannover, casada en 1938 con Pablo de Grecia, demostrase su temple, no menos formidable que el de su madre, al enfrentarse personalmente con los comunistas helenos, a los que batallaba. Ellos y otros griegos le devolvían la pelota tildándola de nazi perdida. Federica, argüían, había vestido el uniforme de las Juventudes Hitlerianas y habían llegado a fotografiarla levantando su brazo, junto a sus padres y el director de la Gestapo. Refugiada en el seno de las democracias cuando los nazis invadieron su nuevo país, del que tuvo que salir huyendo, regresó cinco años después a Atenas, acabada la guerra, y suscitó vivísimas discrepancias, incluso entre los ministros de su marido, el rey Pablo I —a quien se tenía por sometido a su voluntad— por entrometida e intrigante, creándose enemigos irreconciliables. Cuando en 1964 su marido murió, las censuras contra Federica salieron de las catacumbas. Se le acusaba en la prensa de prodigalidad con el dinero ajeno y de empujar a su hijo, el joven rey Constantino, a mezclarse en política, en lugar de aconsejarle que se mantuviese por encima de ella. No cejó en sus manejos, aseguran aún hoy los griegos, hasta el golpe militar que redujo a la Corona, con la inicial bendición real, al capricho de una dictadura. Luego Constantino y su familia abandonaron el país y Federica se refugió en la India para iniciarse en el misticismo hindú.

40. La información más completa sobre el tema la puede encontrar el lector en la revista alemana *Der Spiegel,* que difícilmente puede ser tachada de amarillista, y publicó el 8 de febrero de 1999 trece páginas, con documentos de la época, sobre las relaciones de los Hannover con los nazis.

Cuando años después, restablecida la democracia en Grecia, se convocó un referéndum para decidir el regreso de la monarquía o el establecimiento de una república, la propaganda antimonárquica más efectiva fue un póster que los republicanos colocaron ladinamente por doquier y que representaba a la reina madre Federica con los brazos abiertos. De su boca salían, como en un cómic, estas palabras: «Voy a volver.»

La República arrasó.

Enemistadas, desde la muerte del duque de Brunswick, por razones de herencia, Federica y su madre pasaron varios años sin relacionarse. La reina de Grecia no acudió a la celebración del setenta cumpleaños de Victoria Luisa, que tampoco fue invitada a Atenas para asistir a la boda de su nieta Sofía con don Juan Carlos de Borbón (véase Marlene Eilers, *Queen Victoria's descendants*, 1997, pág. 23). Aquellos dos caracteres de acero resultaron difíciles de conciliar. Victoria Luisa que pese a una índole inflexible que la distanció de su familia disfrutaba, en determinados sectores de la sociedad alemana, de notabilidad como reliquia de antaño, falleció en 1980 a los ochenta y ocho años. Desde hacía cinco, su nieta Sofía ocupaba ya el trono de España.

Reina en capullo

Si toda princesa real es, desde niña, reina en capullo, más hubo de serlo quien, como Sofía de Grecia, primogénita de Federica y Pablo, nació en Atenas, en 1938, acariciando con sus dedos la corona helena. Sus hermanos Constantino e Irene aún estaban en la mente del Creador y Sofía se inscribía, por ley de herencia, en la línea directa de sucesión al trono ocupado entonces por el hermano mayor de su padre, que no tenía descendencia.

En la hora misma del natalicio de Sofía —ya es mala suerte cumplir años el 2 de noviembre, día de los Difuntos— debió de tejer Federica un tapiz de sueños sobre la cabeza de la recién nacida en la villa de Psijico —barrio residencial ateniense—, hoy carcomida por las termitas y a punto de venirse abajo por la incuria de su actual propietario, un armador a quien se supone más interesado en el valor del solar que en el hecho histórico de que en aquella residencia naciese una futura reina de España.

Princesa griega Sofía lo fue poco. A los dos años y medio sería exportada al exilio. Pasó cinco en el destierro, entre Egipto y Sudáfrica. Contaba ocho cuando volvió a Atenas, pero pronto fue alejada por su madre e inscrita en un colegio privado de Alemania, donde se educó hasta los dieciocho.[41] Apenas tuvo el pueblo griego ocasión de conocer a fondo a aquella princesa que utilizaba el alemán o el inglés con preferencia a su lengua nativa. Los helenos criticaban los orígenes germano-daneses de su dinastía, los Glücksburg, prácticamente asentada en el país menos de cien años antes.

Cuando Sofía regresó a Atenas, era una verdadera alemana. La escuela de Salem, internado regido por su tío Jorge Guillermo de Hannover, uno de los aguerridos oficiales que habían servido al Tercer Reich como comandante de infantería, mantenía un régimen espartano, de acuerdo con los gustos de sus directivos. Disciplina férrea, duchas de agua helada, orden y limpieza. Sofía, monitora de una habitación de cinco alumnas, era la encargada de llevar firmes a sus compañeras. Tal vez se desarrolló en ella entonces la punta de autoritarismo que muchos dan por sentado hoy, acompañada de un sentimiento, muy positivo, de autoexigencia.

El nacimiento de Constantino, dos años después de Sofía, había alejado a ésta un grado del trono, pues en Grecia —como hoy en España— la sucesión otorgaba preferencia al varón sobre la mujer para reinar. Federica tejió desde entonces para su hija otra corona de ensueño: la corona nupcial.

Apenas regresada de su internado alemán, Sofía se enamoró, aventuraron, de un joven griego. En Atenas la sociedad hablaba en voz baja del idilio, que tuvo que ser desmentido por la corte como carente de todo fundamento. ¿Quién fue el osado galanteador de la regia doncella? ¿Jorge Livanos, hijo de un industrial más rico aún que el célebre Onassis? ¿Pedro Nomicos, deportista de elite, primogénito de un diputado del parlamento heleno? ¿Juan Goulandris, un armador multimillonario? Los que deseen hallar pistas de estos supuestos amores juveniles deberán consultar la prensa de la época, por ejemplo *Le Figaro* del 4 de marzo de 1958. Federica decidió

41. «Sofía tuvo que ser acompañada de un preceptor griego con objeto de que no olvidase lo poco que había aprendido de esa lengua», precisaba *Gaceta Ilustrada* (23 de septiembre de 1961).

cortar por lo sano: su hija era bocado de rey. En Oslo, Olav V andaba también de cabeza para casar convenientemente a su único hijo, el príncipe Harald. Federica y Olav prepararon cuidadosamente su estrategia: en el verano de 1959 la familia real griega pasó una temporada en Noruega y Sofía participó, con Harald, en las regatas de Hankö.

Al verano siguiente, en 1960, se cambiaron los papeles y fue Harald el invitado a la villa de estío que los Glücksburg poseían en la paradisíaca isla de Corfú. El anuncio del compromiso se dio por inminente y la prensa batió sus tambores. Pero en Oslo planeaba el silencio. No sólo habían surgido problemas por cuestión prosaica, relacionada con la dote de la princesa: ni Corfú y sus delicias habían podido hacer olvidar a Harald el recuerdo de una compatriota, Sonia Haraldsen, hija del dueño de uno de los almacenes de Oslo, con quien inició una relación que suscitó el furor del rey Olav, que inscribió a su heredero en la universidad inglesa de Oxford a fin de mantenerlo alejado una temporada. Desgraciadamente para el rey noruego, el teléfono ya había sido inventado.

Federica llevó a cabo una tentativa desesperada de seducción y quiso presentarse en Inglaterra con su hija de la mano. La propia Sofía ha reconocido: «Yo sé que hubo mucho interés en casarnos. Se provocaron encuentros, se hicieron cábalas, corrió mucha tinta. El resultado de ese emparejamiento forzado fue nulo.»[42]

La cenicienta noruega había ganado la partida.

Dos jóvenes con cabeza

Es curioso ojear las revistas de la época. Las fotografías de la familia real griega en su residencia de Corfú el verano siguiente son idénticas, excepto por un detalle: en el puesto ocupado el año anterior por Harald de Noruega se sitúa ahora otro rubio regatista, Juan Carlos de Borbón, heredero del conde de Barcelona, jefe de la Casa Real española.

Don Juan, residente en la localidad portuguesa de Estoril, ha-

42. La declaración aparece en la *biografía autorizada,* pág. 110. Los diarios noruegos *Aftenposten* y *Dagbladet* de aquellos días recogen interesantes pormenores.

bía puesto trece años antes a su hijo Juan Carlos en manos del general Franco, pensando que comprometía al Caudillo y cerraba otras alternativas de continuidad de su régimen. El dictador, por su parte, estaba convencido de que con el hijo bajo su férula podría neutralizar al padre, chantajear a la dinastía y ofrecer al mundo una salida conforme a los intereses del área occidental en que se movía: la Monarquía, aunque fuese inventada e instaurada para su beneficio. De momento, había declarado a España «reino». Ya se vería a quién le convenía colocar en el trono desocupado, del que él se constituía piedra angular.

Juan Carlos de Borbón tiene en 1961 veintitrés años, la misma edad que Sofía de Grecia. Hasta entonces sólo le ha interesado una princesa, María Gabriela de Saboya, hija del exiliado rey Humberto II de Italia, que vive en Portugal, casi vecino de los condes de Barcelona. Pero María Gabriela no parece un partido excesivamente adecuado. Se deja cortejar por un aristocrático *play boy,* Kaddy Visconti, y por el guapo Alfonso de Borbón Dampierre, primo hermano de Juan Carlos. Su comportamiento es juzgado con rigor por el conde de Barcelona, que antes de seguir adelante encarga a unos allegados sondeen el ánimo de María Cecilia de Hohenzollern, hija del príncipe Luis Fernando, jefe de la Casa Imperial de Alemania. Ella está familiarizada con España, pues veranea en Calpe, habla con fluidez el castellano y pasa por ser una de las princesas más bellas de Europa. Es luterana, pero se muestra dispuesta a cambiar su credo por la fe católica, mayoritaria del pueblo español, condición que en aquel momento histórico parece inexcusable para una princesa de Asturias.

El conde de Barcelona, muy satisfecho, organiza el encuentro. Pero Juan Carlos no vibra. Como confiesa a la condesa italiana Olga Nicolis, con la que mantiene una relación: «No tengo muchas posibilidades de elección y prefiero a María Gabriela entre las que se consideran elegibles.»[43]

Por entonces, la noticia de que Harald de Noruega ha sido embrujado por la Haraldsen corre como la pólvora en el ámbito de la realeza. Federica de Grecia prefiere mirar hacia otro lado. Don Juan de Borbón también. Ambos coinciden en un mismo objetivo.

El 8 de junio de 1961, en la boda del duque de Kent, primo de

43. *Reina de corazones,* 1991.

Sofía de Grecia baila con su hermano Constantino el día de su puesta de largo. A la derecha, la princesa con galas de la corte helena. Su estilo en el vestir no se parecía, ni remotamente, al actual.

Como se aprecia en esta foto, en la boda del duque de Kent doña Sofía no tenía a Juan Carlos como «caballero acompañante» —según propaga la leyenda— sino a Harald de Noruega. El príncipe español se situaba entre su padre y Constantino de Grecia.

la reina de Inglaterra, el protocolo sienta a Sofía entre un Harald de ceño adusto y Constantino de Grecia, su hermano.[44] Según explica luego Sofía, en su *biografía autorizada*, en los días que precedieron y siguieron al matrimonio de los Kent, Juan Carlos y ella tuvieron ocasión de cenar juntos. «Hablamos con profundidad de muchas cosas, de su vida, de la mía, de filosofía, de religión.»

No hay por qué poner en duda esta versión que nos presenta a dos jóvenes sensatos proyectando su futuro en una época en que las monarquías aún no han perdido del todo el sentido dinástico que impone cumplir unas reglas de juego, sin las cuales la razón de su propia reivindicación histórica queda en entredicho. En el caso de Juan Carlos, la cosa está clara: su padre, tercer hijo varón de Alfonso XIII, se ha convertido en heredero de la Casa Real en virtud de las renuncias y los posteriores matrimonios desiguales de sus dos hermanos mayores. Él tiene que cumplir, por coherencia, con el precepto dinástico, peculiar de su dinastía, que exige su matrimonio con una princesa real, por si el azar depara, como todo parece indicarlo, el regreso al trono vacante, que el conde de Barcelona considera suyo.

Sin embargo, el investigador Jesús Palacios, que ha tenido la oportunidad de consultar los difícilmente accesibles archivos secretos de Franco, presta un toque digno de consideración: «En la boda de los Kent todo apuntaba a que las cosas estaban dispuestas de otro modo. Después de la ceremonia, el rey Olav iba a anunciar oficialmente el compromiso matrimonial de su hijo Harald con la princesa Sofía. Pero la víspera un angustiado Harald se pierde entre la niebla londinense. No puede seguir adelante. Se excusa con Sofía y se planta ante su padre.»[45]

La versión de doña Sofía y la de los archivos franquistas es complementaria: al quedar destrozadas las ilusiones sobre un tranquilo y sólido trono escandinavo forjadas por su madre, Sofía decide seguramente emprender su camino por el sendero, algo más tortuoso, que la encamina hacia la Corona de España.

Federica, escarmentada, no pierde el tiempo. Se dice: «Ése no

44. No es, por tanto, exacta la versión edulcorada de que «el protocolo asignó a Juan Carlos como caballero acompañante de Sofía», como puede comprobarse en revistas y noticiarios.

45. *Los papeles secretos de Franco,* 1996.

escapará.»[46] Es cuando invita al pimpollo a pasar el verano en Corfú. «Allí —escribe en sus memorias la reina griega— Sofía y Juanito decidieron unir sus vidas para siempre.» Saben lo que quieren y lo que se hacen. Han sellado su destino.

Olga Nicolis, condesa de Robilant, narra la situación con crudeza. Juan Carlos la busca en Roma por medio de Clemente Lequio —marido de su prima Sandra Torlonia, la que se pensó como esposa de Balduino—, al que el príncipe utiliza como compañero de correrías. Se encuentran en el Club 84. Bailan y se enardecen. Luego Lequio se esfuma y Juan Carlos lleva a Olga a la pensión Paisiello: «Acabamos en una horrible habitación con la colcha y la butaca de flores. A la mañana siguiente Juanito me contó que estaba prometido a Sofía de Grecia. Me enseñó el anillo que le había comprado. Eran dos rubíes con forma de corazón.»[47]

Tres meses después de la larga charla en Londres entre el príncipe español y la princesa griega, el 13 de septiembre de 1961, se anuncia oficialmente en Atenas su compromiso. Pocos noviazgos en la historia de las dinastías reales europeas habían sido tan rápidos como éste.

Dote y renuncia

El comunicado oficial heleno deja clara la posición del novio. Dice así:

> S.M. el Rey y S.A.R. el Conde de Barcelona tienen la excepcional dicha de anunciar el feliz acontecimiento del compromiso matrimonial de sus amados hijos S.A.R. la Princesa Sofía y S.A.R. el Príncipe de Asturias, *heredero del trono de España.*

Mientras, el *Boletín de la Secretaría del Consejo Privado de S.A.R. el Conde de Barcelona,* que viene a hacer las veces de heraldo oficial de la dinastía, subraya, en su número de octubre, tras dar cuenta del noviazgo:

46. Lo reconoce el propio don Juan Carlos en la *biografía autorizada* de la Reina (pág. 333): «Mi suegra, la reina Federica... pensó: "¡Éste no se me escapa!".»
47. Op. citada, pág. 328.

> La Monarquía hereditaria es la única forma de Estado que exige la existencia de una dinastía. Es un gobierno en el que la continuidad política está ligada a la de la sangre real; y asegurarla es uno de los deberes capitales de los príncipes. Por eso una boda regia, más que una brillante anécdota, *es un grave negocio de Estado.* Ésta es la *significación profunda* de los esponsales del Príncipe de Asturias.
>
> Don Juan Carlos es el primogénito del Jefe de la Casa Real española, don Juan de Borbón y Battenberg, heredero directo de nuestros Trastámaras, Austrias y Borbones, y rey, por ello, de las Españas. Los usos inveterados y las leyes sucesorias de la Corona de Castilla *eliminan de la transmisión de los derechos dinásticos a quienes han contraído matrimonios morganáticos o desiguales.* Las nupcias del Príncipe don Juan Carlos serán con una princesa que pertenece a una de las familias reales más antiguas de Europa y que, por tanto, *cumple plenamente este esencial requisito de nuestro ordenamiento jurídico.* Los Glucksburgo es la dinastía reinante de Grecia, Noruega y Dinamarca. El Príncipe don Juan Carlos, que cuando Dios disponga de la vida de su Augusto Padre, será el Rey de los españoles, ha elegido venturosamente como hombre y sobriamente como príncipe.

El final del comunicado suena hoy a broma:

> Los Reyes Pablo y Federica de Grecia, padres de la Princesa Sofía, son dos monarcas singularmente amados de su pueblo, y su trono es uno de los más firmes de Europa.

Las discusiones por la dote para la princesa, solicitada por su padre al parlamento griego, duraron tres días y resultaron muy violentas, pues se estimaba elevada. Finalmente se estipuló la cifra de nueve millones de dracmas, cuyo valor actualizado estaría hoy en torno a los cuatrocientos cincuenta millones de pesetas. Sofía renunciaría a sus eventuales derechos al trono heleno, por sí y por sus descendientes, aunque podría conservar la nacionalidad griega. (De este modo, a la muerte del rey Pablo, dos años después, su segunda hija, la princesa Irene, y no doña Sofía, quedó investida como heredera del reino, al estar su hermano Constantino todavía soltero.) Sofía formalizó su renuncia por escrito el mismo día de su boda, actuando de notarios el primer ministro Karamanlis y el ministro de Justicia Constantinopoulos. La ceremonia civil, celebrada en el salón del trono del palacio real de Atenas, requirió solo unos minutos.

Boda y conversión

El enlace de los príncipes de Asturias, celebrado con esplendor el 14 de mayo de 1962 en Atenas ante monárquicos españoles desplazados desde la Península, y representantes de numerosas Casas Reales, constituyó un gran triunfo para Federica, que había preparado todo al detalle. La carroza en que la novia desfilaría por las calles de la capital había pertenecido a la antigua Casa de Francia y era tirada por corceles blancos provenientes de Yugoslavia. Según se deduce de los archivos de Franco, la reina griega había maniobrado de manera efectiva, y efectista, para conseguir que el Caudillo se comprometiese a fondo en su adhesión a los novios. Franco envió a Grecia el mayor buque de la Armada, el crucero *Canarias*, con un embajador extraordinario, un ministro del gobierno, el de Marina, almirante Abárzuza, que llevaba a un simple teniente de infantería, don Juan Carlos de Borbón, nada menos que el collar de la orden de Carlos III, máxima condecoración civil española, concedida también a la novia.[48] El jefe del Estado hizo un regalo que costó un millón ochocientas mil pesetas de la época. La prensa, sometida al doble control —negativo de la censura clásica y positivo de la «inserción obligatoria»—, prestó un realce extraordinario durante varios días a todo lo que sucedía en Atenas, si bien existía la consigna de no hablar del padre del contrayente, colocando sobre don Juan de Borbón, cuando se le divisaba en una fotografía o noticiario, sombras o plantas ficticias para escamotear su imagen. Parecía que Sofía de Grecia se casaba con un huérfano... El dictador albergaba firmemente el propósito de prescindir del conde de Barcelona en la sucesión monárquica y promover directamente a don Juan Carlos para el «reino» instaurado a su gusto.

El problema religioso había proporcionado más quebraderos de cabeza que la dote. El *Boletín del Conde de Barcelona* se había hecho eco de una noticia que aseguraba que la boda se celebraría

48. Es extraño que no se haya calibrado este gesto de Franco en su justa importancia. Puesto que el general, que se hallaba investido de los máximos poderes para conceder toda clase de condecoraciones españolas, se había inhibido en cuanto a la Orden del Toisón de Oro se refería, concedió, como jefe del Estado español, el mayor de los honores al contrayente. Por otra parte, resultaba no menos significativo que un escuadrón del crucero español formase, con bandera y música, a lo largo de la avenida que conducía a la catedral católica.

«después de la conversión de la princesa al catolicismo», indispensable para una familia real que todavía no había eliminado la confesionalidad católica de la Corona de España. Pero doña Sofía se casó como devota ortodoxa, y ahora una de sus fijaciones, de la que habla extensamente en su *biografía autorizada*, es la de haber sido tachada de «hereje» por los monárquicos del entorno de su suegro. Preciso que jamás he escuchado de ninguno de ellos semejante epíteto. Quienes lo utilizaban para sus fines eran los partidarios carlistas de la rama dinástica en litigio. Además, no comprendo por qué Su Majestad se enoja tanto si, a fin de cuentas, no se convirtió al catolicismo hasta varios días *después* de la boda. Es imposible negar que se casó como cismática. Su acto de conversión resultó a la postre muy poco edificante, de creer a la pulcra periodista Pilar Urbano, transcriptora de las regias memorias, la cual en el programa *Cruce de caminos,* de Tele 5, emitido el 31 de octubre de 1998, contó al respecto:

> Durante su luna de miel, doña Sofía, en el barco *Eros*, en las aguas territoriales griegas, firmó una adhesión al Papa. A ella le importó un comino, como dice el Rey.

Márketing de una princesa

Todo se había desarrollado de manera tan rápida que los monárquicos juanistas tuvieron que improvisar su propaganda con los escasos elementos que acerca de la nueva princesa de Asturias se conocían. Los pocos años que Sofía vivió en Grecia no presentaban interés destacable. Siempre a la sombra de su madre, la princesa había pasado casi inadvertida para el pueblo llano. Se recordaba que había realizado un curso de puericultora, que había acompañado a Federica en algunas visitas a localidades griegas, y que tocaba el piano. Poco más. En aquella época el aspecto físico de la graciosa doña Sofía no era el de hoy. Tampoco su gusto en el vestir se parecía, ni remotamente, al actual.[49] Destacaba en el deporte de la

49. Marichu de la Mora reconocía en *Interviu* (13 de noviembre de 1980): «Ha cambiado la imagen de la Reina. Hace años llegó a España una princesa que no despertaba entusiasmos. Se preguntaban todos quién la vestía, la calzaba, la peinaba. No averiguaron su secreto.» Raquel Rodríguez señalaba en *Ya*: «Se coincide en afirmar que

Doña Sofía en 1961, cuando se prometió al heredero de don Juan de Borbón.

Los príncipes de Asturias el día de su boda, rodeados por doña Victoria Eugenia, los reyes Federica y Pablo de Grecia y la condesa de Barcelona.

Doña Sofía desplegó toda su astucia en el trato con doña Carmen Polo y con Franco, «a quien estima porque ha dado el trono a su marido», según se ha revelado recientemente.

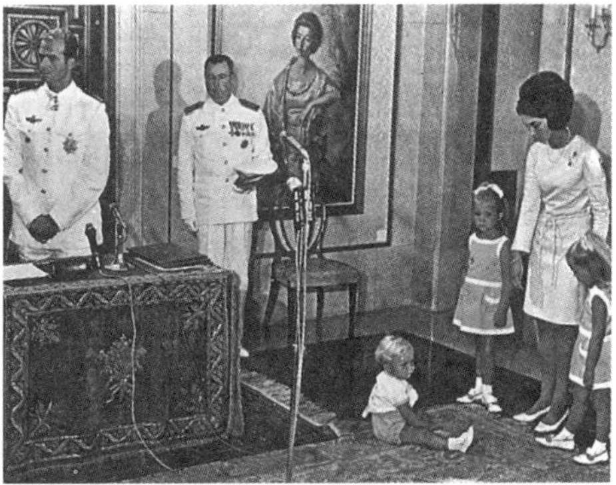

En 1969 don Juan Carlos aceptó la herencia del régimen, «en mi nombre y en el de mis sucesores», con lo que se involucraba a sus pequeños hijos, presentes en el acto.

vela y cuando le preguntaban: «Si hubiera nacido en otras circunstancias, ¿qué profesión habría elegido?», respondía: «Peluquera.» No se conocía aún el alcance de sus cualidades.

Afortunadamente un monárquico recordó que Su Alteza, con la colaboración de su hermana y un profesor, había publicado dos opúsculos —*Miscelánea arqueológica* y *Cerámicas en Decelia*— dedicados a su padre, el rey Pablo, «como muestra de cariño, devoción y profundo respeto en el día de su santo». A partir de ahí se lanzó la imagen de una princesa sabia y culta —«Sofía, investigadora de las riquezas arqueológicas de Grecia», titulaba, sin mentir, una revista vinculada al Opus Dei— y el académico Pemán se explayó recordando que «por su ascendencia griega [*sic*], la princesa venía a aportar esa sabiduría helénica de la cual todos aprenderíamos». Pero el primer autor que plasmó en un libro el márketing concebido por la secretaría de don Juan sobre la base de una nuera ideal fue Ramón Sierra, en una biografía propagandística del conde de Barcelona que se publicó después de la boda de los príncipes. Se partía de esta rudimentaria estrategia:

> También don Juan Carlos ha elegido muy bien a su esposa. La Princesa Sofía es una de las princesas mejor educadas de Europa. No sólo instruidas: educadas. Y educadas no, únicamente, en el Palacio Real de Atenas, sino en las estrecheces del destierro. Es bella, elegante, inteligente y cultísima y su saber no se limita a las disciplinas doctrinales, sino que aprendió, al lado de su Augusta madre, la Reina Federica, todas esas pequeñas artes domésticas que tan indispensables son para que los servicios de un palacio y de un hogar puedan funcionar bien dirigidos y fiscalizados. En el poco tiempo que lleva en España se ha sabido ganar la estimación de cuantos han tenido el honor de tratarla. Ha sabido identificarse con los españoles, como lo supieron hacer las Reinas Cristina y Victoria, que sin saber español, sin conocer a España, se ganaron inmediatamente el respeto y la devoción de todos.

---

la Reina ha ganado en elegancia y que durante los últimos años su estilo ha mejorado notablemente. Parece ser que ahora camina mejor, y ha ganado en naturalidad abandonando aquel estilo un tanto germánico que la envaraba un poco.» Antonio Burgos, tan riguroso y leal en temas reales, ha comentado en *El Mundo* (28 de noviembre de 1993): «Esta reina está ahora mucho más guapa que cuando se casó en Atenas con aquel cardado "gonflé" horrible en el peinado.» Lola Gavarrón en *Diario 16* (27 de abril de 1986), escribía con agudeza: «Es una mujer que, a pesar de sus cuidados atuendos, consigue que se la recuerde por sus gestos, y no por cómo iba vestida.»

Heredera en rebeldía

Cuando se publicó aquel libro, la pareja principesca vivía ya instalada en La Zarzuela, un palacete puesto a su disposición por la Jefatura del Estado sin dar explicaciones a nadie. Los monárquicos carlistas se atrevieron a disentir públicamente del dictador y el diario francés *Le Monde* recogía aquellas temeridades: «El presidente regional de los carlistas aragoneses ha presentado demanda contra don Juan Carlos de Borbón en base a la ocupación por el príncipe del palacio de La Zarzuela, perteneciente al Patrimonio Nacional. Según los carlistas, la ocupación de dicha mansión se ha producido pese a que don Juan Carlos de Borbón no posee privilegio ni título jurídico alguno que le autorice a ello. Por el contrario, hay muchos españoles que no disponen de vivienda y que contribuyen muy a pesar suyo a los gastos inherentes de esta ocupación. El general Franco cedió al príncipe el palacio de La Zarzuela tras su matrimonio con la princesa Sofía de Grecia, concediéndole por igual motivo una residencia civil y militar. Los dirigentes carlistas aseguran que los gastos de don Juan Carlos y de su palacio no figuran en ningún capítulo del presupuesto.» La demanda no prosperó, naturalmente.

Según Ricardo de la Cierva, atento observador de aquellos acontecimientos, el factor crematístico había movido a don Juan de Borbón, entre otras razones, para dar su consentimiento a que su hijo y su nuera fijaran su domicilio en Madrid, cuando el ministro López Rodó fue a Estoril con el ofrecimiento de una lista civil por valor de setecientas cincuenta mil pesetas anuales y la residencia gratis en el palacete.

Años después, el conde de Barcelona se percató de haber sido embaucado y, en junio de 1968, la revista *Mundo* recogió su lamento: «Llegó el momento del matrimonio del Príncipe y el error de algunos españoles. Juan Carlos era un enlace entre la Corona y el régimen actual de España, no un pretendiente al trono.»

En el tamiz de la legalidad franquista, ¿eran Juan Carlos y Sofía unos ciudadanos más? Estaba claro que no, aunque casi nadie osara expresarlo. Dos años después de su boda, don Juan Carlos fue situado, en el Desfile Militar del XXV Aniversario de la Victoria, en la misma tribuna y a la derecha del dictador. En la tribuna de enfrente aparecía doña Sofía junto a doña Carmen Polo, esposa del jefe del

Estado. Todo el mundo interpretó este hecho como otra indicación clarísima de las intenciones de Franco, aunque pocos monárquicos creían que el príncipe se avendría a suplantar a su padre.

El general, según comentó su primo y estrecho colaborador Franco Salgado-Araujo, opinaba que doña Sofía «era muy inteligente». Frédéric Mitterrand, sobrino del antiguo presidente francés, que se precia de conocer bien el perfil íntimo del hoy Rey de España, describe aquella situación de modo atendible:

> Sofía decidió jugarse el todo por el todo. Puesto que hasta entonces nada ni nadie parecía haber hecho mella en Franco, hombre de valores sencillos, entre los que la familia se situaba en primer lugar, tomó la costumbre de consultar al dictador sobre la educación de sus hijos y envolverlo en una atmósfera de alegría patriarcal. El truco era bastante burdo y Franco se percató muy bien de la maniobra, pero se dejó arrullar por la princesa con una sonrisa que sólo dedicaba a ella. La señora de Franco se puso también de parte de Sofía.[50]

En mi libro *Las perlas de la Corona* he pormenorizado, a tenor de lo que ella misma ha tenido a bien contar en su *biografía autorizada,* el comportamiento de aquella princesa de Asturias en rebeldía que, desde el mismo momento de su boda, si no antes, puso sus ojos, por encima de cualquier otra consideración, en la posesión de la Corona de España. Cada página del libro *La Reina* es un testimonio vivo de que nunca acertó Sofía a comprender que su papel era el de esposa del heredero dinástico, sometida por tanto a la autoridad del rey titular, su suegro; una posición que en todas las monarquías, reinantes o no, conlleva unas servidumbres que ella no quiso, o no supo, acatar; un papel subordinado, en todo caso, que no aceptó.

Federica, la reina de Grecia, suegra enérgica de don Juan Carlos, presionaba a don Juan para que cediera los trastos a su hijo. Muestra palmaria de la injerencia de la soberana helena en asuntos que eran de la exclusiva competencia de don Juan, como jefe de la Casa Real española, fueron un par de tentativas realizadas a través de su marido para que permitiese que «Juanito siguiera su propia vida». La relación entre el conde de Barcelona y Federica fue, a partir de entonces, deteriorándose, hasta que casi dejaron de tratarse.

50. Francisco Franco Salgado-Araujo, *Mis conversaciones privadas con Franco*, 1976, y Frédéric Mitterrand, *Destins d'étoiles,* 1992.

Los ojos dejan huella

En la *biografía autorizada* de la Reina, su autora, escrupulosamente, llega a consignar la transformación, digna del doctor Jeckyll, que —según ella ha observado— se produce en Su Majestad cuando hace referencia a los monárquicos que se jugaban el tipo permaneciendo fieles al rey en el exilio:

> A Sofía se le endurecen las facciones, frunce el entrecejo, tensa los pómulos, la línea de los labios se le adelgaza al apretarlos con fuerza...[51]

Es cierto. Yo también he observado esta expresión en la mujer de don Juan Carlos.

Fue en 1968, el día de la llegada de la reina Victoria Eugenia para amadrinar a su bisnieto Felipe, según hemos consignado. Una multitud se había reunido, sin convocatoria previa, en el aeropuerto de Barajas para recibir a la viuda de Alfonso XIII y a su hijo el conde de Barcelona. Yo era un mozo entusiasta que, junto a mis compañeros, aclamábamos a nuestro rey, sin hacer de menos a nadie. De repente —creo que ninguno de los que estábamos cerca de doña Sofía lo olvidará— ella se nos quedó mirando fría e impasible: AQUELLAS PERSONAS ACLAMABAN A SU SUEGRO, Y NO A SU MARIDO. La inquilina de La Zarzuela, habituada a tener al resto de la Familia Real española lejos, parecía no dar crédito a lo que veía. Acostumbrada a ser el centro de la atención monárquica, ESTABA MOLESTA por lo que ante su presencia sucedía.

Habíamos cuidado, en la medida de lo posible, a nuestra princesa de Asturias con solicitud. Cuando acudía a un acto público, a una mesa petitoria el día del Cáncer o de la Cruz Roja, algunos se situaban estratégicamente en las cercanías para proteger a Su Alteza de quienes podían insultarla o hacerle manifiesto desaire, como a veces sucedía, pues determinados jerarcas del régimen, que creían que Franco todavía no estaba decidido por su candidato, favorecían los incidentes, no sólo por parte de extremistas desaforados, sino de los carlistas, muy bien organizados, que en teatros, actos culturales o en la misma calle se dedicaban a silbar a Sofía y a gritar vi-

51. *La Reina*, pág. 188.

vas a sus príncipes, a la menor ocasión, como he detallado en mi libro *La familia rival* (1994).

Todo esto parecerá ahora pueril, pero entonces no lo era en absoluto. Se podría decir que actuábamos como hoy los guardaespaldas que rodean a Su Majestad, o como claque. Pero gratis.

Sin embargo, a juzgar por su mirada de hielo la primera vez que podíamos regocijarnos en España con la llegada de don Juan, Sofía se enrabietaba.[52]

Alfonso Ussía, monárquico de pro, evocó con mesura en *Época* el 23 de diciembre de 1996:

> *Eran tiempos difíciles y confusos, de entendimientos ásperos y dos posiciones decididas. Los que estaban con Franco y los que estaban con Don Juan. El acierto histórico de los primeros —más fácil— no debe significar el menosprecio de los segundos, menos realistas y más consecuentes. Está claro que el «monarquismo», con el Rey en el destierro, era militante. Bueno es recordar que en aquellos días lo cómodo era estar con el Príncipe y el Sistema, y lo incómodo con Don Juan y el aislamiento de Estoril.*

Por espacio de trece años Sofía esperó a que las previsiones sucesorias del reino sin rey se cumpliesen en su consorte. Trece años en los que vio la expulsión de sus rivales, los príncipes de la rama carlista; la caída de su hermano en Grecia, el nacimiento de sus tres hijos: Elena en 1963; Cristina, en 1965, y Felipe, en 1968. Un año después, el diario *Madrid* publicaba: «Aunque todavía no se ha dado la noticia oficialmente, sabemos de círculos allegados al palacio de La Zarzuela que la princesa doña Sofía se encuentra de nuevo en estado de buena esperanza. Para finales de la primavera, don Juan Carlos y doña Sofía verán aumentado el número de sus hijos a cuatro. Por este motivo, de ahora en adelante, la princesa hará una vida menos activa.»

52. Sin embargo, uno de los rasgos que definen el carácter de doña Sofía es intentar dominar en todo momento su actuación y la de su campechano consorte. Fernando Rayón, periodista y testigo fiable, narra a este respecto una anécdota reveladora: «Visitaban los Reyes el ayuntamiento de una ciudad donde el alcalde había entregado a don Juan Carlos una vara de mando. Al visitar el edificio, el monarca cedió el paso a doña Sofía. Al pasar, don Juan Carlos, mirando hacia otro lado, golpeó con la vara a doña Sofía en el culo. La mirada de la Reina hubiera petrificado a Atila...» *El Suplemento Semanal* (1 de noviembre de 1998).

Una fotografía de los príncipes los muestra por entonces junto a sus tres hijos. Las niñas han garabateado en una pizarra un hombre a tiza: «Fernando.»

Pero el ansiado segundo varón nunca llegará.

«Princesa de España»

El 22 de julio de 1969 Franco nombró sucesor suyo, con el rango futuro de Rey —petulancia extrema de un dictador—, a don Juan Carlos de Borbón y Borbón. Ocho días antes, por sorpresa, la prensa controlada anunció que el jefe del Estado iba a hacer uso de las prerrogativas que le concedía su propia ley de Sucesión; no se decía el nombre de la persona que iba a designar en aquella mascarada monárquica, aunque todo el mundo entendió inmediatamente que sería don Juan Carlos, el convidado de La Zarzuela. Parece que el príncipe telefoneó a su madre a Estoril para comunicarle la noticia de que se proponía aceptar. Horas más tarde, el embajador de España en Lisboa entregó a don Juan una carta en la que el general le notificaba su decisión. En un párrafo bien significativo le decía: «Yo desearía comprendiérais no se trata de una restauración, sino de la instauración de la Monarquía como coronación del proceso político del régimen, QUE EXIGE LA IDENTIFICACIÓN MÁS COMPLETA CON EL MISMO.» Para claro, el agua.[53]

Fue Sofía, poco familiarizada aún con nuestra Historia, la que sugirió el título de *Príncipes de España* que convertía a su marido y a ella en herederos del dictador, en sustitución de la denominación tradicional, hasta entonces ostentada privadamente, de Príncipes de Asturias, que ya no podían utilizar porque su reconocimiento oficial suponía la existencia de un rey titular. Doña Sofía no habría sido informada de que los monarcas españoles habían tenido a gala ser reyes «de las Españas»; es decir, un conjunto de países unidos por el azar dinástico bajo un mismo soberano, que era rey de Castilla en Valladolid, rey de Aragón en Zaragoza, rey de Navarra en Pamplona, señor de Vizcaya en Bilbao y conde de Barcelona en Cataluña, entre otros títulos de soberanía independientes entre sí.

53. Luis María Anson ha diseccionado aquellos acontecimientos, que vivió de cerca, en su indispensable obra *Don Juan* (1994).

A este propósito cabe tratar de otra de las obsesiones de Su Majestad la Reina, que es la referente a su apellido. A la extinción, en 1863, por la línea directa de la dinastía reinante en Dinamarca, entró a reinar en aquel país escandinavo, de acuerdo con las potencias de su tiempo, un pariente de la línea Schleswig-Holstein-Sonderburg-Glücksburg, abreviada por razones prácticas en Glücksburg. Aunque, entre la misma realeza contemporánea, tal es el nombre que se otorga a la dinastía reinante en Copenhague, tronco de las de Noruega y Grecia, los monarcas que reinaron en Atenas, percatándose de la animadversión que sus súbditos concedían a su apelativo germánico, eludieron su utilización, firmando los príncipes sólo con su nombre y el título «de Grecia». En el exilio, Constantino ha vuelto a ser denominado por la República, a efectos civiles, *«señor Glücksburg»*, lo que le parece peyorativo. El caso de doña Sofía es diferente: puesto que se casó cuando aún existía el reino heleno, como princesa real de Grecia, éste es el segundo apellido que han adoptado sus hijos. Ella figura inscrita en el censo de El Pardo como «Sofía de Grecia de Borbón», al no utilizar, como extranjera de origen, segundo apellido.

Durante los seis años en que doña Sofía actuó oficialmente como *Princesa de España*, esposa del sucesor designado, respaldó la ruptura de la unidad de la dinastía llevada a cabo por su marido, *tras haber éste aceptado, también en nombre de su hijo, la voluntad de Franco como criterio de legitimidad.*[54] La propia princesa Irene, hermana menor de Sofía, reconoció en la *biografía autorizada:* «Sinceramente, las relaciones entre Sofía y Don Juan estuvieron durante algún tiempo muy distantes.» Por el contrario, el clan griego cerraba filas en torno a la hermana ensalzada. Desde que por su falta de juicio Constantino se viera arrastrado al exilio, Sofía significaba, y sigue significando, para aquellos regios proscritos una garantía de bienestar. Al menos uno de los hijos de Federica seguía contando en las esferas del poder.

A la muerte de Franco, en 1975, Sofía, vestida de fucsia (pero sin diadema en la cabeza, contrariamente a lo que asegura, errando, la transcriptora de sus confidencias), «el torso erguido, la son-

54. El *Príncipe de España* manifestó su aceptación *«en mi nombre y en el de mis sucesores»*, con lo cual involucró directamente a su hijo Felipe en su acción. (Las infantas, según la normativa franquista, no podían reinar, aunque sí transmitir sus derechos a sus hijos varones.)

risa eutrapélica y ausente», asiste a la entronización de Juan Carlos I, que sube al trono sin el acuerdo de su padre y sin referéndum sobre la forma de Estado. Tres años después se aprueba la vigente Constitución resultado de la llamada «transición consensuada» de la dictadura al régimen actual, ordenado en un sistema político parlamentario. Pero la ausencia de ruptura con el régimen anterior, que tenía las manos manchadas de sangre, había desazonado sin duda a la nueva Reina, madre solícita, quien dicen que no cejó hasta conseguir que su hijo varón, Felipe, fuera nombrado, por decreto, Príncipe de Asturias —se volvía al título tradicional, comprendiendo el error del *Principado de España*— antes, incluso, de la puesta en vigor de la Constitución *(que se encontró, por lo tanto, con un heredero ya designado, conforme a las leyes franquistas anteriores a su promulgación)* y antes también de la renuncia a los derechos dinásticos llevada a cabo, meses después de la chapuza, por el desengañado y generoso abuelo del inocente niño. Tales eran las prisas por regularizar, con una unción de legitimidad histórica, la anómala situación de una Monarquía instaurada por querencia de un caduco general.

En su *biografía autorizada* la Reina demuestra tener ideas muy confusas al respecto, o bien pretende dar gato por liebre, pues, por ejemplo, reconoce al referirse con despego al almirante Carrero Blanco, vicepresidente del gobierno franquista: «Su línea de pensamiento político era ésa: una Monarquía instaurada, de nuevo cuño, que tomase su legitimidad y naturaleza del 18 de julio de 1936, del Movimiento. Y eso ya ni siquiera lo pensaba Franco.» Arguye la soberana, en apoyo de su tesis, que los ministros del general ya no llevaban camisa azul, sino blanca, y eran en su mayoría tecnócratas. Ante este pasaje, Rafael Borràs no puede menos que comentar en su libro *Los últimos Borbones* (1999): «Olvida Su Majestad la Reina, le guste o no cuando hace estas declaraciones —1996—, que la de Don Juan Carlos I es, precisamente, una Monarquía instaurada, cuya legitimidad arranca del Movimiento del 18 de julio.»[55]

Probablemente la Reina Sofía ha *pasado página* —como tantos

55. El embrollo de la Reina se pone de relieve en las propias manifestaciones de la transcriptora de su vida, cuya integridad periodística es proverbial, y consignó en *El Mundo* (19 de noviembre de 1996): «Doña Sofía estima a Francisco Franco *porque ha dado el trono a su marido.*» No es posible mayor reconocimiento del origen franquista del juancarlismo.

otros— sobre su propia actuación de princesa de Asturias desobediente. Justifica su adhesión al Caudillo con la oportunidad que se les brindaba de construir un futuro democrático, y de ahí el disimulo desplegado, por su marido y por ella misma, hacia el dictador. Los asesores de Su Majestad no le han hecho caer en la cuenta de que la Historia puede enjuiciar un día sus afirmaciones como despropósitos, pues simular la adhesión a un régimen para instalar otro no tiene una bonita definición, y los juramentos pudieran estimarse prestados sobre principios no sólo distintos, sino opuestos, en los que se involucraba incluso a su hijo.[56]

La reina política

Merced a la *biografía autorizada* de la Reina podemos apreciar también cierto maremágnum en torno al papel que le corresponde.

«Tengo un estatus como consorte del Rey —dice—. La esposa del presidente de una República, por muchas cosas que haga, por mucho protagonismo que tenga, por muy popular que sea, no forma parte del Estado. Yo sí. El Rey y la Reina, la Familia Real, formamos la Corona... Somos el Estado.»

Y prosigue: «Me moriré siendo Reina. Reina hasta la muerte. Aunque no reine. Aunque esté reinando mi hijo, o aunque me hayan exiliado... Ah, y eso de reina madre, no me gusta nada. Ni reina madre, ni reina viuda: reina Sofía.»

Y, como colofón: «Hay que ser monárquico porque lo dice la Constitución.»

Pues no. Su Majestad no es el Estado. Acudamos a un catedrático de Derecho Constitucional, Antonio Torres del Moral, que en uno de sus ensayos, nos informa:

> La Reina lleva una vida pública muy activa. ¿En calidad de qué actúa? Empezamos a entrar en el terreno del difícil equilibrio entre

56. Los historiadores del futuro habrán de tener en cuenta que doña Sofía bendijo su *biografía autorizada*: «Le gustó mucho, mucho, mucho. Lo dijo a la Casa Real. Es lógico; este libro es como un espejo en el que se mira», confiesa la transcriptora, Pilar Urbano (*Diez Minutos*, 28 de febrero de 1997). «El Rey y la Reina, los dos, han leído el libro antes de publicarse», confirma (*El Correo de Andalucía,* 3 de febrero de 1997). La obra es, en este sentido, un testimonio histórico de primera magnitud.

> el rigor del Derecho, la flexibilidad de la vida práctica y la deferencia y cortesía debidas a la dignidad de persona tan señalada. Pero el Derecho tiene sus exigencias que pueden, y acaso deben ser disimuladas de vez en vez, pero no ignoradas por completo. Pongamos un ejemplo. El Rey nombra a los ministros a propuesta del presidente del Gobierno. Después éstos toman posesión de su cargo ante el Rey, acto en el que hacen su juramento o promesa rituales. En el acto suele estar presente la Reina. Los medios de comunicación dan la noticia más o menos así: «Ayer los nuevos ministros tomaron posesión de sus cargos ante los Reyes.» Dicho con rotundidad, la noticia es incorrecta o poco rigurosa: los ministros juran o prometen su cargo ante el Rey, el cual, en dicho acto, está acompañado por la Reina. La presencia del Rey es absolutamente necesaria; la de la Reina no.
>
> Otro ejemplo. Una de las funciones constitucionales del Rey es el ejercicio del Alto Patronazgo de las Reales Academias. Pues bien, si el Rey preside un acto de una de ellas, está ejerciendo una función constitucional. Si lo preside la Reina (lo que, según creo, ha sucedido alguna vez), lo hace como primera dama de la nación, pero no en el ejercicio jurídico de una función constitucional.
>
> La jefatura del Estado es un órgano unipersonal. Su titular es el Rey. Con un propósito muy diferente al del clásico, podemos rememorar el título de su obra: «Del Rey abajo, ninguno.»[57]

Hasta aquí el catedrático. La Reina Sofía es, por lo tanto, una integrante del selecto club que forma la Familia Real. La Constitución vigente dice en su artículo 58 que no podrá ejercer funciones constitucionales, salvo lo dispuesto para la Regencia. Me parece significativo que Su Majestad se exprese de la manera en que lo hace en su *biografía autorizada.* Afirma su protagonismo manteniendo que nunca será la reina madre, o la reina viuda: será la Reina. En cuanto a su título, tras la eventualidad del exilio, ¿qué decir? Es evidente —pregunten a los griegos— que su hermano, para ellos, es el ex rey Constantino, y su cuñada, la ex reina Ana María, cuando no son tildados, innecesariamente, de «señores Glücksburg». Si un día Su Majestad pierde su posición actual, no dude de que pocos serán los que seguirán llamándola Reina. Solamente quienes le permanezcan fieles, como muchos lo fuimos a su suegro, don Juan.

Referente a lo de que «hay que ser monárquico porque lo dice la Constitución», los empleados de La Zarzuela tienen la responsabi-

57. *El Príncipe de Asturias,* 1997.

lidad de informar a doña Sofía de que ser monárquico no es una obligación constitucional. El respeto o, si se prefiere, el acatamiento a la vigente Carta Magna permite toda clase de opciones respecto a la forma de Estado. Según la tesis de la Reina, no podría haber en España republicanos. Ni en Grecia monárquicos.

Me quedo con una frase de un biógrafo de la Señora, Fernando Rayón: *«En contra de lo que dice la periodista Pilar Urbano en su libro sobre la Reina, doña Sofía sí hizo política. Hubo reuniones en La Zarzuela donde los asistentes se sorprendieron, en primera instancia, de su presencia. Sólo ella, con su silencio, se encargó de no herir susceptibilidades. Pero allí estaba. Su presencia no era como la de su madre, la reina Federica, en Grecia. Esa lección ya la tenía aprendida.»*[58]

Las cosas del querer

Fue Jaime Peñafiel, en su sección semanal del diario *El Mundo* (8 de septiembre de 1996) quien, como puntual informador en su especialidad, hubo de referirse con tacto al tema de la *«maltrecha felicidad»* de nuestros Reyes. Con anterioridad había publicado un libro *¡Dios salve a la Reina!* (1993) donde facilitaba elementos en torno a la delicada cuestión.

Me he propuesto, deliberadamente, pasar como sobre ascuas por este capítulo, ineludible, de otra parte, dada la calidad de la regia protagonista. Siendo, como es, la Monarquía una institución hereditaria, los asuntos de la Familia Real pertenecen a todos. Como recordó, durante una de las supuestas crisis matrimoniales de la pareja real, *Diario 16:* «La esfera de la privacidad se restringe enormemente cuando se trata de personas que ocupan una función pública, cuyos afectos, indisposiciones, cansancios o cualquier alteración de sus sentimientos, pueden repercutir en la toma de sus decisiones, en la medida en que esas determinaciones repercuten, a veces, incluso, de manera decisiva, en la vida del resto de los ciudadanos.»

El primer motivo de inquietud saltó a la palestra apenas mes y medio después de la coronación. El lunes 12 de enero de 1976 —el

58. Artículo citado. Rayón es autor de *Sofía de Grecia, la Reina* (1993).

mismo día en que falleció Agatha Christie, la celebrada autora de novelas de misterio— Sofía desapareció de La Zarzuela sin dejar rastro aparente. Peor aún: se había llevado con ella a sus tres hijos. Y dio la impresión de que se había refugiado en los brazos de su madre.

Federica vivía en Madrás, dedicada al estudio de la filosofía y la religión hindúes. Vestía, como su hija menor, Irene, el típico sari, y se había convertido en vegetariana. Su iniciación en el misticismo corría a cargo de un reputado gurú.

El rumor público se extendió por Madrid y finalmente tuvo que informarse de que Su Majestad había tenido que acudir a la India para visitar a su madre, «que se hallaba enferma». La revista *España 21* publicó (15 de febrero de 1976), con las naturales reservas de la censura solapada del gobierno Arias, este comentario:

> Nada más normal ni más legítimo por parte de una hija solícita y preocupada por el estado de salud de su madre que desplazarse a su lado. No ha sido el viaje en sí lo que ha dado lugar a comentarios entre ciertos sectores de la vida política, sino el hecho de que Su Majestad se haya llevado a su hijo consigo. Un gesto tan corriente y tan común como éste —el que un nieto acuda a visitar a su abuela enferma— ha suscitado, sin embargo, una serie de peregrinas lucubraciones, carentes de fundamento, y preguntas de esta índole: «¿Con qué derecho la Reina se ha llevado al príncipe fuera del país? ¿Puede legalmente el heredero de la Corona abandonar España sin que se rindan cuentas al Gobierno, contrariamente a lo que sucede en las restantes Monarquías del mundo?»

Doce días después de su marcha, Sofía regresó a Madrid con sus niños.

Mayor repercusión tuvo —ya estábamos en democracia— la segunda escapada de Su Majestad. El 7 de septiembre de 1979, en el curso de sus vacaciones en Mallorca, la soberana reprodujo su extravío. Desde Palma voló a Francfort y luego directamente a Madrás. Volvió a llevarse a don Felipe (lo que ahora era más grave, puesto que la figura del heredero de la Corona ya estaba recogida en la Constitución, promulgada el año anterior) y a las dos infantas. Se escucharon versiones muy fuertes sobre la desavenencia de los Reyes y la revista *Sábado Gráfico* publicó el 3 de octubre dos artículos de enjundia. El primero, histórico, se titulaba «También María Cristina se quiso ir», y hacía alusión a la segunda esposa de Alfonso XII, cuando, cansada de los amoríos de éste, decidió marcharse de España. El otro, de actualidad, se titulaba «Más prudencia, Majestad» y decía así:

> Se llega a encoger el corazón cuando la tranquilidad del país es puesta en juego, aunque sea sin intencionalidad, por motivos estrictamente privados. La Reina Sofía decidió visitar a su madre, Federica de Grecia, en Madrás, y se llevó consigo al príncipe Felipe, heredero de la Corona, y a las infantas. Es ésta, recordemos, la segunda vez que lo hace en los últimos años. En el primer viaje, vía Londres, los servicios de seguridad españoles pasaron unas cuantas horas de acongojamiento por desconocer casi el programa y las razones del mismo. Tres cuartos de esto ha ocurrido ahora, según informaciones solventes.
>
> En unos momentos en los que el terrorismo internacional ha alcanzado unos grados de perfección más que notables y que el nacional, sobre todo el etarra, se mueve fuera de nuestras fronteras como pez en el agua, creemos sinceramente que no es razón suficiente el visitar a la abuela en las antípodas del mundo para poner en peligro, por mínimo que sea, la integridad física del sucesor al trono. Doña Federica, por otra parte, ha pasado con su hijo Constantino y familia todas las vacaciones de este verano en Mallorca, invitada por los Reyes de España.
>
> Una institución como la Monarquía, que cumple una función capital en la afirmación democrática del país, es algo que trasciende la simple voluntad de las personas privadas, aunque estas personas sean regias. La Familia Real en pleno, con la excepción del Rey, realizó un vuelo que, por grandes que hayan sido las medidas de seguridad adoptadas (y parece que no ha sido así), era potencialmente peligroso. En estas circunstancias, el viaje, aunque la Constitución sea imprecisa en un tema de tal importancia, parecía, cuando menos, desaconsejable. [...] En el regreso, a bordo de un avión de la Indian Airlines, hubo una amenaza de bomba que retrasó la salida varias horas. La amenaza no fue real, por fortuna, pero siempre cabe la posibilidad de que un maldito artefacto se cuele en un equipaje y traiga un caos que este país de casi 37 millones de habitantes no se merece. Así que lo pedimos con respeto, pero con energía: ¡más prudencia, Majestad!

Sofía regresó con sus hijos el 21 de septiembre. Su marido la acogió en el aeropuerto. Se tomaron de la mano —raro gesto afectivo en ellos— y permitieron que la prensa los retratara en pose idílica. Lo que nadie pudo explicarse fue por qué la infanta doña

Sofía viaja **¡Más prudencia, Majestad!**

SE llega a encoger el corazon cuando la tranquilidad del país es puesta en juego, aunque sea sin intencionalidad, por motivos estrictamente privados. La Reina Sofía decidió visitar a su madre, doña Federica de Grecia, en Madrás (India), donde reside con frecuencia, y se llevó consigo al príncipe Felipe, heredero de la Corona, y a las infantas. Es ésta, recordemos, la segunda vez que lo hace en los últimos años. En el primer viaje, vía Londres, los servicios de seguridad españoles pasaron unas cuantas horas de acongojamiento por desconocer casi el programa y las razones del mismo. Tres cuartos de esto ha ocurrido ahora, según informaciones solventes.

En unos momentos en que el terrorismo internacional ha alcanzado unos grados de perfección más que notables y que el nacional, sobre todo el etarra, se mueve fuera de nuestras fronteras como pez en el agua, con unas posibilidades financieras dignas de Goldfinger, creemos sinceramente que no es razón suficiente el visitar a la abuela en las antípodas del mundo para poner en peligro, por mínimo que sea, la integridad física del sucesor al Trono. Doña Federica, por otra parte, ha pasado con su hijo Constantino y familia todas las vacaciones de este verano en Mallorca, invitada por los Reyes de España.

Una institución como la Monarquía, que cumple una función capital en la afirmación democrática del país, es algo que trasciende la simple voluntad de las personas privadas, aunque estas personas sean regias. La familia real en pleno, con la excepción del Rey, realizó un vuelo que, por grandes que hayan sido las medidas de seguridad adoptadas (y parece que no ha sido así), era potencialmente peligroso. En estas circunstancias, el viaje, aunque la Constitución sea imprecisa en un tema de tal importancia, parecía, cuando menos, desaconsejable.

Es una laguna de nuestra Constitución, que ni siquiera tiene prevista la representación del Jefe del Estado (Su Majestad, en este caso) durante sus ausencias, que no son infrecuentes ni cortas. El propio Franco había reglamentado este supuesto.

En el regreso, a bordo de un avión de la Indian Airlines, hubo una amenaza de bomba que retrasó la salida varias horas. La amenaza no fue real, por fortuna, pero siempre cabe la posibilidad de que un maldito artefacto se cuele en un equipaje y traiga un caos que este país de casi 37 millones de habitantes no se merece. Así que lo pedimos con respeto, pero con energía: ¡más prudencia, Majestad! ■

SG

En 1976 y 1979, algunas publicaciones se hicieron eco de la preocupación que suscitaban las ausencias de Su Majestad la Reina llevándose a todos sus hijos.

En 1992 la revista estadounidense Vanity Fair *desencadenó en varios semanarios europeos —como* Point de Vue— *informaciones hasta entonces consideradas materia reservada por la Casa Real.*

La anciana Victoria Luisa con su hija Federica, sus nietos Constantino, Ana María y Sofía, y sus bisnietos españoles y griegos, tras haber reanudado sus relaciones familiares, largo tiempo interrumpidas.

Margarita, hermana de don Juan Carlos, y su marido, el doctor Zurita, se habían reunido con la Reina y sus hijos en el aeropuerto de Francfort. Se dijo que habían actuado como decisivos intermediarios de una supuesta reconciliación conyugal.

Luego, el que ha desaparecido, de vez en cuando, ha sido el Rey. En el verano de 1992 un problema emocional estalló. Entonces Sofía de Grecia demostró sus tablas como Reina.

Ya no huyó. Lo afrontó. Y se ganó la admiración de españolas y españoles o, por lo menos, su respeto.

Cambios en el entorno

Don Alfonso de Borbón Dampierre, duque de Cádiz, opinó en cierta ocasión sobre la mujer de su primo hermano Juan Carlos: «Lo que sí tiene ella muy claro es que ha sido la hija de un rey y sabe lo que es la corte. Por lo menos, la corte griega. Ocurre, no obstante, que la nuestra es una familia muy especial, con mil años de Historia a sus espaldas, y esto la hace muy compleja. Por eso no es todo tan sencillo como pudiera serlo en otro país.»[59]

No es que le costase a doña Sofía acostumbrarse a respetables tradiciones de la Monarquía española, sino que las despreció. Provenía de un país sin títulos de nobleza, donde sus antepasados apenas habían reinado cien años. La corte de Atenas era, bajo Federica, un edén de servilismo, al cuidado de funcionarios palatinos elegidos por su caprichoso dedo. Algunos pasajes de los relatos de los diplomáticos extranjeros que vivieron en Grecia durante aquel reinado más parecen impúdica novela que historia veraz.[60] Sofía, internada en la escuela alemana, creció educada estrictamente, pero cuando regresó a Atenas, sin duda no dejaría de influirle aquella

59. *Diario 16* (7 de diciembre de 1986).

60. Jacques Baeyens y Guy Girard de Charbonnières, embajadores de Francia, y Roger Peyreffite, secretario de la embajada gala, entre ellos. El consejero de la embajada española, Gonzalo Fernández de la Mora, fue mucho más comedido en sus observaciones: «Pablo de Grecia no destacaba por su talento, sino por su honestidad [...]. A la reina Federica le gustaba la política e intervenía en ella. Involuntariamente fue, como tantos palatinos, una invitación a la república» (*Río arriba: memorias*, 1995).

coba enfermiza y contagiosa. De un lado, la hacía sentirse superior, diferente, princesa, lo que avivó positivamente su sentido, ya desarrollado en Salem, de la autoexigencia. De otro, la introdujo en un mundo de halagos irreal.

Cuando llegó a España se percató, en cambio, de que la añeja nobleza la miraba cara a cara. Algunas de nuestras duquesas y marquesas de la época se habían hecho lenguas de la corte arribista de Federica, que habían tenido ocasión de vislumbrar con motivo de la boda y sus preparativos. A Sofía le sublevaba el hecho de que determinadas damas de altos vuelos la contemplasen con aire condescendiente, como significándole su calidad de princesa menesterosa —Grecia era la Monarquía más «pobre» de Europa—; la misma táctica que habían utilizado para torear a doña Victoria Eugenia.

Parece que la viuda de Alfonso XIII, recordando sus cuitas, había recomendado a Sofía que zanjase el asunto de cuajo, prescindiendo de aristócratas parásitos. Y le asistía toda la razón.

Se lanzó enseguida la especie de que La Zarzuela nunca admitiría una corte de «pelucones empolvados»; que unas señoras habían ido a ofrecerse como camareras de palacio y la Reina les respondió que ella lo que precisaba eran cocineras.

Pero una cosa era prescindir de la nobleza española, soporte durante siglos de la Monarquía, y otra muy distinta sustituirla por panegiristas de profesión, al estilo de la corte helena, o por tipos francamente indeseables. Se dijo y redijo que las camarillas jamás resurgirían en palacio. ¿Y en qué quedó todo? En reemplazar a la aristocracia de la sangre por la del dinero. Es cierto que en La Zarzuela trabajan probos funcionarios a sueldo; que Sofía ha mudado las damas de honor por secretarias, alguna curiosamente numeraria del Opus Dei. Ellos y ellas proyectan la imagen de una mujer que huye de los protocolos, que prefiere los vestidos *pret-à-porter*; que tiene más perros, veintisiete, que amigas, una;[61] que es, según definición de su biógrafa Pilar Urbano, una «egregia maruja».

Sin embargo, basta con echar un vistazo a la prensa de los últimos años para percatarse de que, en cierto sentido, los buenos propósitos iniciales de la Reina se han convertido —me atrevería a decir que muy a su pesar— en una tediosa danza cortesana. Palma

61. «No ha tenido nunca una amiga, salvo su prima la princesa Tatiana Radziwill», declaró Pilar Urbano a *Diez Minutos* (28 de febrero de 1997).

de Mallorca, en verano; Baqueira Beret, en las vacaciones invernales, parecen una feria de aprovechados en pos de Sus Majestades y Altezas. Nombres que hace sólo una década eran reverenciados por su intimidad e influencia en la Casa Real son ahora puestos en la picota, cuando no paseados por los tribunales. La prensa alza un poco la punta del velo: *Cambio 16:* «Los aduladores del Rey»; *Tribuna:* «Así se forran los amigos del Rey»; *Nuevo Plus:* «Zorra, loca y amante del Rey»; *Época:* «La Reina afronta en silencio los rumores sobre las ausencias del Rey.»

El tabú real

A la vista de las nubes, Sofía comprende que hay que poner al cubierto su propio patio. Sabe, desde la altura de su experiencia, que las familias reales que aun poseen el privilegio de reinar tienen que ser —o aparentar ser— modélicas para justificar su existencia; el ejemplo de la decadencia de la Corona británica es patente. En sus primeros tiempos Sofía se ha contentado con ejercer una influencia oculta. Poco a poco, abandona el lugar de la sombra, con discreción. «Omnipresente, acompaña al Rey a todas las manifestaciones oficiales, nunca ha faltado a un viaje real —ha consignado su biógrafa francesa Françoise Laot—; insensiblemente, controla los resortes de la Monarquía y aunque Juan Carlos toma las decisiones, a menudo ella es la inspiradora. Generalmente, la afortunada inspiradora. La concentración del despacho del Rey y de su domicilio en La Zarzuela hace que nada, o casi nada, se le escape.» Ahora, sus actividades públicas se multiplican.

La señora Laot es extranjera y pudo expresarse sin restricciones. Existe en nuestro país, no es ningún secreto, un acuerdo tácito entre la prensa para mantener la boca cerrada, o casi, en pro de una transición difícil, aunque ya superada. Es lo que damos en llamar el «Tabú Real». Mientras que en las restantes monarquías europeas la información sobre los soberanos, jefes del Estado, es muy detallada y no existen problemas para hablar de sus legítimos negocios, ni para comentar sus azares familiares, persiste en La Zarzuela una tradición de halagos al poder, heredada de Franco, que parece difícil de erradicar. Conocemos de la Reina y los suyos sólo lo que quieren que conozcamos. La Casa Real, mediante sutiles métodos de control, se encarga de que sólo les veamos como personas simpáticas y sencillas, incapaces de desafinar. Por ejemplo, una jefa de prensa apodada, por su celo, «la Tercera Infanta», impide que se pueda fotografiar a la Familia Real fuera de lo que ella entiende debe ser. Dicha señorita —una excelente funcionaria, por lo demás— ha llegado a repartir notas a los asistentes a las recepciones que ofrece palacio, de este tenor: «Se recuerda que las conversaciones de Su Majestad no se podrán difundir.» (*Época*, 10 de mayo de 1999.) Hemos alcanzado un punto en el que el respeto que se le tiene a los Reyes, como anota el escritor Vicente Verdú, «raya en la autocensura».

Las reprimendas de los chambelanes de la Casa Real penden como espada de Damocles sobre distinguidas cabezas. No se escatiman medios para garantizar la continuidad del pacto de silencio. Casi como cuando el Caudillo veraneaba en el pazo de Meirás. De Franco sólo se publicaban fotografías en que aparecía pescando o rodeado de sus nietos. De la Familia Real en Mallorca no se publican fotos, aparte de las que se realizan, con el consentimiento oficial, cuando se encuentran en el Club Náutico de Palma, a punto de embarcar en sus veleros o preparándose para salir a navegar. El curtido periodista Basilio Rogado, en su libro *Flash mortal* (1997) comenta: «Estamos ante fotos políticamente correctas, con pie políticamente correcto, de la siguiente guisa: "Igual que si fuera uno más de la tripulación, el príncipe Felipe se afana en las tareas de limpieza del *Aifos*." Toda esta información oficial/oficiosa conducirá al desconocimiento de la personalidad del que, un día, puede llegar a ser rey de España.» Sobre el tema de las diversiones en tierra del joven heredero, cae el más absoluto silencio. En su obra *Cazadores de noticias* (1997), Miguel Ángel Nieto expone el hecho de que otro compañero, José Ayala, nunca vio publicado su trabajo en el último ejemplar del diario *Claro;* un número que jamás llegó a los quioscos y que rezaba el siguiente titular de portada: *«Drogas, la razón por la que Isabel Sartorius nunca será Reina de España.»* El periódico contaba cómo doña Sofía habría frustrado el idilio del príncipe con la escultural rubiales a causa de su familia. El Gran Wyoming fue apartado fulminantemente de la televisión pública, en un alarde inquisitorial, por haber invitado a su programa al escritor catalán Quim Monzó, supuestamente crítico con la infanta Elena. Wyoming dice ahora con cierta sorna: «Cuanto más invisible sea la Corona, mejor para todos.»

En junio de 1997 la revista *Muove* lanzó una pregunta que quemaba los labios: ¿Por qué no se informaba sobre la Casa Real de una manera verdaderamente adulta? «Claro que hablar de la Real Familia sin restricción alguna —añadía la publicación— le sigue poniendo a todo el mundo la carne de gallina. Porque significa, por ejemplo, hacer público un dato que casi nadie conoce: un presupuesto desglosado de la Corona española. El dinero que aportamos entre todos los contribuyentes asciende a 2.000 pesetas por minuto, es decir mil millones al año. Nada hay de extraño en ello. En países como el Reino Unido, se vota incluso en el Parlamento la lista detallada de asignaciones que recibe cada miembro de la Casa de Su Majestad. Actualmente, cuando ya se empieza a rumorear que don Juan Carlos abdicará en su hijo tan pronto como lo haya casado, la mitad de los españoles, especialmente los de mayor nivel cultural y mejor estatus económico, y también los españoles comprendidos entre 25 y 45 años, desean terminar con el Tabú Real.»

Ciertamente —aun sabiendo que la Constitución autoriza al Rey a repartir libremente lo que recibe del Estado— cualquier español es dueño de preguntarse si los sofisticados conjuntos que pasea doña Elena en sus tareas de representación salen del bolsillo del marido de la duquesa de Lugo o del erario público; si algún viaje a Oslo del Príncipe de Asturias, con guardaespaldas, en pos de la maniquí noruega que frecuenta o los repetidos desplazamientos a Londres de Su Majestad la Reina, que pasa más fines de semana con sus hermanos, según dicen, que con su marido —«Londres es algo así como mi segundo hogar», precisó doña Sofía en *Semana* (20 de mayo de 1987)—, se inscriben en partida oficial o particular; si la llamada «colonia griega» veranea a pan y cuchillo en Palma, a costa del pobre cuñado (y, por ende, nuestra), o cómo es posible que la soberana, que considera ya pasados los tiempos en que a la puerta de algunos establecimientos comerciales podía leerse, con legítimo orgullo, «Proveedor de la Casa Real», acepte, en cambio, que su hija Cristina patronee un velero con el reclamo de una fragancia de la firma Puig, o su yerno Marichalar navegue patrocinado con el emblema de La Casera, gaseosa sin par.

Eso sí, Sofía, pulverizada aparentemente la corte de los milagros estival, toma en 1999 el timón de las vacaciones mallorquinas, donde sólo privará, si de ella depende, el decoro.

Dos reinas

«Tras cuarenta años de un jefe del Estado, Franco, que no tenía el Bachillerato y cuya sensibilidad artística alcanzaba su límite en las coplas de Raphael y las danzas de Antoñita Moreno, disponemos ahora de una reina en la que se funden, armoniosamente, la dureza del difícil pensamiento alemán y las gracias creadoras de los griegos», escribía en *Qué* (27 de febrero de 1978) el galante Manolo Martín Ferrand. Nadie regatea sus elogios a doña Sofía máxime cuando, como en este caso, la halagada los merece. Pero hay quien matiza lo matizable. Verbigracia, José Luis de Vilallonga, biógrafo elegido personalmente por don Juan Carlos para desnudarle su alma, que subraya en su obra *Franco y el rey* (1998) lo siguiente:

> Hay quien dice que las inquietudes intelectuales de la Reina son muy superiores a las del Rey. Es del dominio público que a doña Sofía le gusta la música y la pintura y para dar prueba de ello asiste a todos los conciertos importantes e inaugura exposiciones en las grandes galerías de arte. Pero ¿a qué clase de música van sus preferencias? ¿Mozart o Bach? ¿Los barrocos o los románticos? ¿Escucha a Telemann o a Mahler cuando se siente sola? En cuanto a sus gustos pictóricos es difícil saber si es sincera cuando ensalza a Picasso o Klimt. ¿Qué piensa de los impresionistas franceses o de los grandes retratistas ingleses del siglo XVIII? Nadie lo sabe. La Reina escucha con la misma sonrisa un concierto de Rachmaninov que una balada irlandesa interpretada por Plácido Domingo. Y con esa misma sonrisa se queda parada frente a un cuadro de Lucien Freud o una tela de Barceló. No escribimos esto con ánimo de poner en duda los conocimientos musicales y los gustos pictóricos de doña Sofía. Ella sabe que su obligación es sonreír, le guste o no lo que escuche o lo que vea. Quizá sus labios dibujen la misma sonrisa cuando, en la soledad de sus habitaciones, se decida por un libro antes de meterse en la cama. Pero ¿qué lee la Reina? ¿Cuáles son —si es que los tiene— sus libros de cabecera? La hemos visto saludar cariñosamente a Cela, pero ¿ha leído *La familia de Pascual Duarte*? La Reina sigue sonriendo, impertérrita, cuando Cabrera Infante se olvida de darle la mano al recibir el Cervantes. Pero ¿sería capaz de enzarzarse en una conversación con el cubano a propósito de su último libro? Nadie lo sabe ni lo sabrá nunca.

Una gran reina española sería la que supiera hablar a la perfección las cuatro lenguas de España. Pero la conversación en inglés es habitual entre los miembros de nuestra Familia Real: un punto de coincidencia de Sofía con su predecesora, la reina Victoria Eugenia, de la que la separan grandes diferencias y la enlazan varias semejanzas.

Vamos con las diferencias:

1.ª Desde el día de su boda con don Alfonso XIII, en 1906, la princesa Victoria Eugenia de Battenberg se convierte en reina. Sofía tendrá que esperar trece años (1962-1975) desde su venida a España hasta ceñir la Corona.

2.ª Victoria Eugenia sube al trono sin un conocimiento previo del país, al que acaba de llegar. Sofía, durante siete años como «invitada de Franco», con cargo al presupuesto del Estado (1962-1969) y seis como *Princesa de España* (1969-1975), tiene la oportunidad de conocer el país y los españoles antes de acceder al trono.

3.ª Victoria Eugenia reside en el palacio de Oriente, con la horda cortesana a tope; Sofía en el palacete de La Zarzuela, rodeada de una camarilla funcional y reducida (aunque avezada igualmente en la lisonja).

4.ª Victoria Eugenia tiene que convivir con su suegra, la reina doña María Cristina de Habsburgo-Lorena, antigua regente, durante veintitrés años, bajo el mismo techo (1906-1929). Sofía vive sola, dueña y señora de su marido e hijo —a quien también ha puesto despacho a su vera—, y sólo ve a su suegra, la condesa de Barcelona, en plan de visita.

5.ª Victoria Eugenia vive amargada por la hemofilia de dos de sus hijos, el mayor y el menor, y la sordomudez del segundo. Sofía tiene tres hijos sanos.

6.ª Tras la caída de la Monarquía en España, en 1931, Victoria Eugenia puede volver libremente a su país natal, Gran Bretaña. Sofía no regresa a Grecia más que en tres ocasiones: el entierro de su madre, con limitación de tiempo, un viaje de Estado y otro privado.

7.ª Los hijos de Victoria Eugenia que contraen matrimonio con personas ajenas a la realeza, renuncian a sus eventuales derechos sucesorios; las dos hijas de Sofía, que obran del mismo modo, no.

Y observemos ahora las semejanzas:

1.ª Tanto Victoria Eugenia como Sofía abandonan su religión con la mirada puesta en el trono de los españoles, de mayoría católica.

2.ª Ni Victoria Eugenia ni Sofía comparten idénticas inquietudes culturales con sus respectivos maridos.

3.ª Al igual que Victoria Eugenia, doña Sofía detesta los toros, fiesta nacional.

4.ª Las dos aman las joyas con fruición. Aunque una las luce y la otra las contempla, salvo exhibiciones ocasionales. (Véase la nota 36 en el capítulo anterior.)

5.ª El vulgo achaca, a los maridos de ambas, un temperamento voluble.

6.ª Tanto Victoria Eugenia como Sofía son aficionadas a lo esotérico. Recordemos el fajo de herraduras de doña Victoria, a modo de amuleto y su angustia por la «maldición» protestante. A doña Sofía no debe hacerle ni pizca de gracia una antigua predicción que se sitúa hacia el año 2001 y parece afectarla, pues augura calamidades para *«una dama griega, dotada de virtudes y trasladada al reino hispánico.»*[62]

Nuestra Reina es prácticamente vegetariana, como su madre y su hermana. Esto es cosa sabida y que ha dado lugar a ciertas complicaciones. Como cuando en 1990 una peña madrileña le impuso el *Garbanzo de Plata.* Según la costumbre, el personal degusta a continuación un sabrosísimo cocido. Mas, para consternación de los indígenas, Su Majestad declinó el tradicional condumio y se hizo servir en su lugar una sopita de verduras y un lenguado con seis simbólicos garbanzos. La esbelta doña Sofía ha llegado así a ser una abuela de inmejorable aspecto que, vestida de aparato, resulta aún más atractiva y galana. El imperio de la prensa del corazón hace entonces su agosto, su septiembre y su octubre. «El poder y la influencia de la prensa rosa es uno de los más firmes soportes de los tronos», me ha dicho un primo de doña Sofía, nada bobo, cuyo linaje, destronado, vive discretísimamente de exclusivas con clase. La Reina lo ignora, o finge ignorarlo. «Si se entera, estamos perdidos —comenta el pariente— porque exige a los demás lo que constantemente se exige a ella misma: ser perfecta.»

62. Sobre esta espeluznante profecía véase *Tiempo* (10 de enero de 1994).

La mano que mece la cuna

La Reina es, como su madre y su abuela, anticomunista,[63] y uno de los pocos deslices que ha tenido con la prensa, en Viena, fue por este motivo, en base a unas declaraciones que juzgaron desdeñosas algunos miembros del partido político en cuestión. Según la receptora de sus pensamientos, Su Majestad «cree en el Matriarcado».[64] Pero no parece que la preparación de sus hijas para ceñir eventualmente la Corona haya sido, contrariamente a la del heredero inmediato, cuidada al máximo, aunque no se puede excluir que, por cualquier motivo, tengan que sustituir a su hermano en la sucesión del trono. Doña Sofía, como ella misma reconoce, «está enamorada de su hijo», tan poco Borbón. Verdaderamente no resulta fácil encontrar mayor distancia entre el modo de ser de los Borbones y el de la Reina de España.

Al igual que otras ilustres colegas —Silvia de Suecia, Margarita de Dinamarca, Josefina Carlota de Luxemburgo— doña Sofía maneja bien el arte de la simplicidad, con el propósito de no despertar envidias comparativas, ni parecer una gran carga para los contribuyentes. El buen pueblo las identifica como guardianas de los valores familiares. Un gitano y dos payos han lanzado la primera canción dedicada a Su Majestad, en ritmo de bolero, que reprodujo *Hola*:

Reina, Reina Sofía,
de nuestro Rey compañera
das al pueblo una alegría
que todo el mundo quisiera.

Eres, Reina Sofía,
símbolo del señorío,
con la gracia y el donaire,
con la gracia y el donaire
de este pueblo que es el mío.

63. «Ella es anticomunista, eso sí que lo he notado.» (Pilar Urbano a la revista *Tribuna*, 9 de diciembre de 1996).
64. *Ibídem.*

Siguiendo el ejemplo de doña Victoria Eugenia, su nieta política está volcada en la caridad. El dinero que mueve la beneficencia real se calcula en más de cuarenta mil millones de pesetas anuales. La Fundación Reina Sofía ocupa primordialmente sus desvelos. El secretario explica que la implicación de la soberana es tal, que fue ella la que donó de su bolsillo el primer capital con el que se estableció la entidad.

Menos conocidas son las actividades de doña Sofía en la Bilderberg, uno de los focos —según conjeturas— del supergobierno mundial, junto con la Comisión Trilateral, el Club de Roma y las masonerías de corte clásico. Las reuniones de los miembros de la Bilderberg se rodean del mayor sigilo; sin embargo, dada la importancia de las personalidades que concurren, no pueden pasar inadvertidas. La esposa de Juan Carlos I es asidua a estas reuniones y ha asistido a las de La Toja (11 al 14 de mayo de 1989), Nueva York (15 y 16 de mayo de 1990), Baden-Baden (6 a 9 de junio de 1991) y Toronto (30 de mayo a 2 de junio de 1996), entre otras. En Baden-Baden precisamente la Señora tuvo la oportunidad de conocer a Bill Clinton, dos años antes de alcanzar este bilderbergiano la presidencia de Estados Unidos, según pudo confirmar, sin algún que otro esfuerzo, la portavoz de la Casa del Rey. Ocurrió que el diario *El Mundo*, durante la primera visita de nuestros soberanos al nuevo ocupante de la Casa Blanca, había dado cuenta puntual de que Clinton, al divisar a doña Sofía, se apresuró a saludarla con estas palabras: «Me alegro de verla otra vez, Majestad.» Al no obtener respuesta de la Reina, el indiscreto presidente añadió: «La vi en Bilderberg.» Tras un pequeño revuelo en la comitiva oficial, un breve espacio de tiempo en que se intercambiaron preguntas sin respuestas, se hizo la luz para los periodistas españoles.[65]

No hay en nuestro país quien ponga en duda que Sofía de Grecia es una mujer que ha sabido siempre lo que quería y cómo conseguirlo, así como la mano que ha mecido la cuna de la Monarquía juancarlista. Doña Sofía posee el don del autocontrol, que forma parte de su carácter y que pocas veces pierde. Vigila sus emociones

65. En la *biografía autorizada* se quita trascendencia al tema, si bien se confirma que los debates del foro Bilderberg «son estrictamente confidenciales, no se informa de ellos, no se publican; la sospecha de secretismo arranca sin duda de esa confidencialidad. Y la etiqueta sectaria, de su elitismo restringido y discriminador».

hasta el punto de que, a veces, parece fría y distante, porque no las manifiesta. La Zarzuela ha organizado su gabinete de Relaciones Públicas, y sus asesores permiten retratar a la Reina con niños, con perros, besada por un caballo: fotografías que la humanizan y la acercan, sabiamente, al público. Aunque Sofía es, en cierto sentido, una mujer severa, sabe cuándo debe colocarse la máscara e iluminar su rostro con una sonrisa cautivadora que la favorece mucho. El día de su sexagésimo cumpleaños, 2 de noviembre de 1998, quien más, quien menos, hizo de la imagen de la Reina un problema personal. Los medios de comunicación entrevistaban a los famosos; todos se sentían obligados al cumplido. Más que ciudadanos, parecían hagiógrafos repitiendo los tópicos de la *Reina Profesional.* Y de repente un actor, muy inteligente, dijo en una emisora: «Felicito a Su Majestad por la enorme paciencia que está demostrando, porque no debe ser nada fácil estar rodeada de tanto adulador.»

Desde las páginas de *El Mundo*, Carlos Boyero, al comentar en su rúbrica la actualidad televisiva, como era su cometido, dejó un apunte ausente de fingimientos, titulado *¿Por qué voy a felicitarla, desconocida señora?*, que ha sido recogido en alguna de las más prestigiosas revistas culturales de este país:

> [...] *Asisto al tributo coral de las teles hacia una mujer a la que no conozco, que no significa nada en mi vida, alguien cuya trascendente imagen pública es modélica, pero que encarna e institucionaliza algo anacrónico, injusto, irracional e indiferente para mis convicciones. No dudo de su calidad humana, pero sólo admito que me mitifiquen su esplendoroso anverso a condición de que me muestren el reverso. Y si es necesario para el bien común la poetización de la simbólica dama, que lo hagan con estilo y con arte. No pido eso tan complicado de la sinceridad. Me limito a que el espectáculo, el retrato o el simulacro me divierta y me lo crea. Siento bochorno en* Informe semanal *ante la grimosa cursilería de la oda servil: «Su enorme curiosidad por las cosas y por los seres humanos hacen que un brillo juvenil ilumine todavía el azul de sus ojos.» Pilar Urbano, que sabe tanto del amor divino, nos asegura «el absoluto enamoramiento que siente la Reina por su esposo, ella es como un costurero que se abre y concita la presencia de todos». Permítame, Sofía, que no la felicite, supuestamente ejemplar y admirable señora. Sería absurdo y ridículo. Intentaré ayudar a sobrevivir a seres que quiero y que están agonizando de miseria y de tristeza. O felicitaré a los que aman la vida y son amados por ella, a perdedores y triunfadores dignos, cercanos a mí. La mayoría son anónimos. Nadie les baboseará en la tele.*

La gente de la calle, la gente que no tiene de doña Sofía más datos que sus fotografías o sus fugaces apariciones en televisión, valora la sobriedad y la naturalidad que desprenden. La mujer de Juan Carlos I, nacida para reinar, cumple su destino y ejerce su papel con aplicación y con diligencia.

* * *

La futura alhaja

¿Está preocupada Su Majestad la Reina por el porvenir de su hijo? Seguramente sí, como todas las madres.

Felipe VI —o quién sabe si Elena I, o Froilán Marichalar— tendrá que enfrentarse a nuevos desafíos para la monarquía hereditaria, hasta ahora impensables.

De entrada, y con el afán de prestar una pincelada de modernidad a la institución monárquica, las Coronas europeas han modificado, o se hallan en trance de modificar, sus constituciones a fin de eliminar la secular discriminación de la mujer en la sucesión de los diversos tronos. Suecia, Holanda, Noruega y Bélgica ya han determinado que el heredero será el primogénito del rey, tanto si es varón como si es mujer, y hasta Isabel II de Inglaterra ha dado su acuerdo para que sus Cámaras debatan, en el mismo sentido, un cambio en el ordenamiento sucesorio británico. La preferencia masculina mantenida aún en algunas monarquías, como la española, vulnera, en efecto, el principio de igualdad de sexos consagrado por la propia Carta Magna, en contrasentido evidente.

Ahora bien, cabe preguntar si la institución monárquica es discriminatoria en sí misma, al determinar que una familia, la Familia Real, puede reinar y las restantes no.

Pero la reforma de referencia no es más que una gota en el proceloso océano que va a zarandear la nave regia.

En su documentado estudio *Nuevos y viejos problemas en la sucesión de la Corona española* (edición de 1999), el competente Luis Español Bouché los resume así:

> La nuevas tecnologías en el campo de la biología amenazan con hacer saltar por los aires no ya los principios de la Monarquía, sino

> los fundamentos mismos de la familia tradicional, y exigirán en un futuro inmediato la revisión de numerosos principios del Derecho Civil. Ya se ha demostrado la posibilidad de tener un hijo sin que medie acto sexual alguno, extrayendo el material genético necesario de las células no sexuales. En un futuro próximo podría darse el caso de que de un cabello de Don Felipe se pudiera, por ingeniería genética, obtener un hijo (clónico o no) sin que exista por parte del Príncipe de Asturias cópula alguna, ni exprese consentimiento alguno al respecto. Aunque este tipo de manipulaciones son aún ilegales, no por ello dejan de ser posibles.

¿En qué paran entonces las previsiones sucesorias de nuestra Carta Magna respecto a la *prohibición expresa* del Rey y de las Cortes Generales para el matrimonio de las personas reales? Si muertas parecen las tradiciones dinásticas para las bodas principescas, más enterrado y desfasado puede quedar sin duda el actual precepto constitucional. ¿Y si el heredero del sucesor llega por *arte de magia*? O bien: «¿Qué sucederá en el reino de España si un miembro con derechos sucesorios contrae matrimonio, o sella una unión libre, sin que se enteren el Monarca y las Cortes (por lo que no podrán oponerse), y deja descendencia?» se pregunta Chantal de Badts en el sustancioso libro editado por Le Petit Gotha y titulado *Les dix princes héritiers des familles régnantes d'Europe* (1999).

En esta época en que algunas princesas parecen güisqueras y muchas güisqueras princesas; en que la modelo de lencería íntima o el deportista sin formación intelectual pueden ocupar el trono; en que un sucesor varón—aunque no heredero inmediato— de cierto soberano extranjero tiene una pareja de hecho masculina (quien, llegado el caso, podría reclamar, no sin falta de argumentos, la condición de príncipe consorte del rey reinante, su compañero), también cabe imaginar que un hijo ilegítimo —equiparado ya a todos los efectos civiles a los habidos dentro del matrimonio— es perfectamente capaz de reinar. Y un día, a la vuelta de la esquina, si este hijo extramatrimonial es primogénito, o primogénita, pasaría antes que los hijos habidos en una posterior coyunda regia.

Sofía y las restantes testas coronadas se enfrentan, pues, a los retos de una sociedad permisiva, guiada por la lógica, pero que al mismo tiempo todavía exige que ellas representen la otra cara, trucada, del espejo. La Reina es consciente de que, si quiere conservar su posición, habrá de dar constante sensación de ejemplaridad así

Los Reyes de España con sus hijos y su nieto Froilán Marichalar, representante de la nueva generación, durante el verano de 1999, en Palma de Mallorca.

Y, en setiembre de 1999, otro sucesor asegura la continuidad de la dinastía juancarlista: Juan Urdangarín, nuevo nieto de Sus Majestades. Antonio Burgos escribe en El Mundo *(1 de octubre) un artículo memorable: «Encima, Juan. Como su bisabuelo, que tan mirado era sobre la* urdangarinización *de la Corona... Si no hubiera sido por las renuncias y las entregas de aquel Juan, no estaríamos ahora hablando de este Juan.»*

como de utilidad. Por supuesto que reyes y reinas son hoy unos servidores, los primeros y más altos servidores del Estado, pero también los mejor pagados.

Algo tendrá que decir doña Sofía en la elección de su sucesora, la futura alhaja. Ya sabemos que el Príncipe, apalancado en su casa, se casará «cuando le dé la gana», según anuncia a la prensa su padre. Por ello, no está de más recordar que, como alertó Antonio Gala, «si las Familias Reales, además de sus altos privilegios, quieren tener los de los pequeños burgueses (amores, celos, cuernos, divorcios y otros modestos aditamentos de la vida), por mal camino van; porque, si todos fuésemos iguales, salta a la vista que todos seríamos iguales para todo».

En el año 2000, un cuarto de siglo de adulación y el colorín engañoso de algunas revistas (quién se acuerda a sólo dos años de su muerte de lady... ¿qué?), podrían haber empujado a nuestra Familia Real a una fosilizada complacencia. Pero Sofía de Grecia, Reina de España, no baja la guardia. Me dicen que ha adoptado este lema: *To show nothing of my private self and to give nothing away* (que se traduciría por: «Proteger mi intimidad y cuidar de que no trascienda nada»). Doña Sofía es, en todo caso, una mujer que a nadie deja indiferente. Exporta allende las fronteras su personal estilo y su particular leyenda. Seguro que velará, atenta, en favor de sus polluelos; si no es posible borbónicos, al menos marichalares o urdangarines, y por el bienestar de la dinastía juancarlista. Si la futura alhaja tiene el mismo destello, tanto mejor para el joyero.

Madrid, 2 de octubre de 1999

125 TÍTULOS ESENCIALES

AGUILAR, Florestán, *Origen castellano del prognatismo en las dinastías que reinaron en Europa*, 1933.
AMEAL, João, *Historia de Portugal*, 1974.
ANSON, Luis María, *Don Juan*, 1994.
BADTS, Chantal de, *Les dix princes héritiers des familles régnantes d'Europe*, 1999.
BATTENBERG, princesa María de, *Reminiscences*, 1925.
BELTRÁN DE HEREDIA, Pablo, *El hogar de una reina*, 1995.
—, *Evocación santanderina de la reina Victoria Eugenia*, 1992.
BERN, Stéphane, *L'Europe des rois*, 1988.
—, *Les couronnes de l'exil*, 1990.
BORBÓN PARMA, princesa María Teresa de, *Don Javier*, 1997.
BORBÓN, infanta Eulalia de, *Memorias*, 1935.
BORBÓN, infanta Paz de, *Cuatro revoluciones e intermedios*, 1936.
BORRÀS, Rafael, *Don Juan de Borbón, el rey de los rojos*, 1996.
—, *El rey perjuro*, 1997.
—, *Los últimos Borbones*, 1999.
BRETON, Guy, *Histoires d'amour de l'histoire de France*, 1965.
BRIDGE, Antony, *Richard the Lionheart*, 1989.
BRUNDAGE, James, *Richard Lion Heart,* 1974.
BULGARIA, Juana, reina de, *Memorie*, 1964.
CACHO, Jesús, *MC, un intruso en el laberinto de los elegidos*, 1994.
CAMPO, Luis del, *Cuatro infantas navarras*, 1971.
CARLAVILLA, Mauricio, *El Rey*, 1956.
CARLYLE, Tomás, *Los primitivos reyes de Noruega*, 1944.
CASTELOT, André, *Le livre de la Famille Impériale*, 1969.
CIERVA, Ricardo de la, *Victoria Eugenia*, 1993.
—, *Episodios históricos de España*, 1997.
CONFORTI, Paolo, *Il patrimonio araldico della Real Casa Borbone Parma*, 1998.
CONNEL, Brian, *Manifest destiny*, 1953.
CORTEQUISE, Bruno, *Madame Louis XIV*, 1992.
CORTI, Egon Cesar, conde, *Alexander von Battenberg*, 1954.
—, *Unter zaren und gekronten frauen*, 1936.
DÍAZ MARTÍN, Luis Vicente, *Pedro I*, 1995.

DUFF, David, *The shy princess*, 1958.
—, *Hessian Tapestry*, 1967.
EILERS, Marlene, *Queen Victoria's descendants*, 1997.
ENACHE, Nicolas, *La descendance de Marie-Thérèse de Habsbourg*, 1996.
ESPAÑOL BOUCHÉ, Luis, *Nuevos y viejos problemas en la sucesión de la Corona española*, 1999.
FALCÓN, Pilar, *El imperio rosa*, 1998.
FELIPE II, *Cartas a sus hijas*, 1945.
FENYVESI, Charles, *Splendor in exile*, 1979.
FERNÁNDEZ DE BÉTHENCOURT, Francisco, *Príncipes y caballeros*, 1913.
FERNÁNDEZ DE LA MORA, Gonzalo, *Río arriba: memorias*, 1995.
FLUVIÀ, Armand de, *Repertori de grandeses, títols i corporacions nobiliàries de Catalunya*, 1998.
FLUVIÀ, Armand de y BRU, Lluís de, *Nobiliari del Reial Cos de la Noblesa de Catalunya*, 1998.
FÓRMICA, Mercedes, *La infanta Catalina Micaela en la corte alegre de Turín*, 1976.
FRANCH, Ramón de, *Genio y figura de Alfonso XIII*, 1947.
GARCÍA TORAÑO, Paulino, *El rey don Pedro el Cruel y su mundo*, 1996.
GAUTHIER, Guy, *Les aigles et les lions*, 1996.
GÉRARD, Jo, *Quand la Belgique était espagnole*, 1979.
—, *Fabiola, portrait d'une reine*, 1989.
GILLINGHAM, John, *Richard the Lionheart*, 1978.
GIRAD DE CHARBONNIÈRES, Guy, *Les derniers rois*, 1987.
GIRAUD, Alain, *L'Allemagne Dynastique: Hesse*, 1976.
GÓMEZ OÑA, Francisco Javier, *Covarrubias, cuna de Castilla*, 1976.
GRAHAM, Evelyn, *The Queen of Spain*, 1928.
GRECIA, Federica, reina de, *Memorias*, 1971.
HACKETT, Francis, *Enrique VIII*, 1959.
HANOTAUX, Gabriel, *Cartas familiares de la emperatriz Eugenia*, 1944.
HOUGH, Richard, *The Mountbattens*, 1975.
HOURMOUZIOS, Stelio, *No ordinary crown*, 1972.
JIMÉNEZ LOSANTOS, Federico, *Los nuestros*, 1999.
KNUPFFER, George, *King Simeon II of the Bulgarians*, 1969.
LA ORDEN, Ernesto, *Arte e historia de España en Inglaterra*, 1981.
LA VARENDE, Jean de, *Ana de Austria, reina de Francia*, 1943.
LAMBTON, Antony, *The Mountbattens*, 1989.

LAOT, Françoise, *Juan Carlos y Sofía*, 1987.
LE PAIGE, Hugues, *Questions royales*, 1994.
LINAGE, Antonio, *Alfonso VI*, 1994.
LIVERSIDGE, Douglas, *The Mountbattens*, 1978.
LLANOS Y TORIGLIA, Félix de, *María Manuela Kirkpatrick*, 1932.
—, *La novia de Europa*, 1951.
MADINIER, Renée, *Amours et destins des reines de France*, 1969.
MARCO, Concha de, *La mujer española del Romanticismo*, 1969.
MATTINGLY, Garret, *Catalina de Aragón*, 1951.
MENÉNDEZ PIDAL, Ramón, *La España del Cid*, 1947.
MERTENS, Pierre, *Une paix royale*, 1995.
MITTERRAND, Frédéric, *Destin d'étoiles*, 1992.
MONTERO ALONSO, José, *Amores y amoríos en Madrid*, 1984.
MORAGAS, Jerónimo de, *De Carlos I emperador a Carlos II el Hechizado*, 1970.
MOYA, Gonzalo, *Don Pedro el Cruel*, 1974.
NIETO, Miguel Ángel, *Cazadores de noticias*, 1997.
NOEL, Gerard, *Victoria Eugenia, reina de España*, 1986.
PALACIOS, Jesús, *Los papeles secretos de Franco*, 1996.
PALÉOLOGUE, Georges-Maurice, *Les entretiens de l'imperatrice Eugenie*, 1928.
PALMER, Alan, *The royal house of Greece*, 1990.
PAPANICOLAOU, Lilika, *Frederica, Queen of the Hellenes*, 1994.
PARISOT, Jacques y Nelly, *La descendance de Guillaume I, empereur allemand*, 1987.
PEÑAFIEL, Jaime, *¡Dios salve a la Reina!*, 1993.
—, *Mis bodas reales*, 1995.
PERINAT, Luis Guillermo, *Recuerdos de una vida itinerante*, 1996.
PERNOUD, Régine, *Richard Coeur de Lion*, 1988.
PINOTEAU, Hervé y otros autores, *Le sang de Louis XIV*, 1961.
PROTHERO, Rowland, *H. R. H. Prince Henry of Battenberg*, 1897.
PRUSIA, Victoria Luisa de, *La hija del Káiser*, 1978.
RAYÓN, Fernando, *Sofía de Grecia, la Reina*, 1993.
REY DE LOS BÚLGAROS, Cancillería del, *Libro blanco*, 1969.
ROBILANT, Olghina de, *Reina de Corazones*, 1993.
ROGADO, Basilio, *Flash mortal*, 1997.
ROIG, Adrien, *Inesiana*, 1986.
SAGRERA, Ana de, *La juventud de la emperatriz Eugenia*, 1997.
SÁINZ RODRÍGUEZ, Pedro, *Un reinado en la sombra*, 1981.

SALAZAR, Jaime de, *Informe sobre el título y tratamiento debidos a los consortes de los Infantes de España*, 1995.
SÁNCHEZ, Ángel, *La imagen del rey don Pedro*, 1994.
SÉGUY, Phillippe y MICHELLAND, Antoine, *Fabiola, la reine blanche*, 1995.
SENCOURT, Robert, *Spain's uncertain crown*, 1932.
SIERRA, Ramón, *Don Juan de Borbón*, 1965.
SITGES, Juan Bautista, *Las mujeres del rey don Pedro*, 1910.
SOROA, Manuel de, *Pedro I el Cruel*, 1980.
STENGERS, Jean, *L'action du roi en Belgique*, 1993.
SUENENS, cardenal Léon-Joseph, *Les imprévus de Dieu*, 1993.
—, *Balduino, el secreto del rey*, 1995.
TANTZOS, Nicholas, *Konstantine*, 1990.
TOURTCHINE, Jean-Fred, *Le Royaume de Grèce, 1998.*
URBANO, Pilar, *La Reina*, 1996.
VAN DAELE, Henri, *Six reines*, 1996.
VAN DER KISTE, John, *Kings of the Hellenes*, 1994.
VARGAS-BLANCO, Rufino, *Covarrubias*, s.f.
VÁZQUEZ, José Andrés, *Inés de Castro*, 1944.
VEGAS LATAPIÉ, Eugenio, *Los caminos del desengaño*, 1987.
VERÍSSIMO SERRÃO, Joaquim, *História de Portugal*, 1977.
VICTORIA EUGENIA, reina, *A Queen's destiny*, 1961.
VILALLONGA, José Luis de, *El Rey*, 1993.
—, *Franco y el Rey*, 1998.
VILLA-URRUTIA, marqués de, *Eugenia de Guzmán*, 1930.
WILLIAMSON, David, *Kings and Queens of Britain*, 1986.

ÍNDICE ONOMÁSTICO

Los números en *cursiva* remiten a las ilustraciones

ESTE LIBRO HA SIDO IMPRESO
EN LOS TALLERES DE
PRINTER INDUSTRIA GRÁFICA, S. A.
CARRETERA N-II, KM. 600. CUATRO CAMINOS, S/N
SANT VICENÇ DELS HORTS (BARCELONA)